Oben bleiben!
Stark und souverän in unruhigen Zeiten

Herbert Schreib

Oben bleiben!

Stark und souverän in unruhigen Zeiten

Die WILDWASSER-STRATEGIE
für Menschen und Unternehmen

JUNGS VERLAG

© 2018 by Herbert Schreib

1. Auflage erschienen 2018 bei Jungs Verlag, Limburg/Lahn

Alle Rechte, insbesondere das Recht der Vervielfältigung und Verbreitung sowie der Übersetzung, vorbehalten. Kein Teil des Werkes darf in irgendeiner Form (durch Fotokopie, Mikrofilm oder ein anderes Verfahren) ohne schriftliche Genehmigung des Autors reproduziert oder unter Verwendung elektronischer Systeme gespeichert, verarbeitet, vervielfältigt oder verbreitet werden.

Skizzen: Udo Müller: www.creativeprocess.at; Herbert Schreib und Jungs Verlag
Foto vom Autor: Richard Pichler
Coverfoto: Ammit, fotolia.com
Layout, Satz und Grafik: Jung Medienpartner GmbH, Limburg/Lahn

ISBN 978-3-93892579-9

Inhalt

Ein Moment der Wahrheit 9

Wilde Zeiten. Wie Menschen in Unternehmen die Umbrüche erleben ... 13
    Veränderung ist okay – aber bitte nicht so schnell 16
    Die Digitalisierung verändert Führung:
    Das Ende der alleinigen Macher ist gekommen 19
    Managen im Ungewissen 21
    Der Druck wird weiter steigen 22
    Stress auf allen Ebenen der Hierarchie – alarmierende Fakten 23
    Dopingalarm im Management 26
    Wirkungsvolle Lösungen sind gefragt 26

Ihr Equipment für die WILDWASSER-STRATEGIE 28
    Something else 28
    Kopf, Herz und Hand 36
    Ein mentaler Schatz aus dem Fluss des Lebens 41
    Falsch verstandene Souveränität 53

Stark und souverän mit der WILDWASSER-STRATEGIE 57
    Fünf kritische Schlüsselstellen und die fünf Disziplinen zur Meisterung. 57
    1. NOW – präsent und offen sein! 66
    2. FIND YOUR LINE – fokussiert bleiben! 94
    3. LEAN INTO IT – mutig und agil handeln! 121
    4. THINK WE – miteinander einfach stärker! 142
    5. KEEP IT UP – auftanken und ausrichten! 163

Grand Canyon Expedition: 360 spannende Wildwasserkilometer ... 192

Cool Down 206
    Danke 206
    Quellen- und Literaturverzeichnis 207
    Über den Autor 213
    Informationen zu Vorträgen, Beratung und Workshops 214

Meinen Kindern!

Für die Gegenwart. Und für die Zukunft.

Ein Moment der Wahrheit

Acht Personen starren auf mich. Fragend. Überrascht. Verängstigt. Allen ist klar, dass hier etwas völlig anders läuft als geplant. Und ihren weit geöffneten Augen ist zu entnehmen: Sie sind sich der drohenden Gefahr bewusst und sie erwarten sich von mir, ihrem Raftguide, eine entsprechende Antwort. Habe ich ihnen ja erst vor einigen Minuten im Kehrwasser oberhalb von Cribworks erklärt, wie wir diese schwierigste und gefährlichste Wildwasserstelle im Nordosten der USA sicher bewältigen wollen.

Ich habe es ihnen nicht nur erklärt, sondern sie richtiggehend eingeschworen. Das ist immer ein Balanceakt. Geht es doch darum, den Gästen im Schlauchboot einerseits den Ernst der Dinge klar zu machen, sie andererseits dabei nicht vollkommen zu verunsichern. Ist es doch wichtig, dass alle voll mitpaddeln und mit voller Aufmerksamkeit präsent sind. So auch heute. Ich habe ihnen die geplante Route im Detail veranschaulicht. Dabei habe ich beschrieben, dass wir nach den ersten, noch leichteren Wellen rechts von einem großen Quaderfelsen, dem Pillowrock, durch ein paar starke Wellen und Walzen kräftig hindurchpaddeln müssen, dann unser Boot ganz auf die rechte Seite steuern werden, danach auf alle Fälle und unter allen Umständen den gefährlichen Obelix-Felsen rechts passieren und dann den Final Shoot, eine drei Meter hohe wasserfallähnliche Rutsche, hinabschießen wollen. Und dass wir erst wieder in Sicherheit sein werden, wenn wir kurz nach dem Final Shoot unser Boot von der unterspülten und gefährlichen Felswand fernhalten können.

Ich habe ihnen dazu auch klar gemacht, dass wir jede und jeden ganz aktiv brauchen werden, um unser schwerfälliges Boot durch die Turbulenzen und Strömungen gut und sicher durchmanövrieren zu können. Bevor ich uns aus dem letzten Kehrwasser vor Cribworks in die Strömung hinaus abgestoßen habe, habe ich nochmals auf die drei markantesten Schlüsselstellen hingewiesen: Pillowrock links von uns, dann rechts vorbei am Obelix-Felsen und dann zu allerletzt noch fernhalten von der unterspülten Felswand.

Um das nochmals zu unterstreichen, habe ich auch noch erklärt: Die linke Seite des Flusses ist für uns tabu. Denn dort ist es einfach nur gefährlich. Das ist nicht übertrieben. Jedes Mal, wenn bisher eines der Raftboote die ideale Linie hinüber zur rechten Seite nicht erwischte und nach links abgetrieben wurde, kam es zu kritischen Situationen. Schwimmer, Gäste, die aus dem Boot geschleudert wurden und sich dann im schwierigen und gefährlichen Wildwasser wiederfanden, waren noch das geringste Übel.

Und nun befinden wir uns in einem sehr turbulenten Kehrwasser unterhalb des Pillowrocks. Kehrwässer sind normalerweise ruhige Zonen in Wildwasserflüssen, die zum Durchatmen und Krafttanken genutzt werden. Nicht dieses. Es ist sehr kraftvoll. Unser Boot wird einige Male unfreiwillig im Kreis herumgedreht, die Strömung des Flusses schießt links und rechts an uns vorbei. Die Wucht des wilden Wassers ist nicht nur hautnah zu spüren, sondern auch ohrenbetäubend zu hören. Und meine Gäste blicken mich fragend und bittend an. Habe ich ihnen doch eingebläut, rechts am Pillowrock vorbeifahren zu wollen. Die Strömung hatte uns aber links davon in dieses unangenehme Kehrwasser hineingespült. Das einzig Positive in diesem Moment ist: Wir sind im Kehrwasser und wurden von diesem noch nicht auf die linke Seite des Flusses hinausbugsiert. Denn dort will ich auf keinen Fall hin.

Mit dem Kajak war ich schon öfters in diesem Kehrwasser. Immer bewusst und völlig kontrolliert. Immer von der für diese Wildwasserstelle richtigen rechten Seite angesteuert. Aber mit dem Schlauchboot ist es das erste Mal. Am Ufer laufen einige Zuschauer wild und hektisch hin und her und gestikulieren heftig mit ihren Armen. Darum kann ich mich aber in diesem Moment nicht kümmern. Es ist wichtig, eine Lösung zu finden. Eine, die uns aus dem Schlamassel hilft. Eine, die uns wieder in sicheres Terrain kommen lässt.

Wie bin ich überhaupt in diese Situation gekommen? Cribworks befindet sich am Penobscot River in Maine, USA. Genauer gesagt am West Branch des mehr als 500 Kilometer langen Flusses, einem der schönsten, die ich in meiner Wildwasserkarriere kennengelernt habe. Cribworks ist einer der schwierigsten Abschnitte hier, die mit Schlauchbooten kommerziell befahren werden. Kentern oder schwimmen sind alles andere als ratsam.

Normalerweise benutzen wir zwei Guides für diesen Abschnitt, einen vorne im Boot und einen hinten. Durch diese Praxis haben wir es in dieser Saison geschafft, Cribworks ohne größere Zwischenfälle zu meistern. Eine sehr gute Leistung, hatten wir doch pro Tagestour etwa zehn bis zwölf Boote durch diese wilden Wellen zu manövrieren.

Heute aber bin ich gefordert, Cribworks ohne zusätzlichen zweiten Guide zu befahren. Und nun sind wir mitten in der ungewollten Erstbefahrung der schmalen Fahrrinne links vom Pillowrock. Nachdem wir uns nach dem Einschwören nochmals in die Augen geschaut und unsere Energien mobilisiert haben, stoße ich uns vom Ufer ab, und mit den ersten Paddelschlägen nehmen wir Fahrt auf. Die ersten Wellen und Walzen durchfahren wir sehr souverän, und ich bin schon gespannt, wie sich diese Fahrt entwickeln wird. Aus mir völlig unverständlichen Gründen kommen wir vollkommen von der Idealroute ab. Vor dem Turkey-Shoot sind wir vier, fünf Meter zu weit links. Die Strömung drückt uns auf den Pillowrock links von der Hauptströmung, und ehe ich es bemerke, werden wir links davon in das dahinterliegende Kehrwasser gespült.

Ich will gar nicht wahrhaben, was da passiert ist. Ich muss mich richtiggehend mehrere Male dazu zwingen, genau hinzuschauen, wo wir da gerade sind. Dann sage ich mir innerlich: STOP! Damit beruhige ich mich und unterbinde die automatisch ablaufende Negativspirale. Diese hatte sich sehr schnell in Bewegung gesetzt und läuft ungefähr so ab: „Das schaffst du nie, im besten Fall wirst du ein paar Verletzte haben, das wird das letzte Mal sein, dass dich jemand als Bootsführer angeheuert hat."

Schließlich sage ich einige Male laut und vehement zu meiner Crew: „STOP!" Einerseits, um mir selbst Ruhe und Überlegtheit anzuordnen, andererseits, um den Gästen zu signalisieren, dass wir nur mit Besonnenheit und couragiertem Handeln aus dieser kniffligen Situation kommen werden. Blitzschnell überlege ich, was es für Alternativen gibt. Ich bin ja mit dem Kajak schon unzählige Male in diesem Kehrwasser gewesen. Dabei gelang es mir meist, die Strömung des Kehrwassers auszunutzen, mich dadurch in die Hauptströmung hinauszukatapultieren und somit auf die sichere rechte Flussseite zu gelangen. Und das sehe ich als einzige machbare, wenn auch sehr diffizile Möglichkeit, uns aus dieser misslichen Lage zu befreien.

Mir ist klar, diese Variante wird in dieser Situation nur möglich werden, wenn wir das ganze Manöver sozusagen im Rückwärtsgang durchführen, da wir so mehr Kraft entwickeln können. Trotz Anspannung, trotz lautem Getöse um uns herum und trotz hektisch herumlaufender Zuseher am Ufer kann ich dem Team in Kürze den Plan vermitteln und es wieder zur Aktion mobilisieren. Mit vereinten Kräften schaffen wir es, in die Hauptströmung hinauszukommen, ohne dass wir sogleich wieder abgetrieben werden. Als mein Team bemerkt, wie unsere Bemühungen zu fruchten beginnen, legt es sich noch mehr ins Zeug, und schließlich kommen wir rechts auf die Idealroute zurück. Als wir dann den Obelix-Felsen in sicherem Abstand passieren und unser Boot den Final-Shoot sicher und souverän hinabgleitet, entlädt sich unsere Anspannung mit einem lauten Urschrei.

Wilde Zeiten.
Wie Menschen in Unternehmen die Umbrüche erleben

Einer meiner langjährigen Kunden übernahm vor Kurzem eine neue Aufgabe. Er trat in den Vorstand des wichtigsten Unternehmensbereiches eines weltweit bekannten Konzerns ein. Dem Unternehmensbereich ging es im Grunde ganz gut – er war weit entfernt von Krise und Existenzbedrohung. Dennoch wurden alle drei Vorstände neu eingesetzt, um eine nachhaltige Leistungssteigerung zu bewirken. Es ging darum, eingefahrene Bahnen und Abläufe zu ändern und durch eine Modernisierung der Führungskultur den Unternehmensbereich auch in Zukunft erfolgreich zu halten. Mein Kunde, den ich in den vergangenen Jahren über mehrere Karrierestationen aktiv unterstützen durfte, freute sich auf die Herausforderung und war voller Tatendrang.

Nach einem ersten Eruieren der Situation begannen die drei Vorstände, ihr engeres Managementteam zu formen und gemeinsam mit diesem die ersten Veränderungen und Neuentwicklungen einzuleiten. Die Vorhaben waren couragiert und fordernd angelegt, schienen aber gut machbar. Doch plötzlich entwickelte sich einiges ganz anders als gedacht: Einer der Vorstände wurde krank und fiel für einige Monate total aus. Die Agenden des kranken Kollegen wurden auf die beiden anderen Vorstände verteilt, was eine starke Mehrbelastung für beide bedeutete. Parallel dazu kam der Mutterkonzern in eine wirtschaftliche Schieflage. Die schon längere Zeit bekannt gewesene schwierige Situation begann sich dramatisch zu verschärfen. Das zwang den CEO zu einem massiven Restrukturierungsprogramm. Fast alles wurde infrage gestellt.

Schien es für meinen Kunden zuerst so, als könnte der eigene Unternehmensbereich von den drastischen Veränderungen etwas abgeschirmt werden, so war dies nur ein frommes Wunschdenken. In Beschreibungen von Wildwasserstellen gibt es manchmal die Formulierung „Von nun an Beginn der Schwierigkeiten". Dies hätte hier gut gepasst. Die selbst erarbeiteten Veränderungsinitiativen angestoßen, einer der Kollegen ziemlich krank, die konzernweite Restrukturierungsmaßnahme mit vielen drastischen Einschnitten voll wirksam, zusätzlich noch viele Reisen und unzählige Meetings – das waren schon mehr als sportliche Gegebenheiten.

Zum Glück ist mein Kunde immer noch guter Dinge und hat gelernt, mit Herausforderungen dieser Art klug umzugehen. Gleichzeitig meint er in so mancher ruhigen Minute, das Ganze ginge ganz schön an seine Grenzen. Wie ich es von vielen anderen Führungskräften in ähnlichen Positionen erfahren habe, sind mein Kunde und seine Situation keine Ausnahme.

Die Welt, und vor allem die Wirtschaftswelt, wird immer unberechenbarer. Was heute noch Erfolg versprechend ist, scheint morgen schon wieder riskant und kritisch zu sein. Die Ausschläge auf den diversen wirtschaftlichen Fieberkurven werden extremer. Immer häufiger treten entgegengesetzte Strömungen fast zeitgleich auf. So verkündet ein Riesenunternehmen zum Beispiel, es hätte im vergangenen Geschäftsjahr das beste Ergebnis seit Bestehen eingefahren, und gleichzeitig wird ein Kostensenkungsprogramm initiiert. Die zunehmende Digitalisierung eröffnet Menschen und Unternehmen Möglichkeiten und Perspektiven, die bis vor Kurzem als schier undenkbar galten. Gleichzeitig steigen damit Ängste und Sorgen. Sprechen die einen von utopisch klingenden Innovationen und Neuerungen, so warnen die anderen vorm drastischen Verlust von Arbeitsplätzen oder gar vorm Wegfall ganzer Wirtschaftszweige.

Wenn meine Kollegen und ich über die momentanen Gegebenheiten sprechen, so bezeichnen wir diese Zeiten gerne als die „Unzeiten". In Anspielung auf die vielen „Us" in diesem Zusammenhang, wie etwa das Unerwartete, die Ungewissheit, das Unvorhergesehene, die vielen Unwägbarkeiten und die zum Teil massiven Umbrüche. Aber Vorsicht. Es geht nicht darum, alles schlecht- und mieszujammern. Vielmehr geht es darum, zu erkennen, dass die Situationen immer extremer, dynamischer und zum Teil fordernder werden. Das zeichnet sich in der Wirtschaft genauso ab wie in der Politik und macht auch beim Wetter und den klimatischen Bedingungen nicht halt. Eines ist gewiss: Die Unzeiten sind herausfordernd, und gleichzeitig bieten sie eine Vielzahl an Chancen und Möglichkeiten. Um diese sehen, nützen und realisieren zu können, braucht es aber ein neues geistiges und mentales Rüstzeug, das ich Ihnen in diesem Buch in weiterer Folge mitgeben möchte.

Zuvor lade ich Sie aber ein, blicken wir doch gemeinsam noch etwas genauer in die Unzeiten. Dabei sehen wir, wie abrupte Änderungen immer häufiger auftreten und dadurch die Unsicherheit bei vielen Beteiligten zunimmt. Wir können auch erkennen, wie durch die geänderten Werthaltungen von jüngeren Mitarbeitern das gewohnte Bild von Führung infrage gestellt wird, oder wie das Managen im Ungewissen ein völlig anderes Vorgehen verlangt als in einem sicheren und berechenbaren Umfeld. Wir bemerken auch, wie das Leben von Führungskräften vor allem durch die modernen Rahmen- und Arbeitsbedingungen zum Teil stark beeinflusst wird. Manchmal scheint es, als müssten Menschen in Führungspositionen wahre „Wunderwuzzis" sein, um all diese zum Teil sehr widersprüchlichen Kräfte und Dynamiken gut zu meistern. Die WILDWASSER-STRATEGIE ist zwar kein wundersames Allheilmittel, sie zeigt aber sehr effektive Mittel und Wege, wie Sie sich für diese An- und Herausforderungen gut rüsten können.

Veränderung ist okay – aber bitte nicht so schnell

Die Lammer ist ein Fluss, der in der Nähe meines Wohnortes durch ein schönes Salzburger Tal fließt. Ein sehr eindrucksvoller Abschnitt dieses Voralpenflusses sind die sogenannten Lammeröfen. Dabei handelt es sich um eine kurze Schlucht, deren senkrechte Felswände bis in die tosende Lammer hineinreichen. Sie wurden über Tausende von Jahren von der Kraft des Wassers geschliffen. Man möchte meinen, dieses hat über all die Zeit das Flussbett derart geformt, dass sich darin nichts mehr ändert. Weit gefehlt. Sogar in den Lammeröfen ändert sich noch etwas. Und gar nicht so wenig. Immer wieder gibt es Walzen, die aus irgendwelchen Gründen stärker oder leichter werden, Wellen, die gänzlich verschwinden, oder neue Hindernisse, die von einem Tag auf den anderen auftauchen.

Mein Freund und Geschäftspartner Werner Bein, ebenfalls ein begeisterter Wildwasserfahrer, spaziert an einem Sonntagnachmittag durch die Lammeröfen. Er nützt den spektakulären Steig, der einige Meter oberhalb des Flusses durch die Klamm angelegt ist, um seiner Familie die einzelnen Wildwasserstellen bis ins kleinste Detail zu erörtern. Wie sie so den Steig flussabwärts gehen und in die Nähe der unter Wildwasserfahrern als großes „S" bekannten Wildwasserstelle kommen, hören sie plötzlich wie aus dem Nichts ein lautes Krachen und Donnern. Als sie sehen, was die Ursache dieses lauten Getöses ist, haben sie Mühe, ihren Augen zu trauen. Unmittelbar ihnen gegenüber auf der anderen Flussseite ragt eine steile Felswand aus dem Fluss. In etwa der Mitte der Wand bricht ein riesiger Felsklotz aus der Wand und stürzt mit einem ohrenbetäubenden Begleitkonzert hinab in den Fluss. Da die Lammer in diesem Bereich sehr schmal ist, blockiert der Riesenquader von einem Moment auf den anderen den ganzen Fluss und bildet einen spektakulären neuen Wasserfall. Ganz ohne Vorwarnung.

Auch den am Anfang beschriebenen Obelix-Felsen am Penobscot River in Maine gibt es dort nicht mehr. Obwohl es sich um einen riesigen „Hinkelstein" handelte, war er nach einem wilden Hochwasser plötzlich verschwunden. Und die Guides von heute kennen ihn nur mehr aus Erzählungen. Die Natur zeigt es vor: Stabilität ist eine Täuschung, Veränderung und Wandel sind die Realität. Ob es uns gefällt oder nicht, ist dem Fluss der Dinge egal. Aus Gesprächen mit vielen Menschen in Unternehmen weiß ich, das Thema Veränderung an sich ist nicht die eigentliche Herausforderung. Was vielen meiner Gesprächspartner aber zu schaffen macht, ist die ständige Beschleunigung der Veränderungen. Kaum glauben sie, eine Veränderungsinitiative beginne zu greifen, kommt schon das nächste Projekt um die Ecke. Veränderungsprogramme überlagern sich, die Aufgabenstellungen sind mitunter widersprüchlich und die Sinnhaftigkeit und Notwendigkeit von Initiativen lassen sich nicht mehr eindeutig identifizieren.

Diese immer rasanter werdende Dynamik fordert nicht nur die Mitarbeiter, sondern auch die Führungskräfte auf allen Hierarchien. Eine Untersuchung des Beratungsunternehmens osb international im Herbst 2012 zeigt diese Thematik sehr gut auf. So stellen rund 60 Prozent der befragten Mitarbeiter und Führungskräfte fest, dass es eine gesteigerte Resistenz gegenüber Veränderungen gibt. Ursachen dafür sind „negative Erfahrungen in der Vergangenheit, die Schnelligkeit und die Menge der Veränderungen, schlechte Kommunikation durch das Management, höherer Leistungsdruck oder die Angst vor Jobverlust".

Sie werden nun vielleicht einwenden, dass Ihnen dieses viele Getue um Veränderung, Wandel, Krise und dergleichen schon zum Hals raushängt. Das kann ich verstehen. Und es geht mir auch nicht darum, in eine Weltuntergangsrhetorik einzustimmen, in der alles nur schlecht, dunkel und krisenhaft ist. Ganz im Gegenteil. Leben wir doch in einer Zeit, und wir hier in der europäischen Zentralregion in einer Gegend, wo wir einen noch nie dagewesenen Überfluss an Materiellem, aber auch an Bildungsmöglichkeiten und an unternehmerischen Chancen vorfinden. Viele Menschen ein paar Generationen vor uns hätten die heutige Realität wahrscheinlich als paradiesisch bezeichnet.

Gleichzeitig erleben wir aber auch sehr aufrüttelnde Umbrüche. Veränderungen, wo von einem Tag auf den anderen vieles anders ist. Und das schier in allen Bereichen unseres Lebens. Im politischen Kontext genauso wie im gesellschaftlichen. Wer hätte bis vor kurzem an die Möglichkeit gedacht, dass ein Mitglied der Europäischen Union diese verlässt, oder dass ein Nuklearkrieg ganz offen und laut wieder in Erwägung gezogen wird. Die weltweite Flüchtlingswelle wurde von vielen fast wie eine Art Tsunami erlebt. Und die immer extremer werdenden Naturereignisse sind eine weitere beunruhigende Facette dieser Umbruchszeiten. Fast möchte man meinen, es wäre unlogisch, wenn sich diese abrupten Veränderungen im Wirtschaftskontext nicht ebenso abspielen würden.

So erlebte zum Beispiel ein weiterer langjähriger Kunde von mir sehr extreme Umbrüche. Ich hatte auch ihn schon über mehrere Stationen seiner sehr erfolgreichen Karriere unterstützen dürfen. So auch in seinem bis jetzt vorläufig letzten Engagement. Als CEO einer der wichtigsten Geschäftseinheiten eines europäischen Unternehmens erzielte er zunächst sehr gute Ergebnisse. Er führte diese Erfolge auch auf die intensive Arbeit an der Kultur und dem Miteinander innerhalb seines Bereiches zurück. Nicht nur er, sondern viele um ihn herum waren zuerst sehr zufrieden mit der Gesamtentwicklung. Von außen betrachtet schien es, als ob da ein Paradebeispiel für moderne Unternehmensentwicklung im Entstehen wäre, bei der nicht nur die ZDF-Klaviatur, die Zahlen, Daten und Fakten, hervorragend bespielt, sondern auch ein starkes Augenmerk auf innovationsfördernde Strukturen und die exzellente Zusammenarbeit über Team- und Bereichsgrenzen hinweg gelegt würde.

Aber es kam anders, als viele glaubten. Nicht ganz plötzlich, aber doch sehr rasch und vor allem sehr vehement. Dieses europäische Unternehmen wurde von einem vermeintlich erfolgreichen Global Player gekauft. Das wurde zuerst noch als gute Geschäftschance gesehen. Doch binnen kurzer Zeit wurde klar, dass der Global Player massive wirtschaftliche Schwierigkeiten hatte. Das gut gehende europäische Geschäft wurde gekauft, um eine Cashcow für die kränkelnde Mutter zu haben. Deshalb mussten alle eingeleiteten Zukunftsentwicklungen im Bereich meines Kunden auf Eis gelegt werden. Außerdem musste er infolge eines Machtkonflikts mit einem neu eingesetzten Manager einem Großteil seines Teams kündigen. Schließlich wurde er verpflichtet, Entscheidungen umzusetzen, die aus seiner Sicht völlig kontraproduktiv für die Zukunft des Unternehmens waren.

Leider höre ich von vielen meiner Kunden immer häufiger Berichte, die in diese Richtung gehen. Das ist auch der Grund für dieses Buch. Obwohl der oben beschriebene Kunde ein robuster und gelassen wirkender Manager und Mensch ist, kostete ihn diese Situation einiges an Kraft und Energie. Und die Frage „Wie schaffe ich es, in derart fordernden Situationen nicht weggeschwemmt zu werden?" stellen sich zurzeit nicht nur er, sondern viele Führungskräfte in ähnlichen Situationen. Die Frage taucht manchmal in anderen Ausprägungen auf, wie etwa: „Es wäre so leicht, zynisch und sarkastisch zu werden, aber wie bleibe ich trotz der hohen Anforderungen konstruktiv?" oder „Langsam geht das Ganze an meine Substanz, wie behalte ich Oberwasser und verliere nicht alle guten Vorsätze und Werte aus den Augen?"

Die Digitalisierung verändert Führung: Das Ende der alleinigen Macher ist gekommen

Nicht einmal vor der Rolle von Führung machen die momentanen Umbrüche halt. Lange Zeit wurden Führungskräfte als stark bezeichnet, wenn sie sich aufgrund ihrer Macherqualitäten auch in schwierigen Situationen behaupteten und Dinge in Bewegung brachten, wo andere glaubten, das wäre einfach nicht möglich. Führungskräfte, die gerne gestalten und Verantwortung übernehmen und die sich mutig in neues Terrain vorwagen, werden jetzt und in Zukunft immer gebraucht und gefragt sein. Ebenso solche, die es schaffen, nach Rückschlägen und Misserfolgen gestärkt aufzustehen und konstruktiv weiterzuarbeiten. Das ist nicht das Thema. Diejenigen aber, die zwar diese Qualitäten haben, aber alles alleine und nur von oben herab machen wollen, werden jetzt alles andere als stark bezeichnet. Deren Zeit ist abgelaufen, oder sie werden nur mehr in ganz spezifischen Situationen Erfolg haben. Es zeigt sich immer eindeutiger, dass sich diese Haltung meist nur mehr mit Druck und Macht aufrechterhalten lässt. Der Chef als alleiniger Macher, Denker, Planer und Entscheider steht im Abseits. Das ist für viele geborene und gelernte Macher alles andere als einfach zu verdauen.

Die Gründe für diesen Wandel sind vielfältig. Ein entscheidender Treiber für die sehr rasant stattfindende Veränderung der Rolle von Führungskräften ist mit Sicherheit die Digitalisierung. Schon alleine durch das Internet entstehen ganz andere Werthaltungen als noch vor einigen Jahren. Transparenz zum Beispiel ist eine Folgeerscheinung des Internets. Das widerspricht dem früher gängigen Führungsgehabe „Wissen ist Macht" vollkommen. Jüngere und bestens ausgebildete Mitarbeiter und Führungskräfte verlangen einen völlig anderen Umgang mit Wissen, Macht und Informationen. Und wenn sie die nötigen Informationen nicht von ihren Führungskräften bekommen, besorgen sie sich diese selbst über diverse andere webbasierte Kanäle. Als sich etwa der Sohn eines guten Bekannten nach dem Studium für seine erste Arbeitsstelle bei einem begehrten Unternehmen bewarb, war seine erste reflexartige Aktivität, sich über diverse Social-Media-Netzwerke ein Bild von seinem künftigen Vorgesetzten zu verschaffen. Da dieses alles andere als positiv und attraktiv ausfiel, zog er seine Bewerbung wieder zurück. Er hatte seinen Abschluss mit derart guten Noten geschafft, dass er sich sicher war, auch bei anderen Unternehmen einen interessanten Job zu bekommen.

Ein weiterer Grund für die notwendige Änderung der Grundhaltung in exponierten Positionen ist die Komplexität der Aufgaben und Herausforderungen an sich. Unter normalen Umständen ist es im weltweiten Wirtschaftsgeschehen einfach nicht mehr möglich, als Einzelner ein Unternehmen oder auch nur einen Unternehmensbereich durch die vielen Wirren und Turbulenzen zu steuern. Alleine daraus ergibt sich schon die Notwendigkeit, mit anderen Führungskräften gut und effektiv zusammenzuarbeiten. Das Führungsteam ist das Gebot der Stunde. Dieses verlangt von den Akteuren wiederum ein anderes, offeneres und reiferes Miteinander.

Die Organisationsform vieler Unternehmen ist ebenfalls ein Grund für das Ende der alleinigen Macher. Größere Unternehmen haben in irgendeiner Form eine Art Matrixstruktur. Hier ist in der strukturellen Komponente schon ein totaler Widerspruch zum alleinigen Machen angelegt. Die Matrix kann nur dann halbwegs funktionieren, wenn die agierenden Personen fähig und gewillt sind, gut miteinander zu arbeiten.

Neuere Formen, wie Unternehmen organisiert sind, setzen noch stärker auf das Thema Kooperation. So bringt die Digitalisierung mit sich, dass sich gewohnte Arbeitswelten zum Teil völlig auflösen. Das Agieren in Netzwerken weit über Abteilungs- und Organisationsgrenzen hinweg wird zur Normalität. In manchen Projekten und Unternehmen werden ganz gezielt Externe eingesetzt, um an spezifischen Themenstellungen aktiv mitzuwirken. Und virtuelle Teams sind gerade in international organisierten Unternehmen beinahe schon an der Tagesordnung. Die in diesem Zusammenhang immer weiter voranschreitende Demokratisierung unserer Unternehmenswelten und die gute Ausbildung der jüngeren Generationen bilden weitere anspruchsvolle Anforderungen an Führungskräfte von heute. Was will da jemand nach dem Muster „Befehl und Gehorsam" in Wirklichkeit noch ausrichten?

Die Tatsache, dass es notwendig ist, als in Schlüsselpositionen die eigenen Grundhaltungen zu überprüfen und auch zu verändern, wird von vielen als wichtig gesehen und auch verstanden. Die tatsächliche Umsetzung gestaltet sich dennoch als schwierig. Das Wissen ist meist vorhanden, das Wollen ist mitunter auch noch da. Wirklich anders zu agieren, vor allem wenn es hektisch und fordernd zugeht, das scheint die Schwierigkeit zu sein.

Managen im Ungewissen

Viele der gängigen und vielfach angewandten Managementpraktiken und -methoden wurden in Zeiten entwickelt, die geprägt waren von Aufschwung, Wachstum und einer gewissen Stabilität. Das grundlegende Mindset dahinter drückt sich durch eine mechanistisch-analytische Vorgehensweise aus. Auf Basis der Vergangenheit und analytisch eruierten Zukunftsprognosen wird ein Plan erstellt, der dann mit Meilensteinen versehen und mit effizientesten Methoden umgesetzt und kontrolliert werden soll. Bestens ausgeklügelte Cockpitcharts sollen helfen, den Überblick zu bewahren. Und das meist auf die nächsten Jahre hinaus. Ganz so, als wäre die Zukunft bis ins kleinste Detail berechenbar. Es ist nichts gegen diese Tools und die damit verbundene Vorgehensweise des Managens einzuwenden. Aber es ist wichtig zu erkennen: Sie hatten im Grunde nur in Situationen ihre Berechtigung, die einigermaßen berechenbar und vorhersehbar waren. Und manchmal frage ich mich, ob die erarbeiteten Ergebnisse in diesen Unternehmen wegen oder eigentlich trotz dieser Vorgehensweisen geschehen sind.

Wie wir schon vielfach gesehen haben, ist die momentane Realität alles andere als berechenbar. Ständig taucht Unvorhergesehenes auf, und viele Trends und Entwicklungen liegen völlig im Ungewissen. Das fordert viele Führungskräfte ungemein. Haben sie doch ihre Sicherheit aus dem planbaren und strukturierten Vorgehen gewonnen. Meist waren sie auch noch sehr erfolgreich damit. Auf einmal soll dieses Vorgehen nicht mehr effektiv und wirkungsvoll sein? Da stimmt doch etwas nicht. Mein Freund und Geschäftspartner Rainer Petek beschreibt diese Situation ausführlich in seinem Buch „Das Nordwand-Prinzip". Dort und auch in seinen gut gebuchten Vorträgen zeigt er neue Wege des Denkens, Handelns und Managens auf. So schildert er unter anderem, wie wichtig es in einem dynamischen Umfeld ist, die mechanistische Trennung von Denken (Strategieabteilung) und Umsetzung (Management und Mitarbeiter) aufzulösen und welche Vorteile das unternehmerische Handeln in kurzen und agilen Lernschleifen mit sich bringt.

Ich möchte in diesem Buch in erster Linie auf den persönlichen Aspekt schauen. Nämlich, wie es Menschen schaffen, in turbulenten und fordernden Geschäftssituationen auf eine moderne Art und Weise stark und souverän zu sein, nicht in alten und über lange Zeit erlernten Denk- und Verhaltensmustern verhaftet zu bleiben, und wie es gelingt, trotz hoher Anforderungen, sozusagen wenn es drunter und drüber geht, sich aktiv und erfolgreich auf Ungewissheit, Unerwartetes und Unsicherheit einzulassen. Vor allem auch deshalb, da es ein Zurück in die vermeintlich gute alte Zeit nicht geben wird.

Der Druck wird weiter steigen

Vor kurzem war ich eingeladen, bei einem sehr erfolgreichen europäischen Familienunternehmen einen Strategieworkshop zu moderieren. Bei der Analyse der Marktentwicklungen rüttelte ein Chart alle Anwesenden so richtig wach. Vor etwa zehn Jahren war das Neugeschäft zu 80 Prozent in Europa und den USA generiert worden, in Asien konnten sie damals 20 Prozent ihrer neuen Aufträge verbuchen. Jetzt wurde prognostiziert, dass in drei Jahren das Potenzial für neue Anlagen genau umgedreht sein würde. 80 Prozent des neuen Geschäfts werde sich in China und Asien abspielen und die restlichen 20 Prozent würden auf den Rest der Welt verteilt sein. Als diese Botschaft im Raum zu wirken begann, wurde es bedrückend still. Natürlich fragten sich viele, wie das Unternehmen diese Situation und Herausforderung meistern könnte. So manches Mitglied des Managementteams dachte aber offensichtlich darüber nach, was das für ihn oder sie persönlich bedeuten würde. Eines wurde im Laufe des Workshops allen klar: Die Anforderungen an alle Beteiligten würden weiter steigen.

Bei einem anderen Unternehmen kam es zu einem Eigentümerwechsel und damit zu einer völligen Änderung der Kernziele des Unternehmens. Lautete früher die Strategie, das diversifizierte Geschäft als engen Verbund zu führen und bei größeren Projekten bereichsübergreifend zusammenzuarbeiten, wurde nun der Verbund getrennt, einzelne Teilbereiche im günstigsten Fall verkauft, andere der Synergien wegen zu einem Bereich verschmolzen und manche sogar völlig aufgelassen. Im gesamten Unternehmen herrscht nun absolute Unsicherheit. Nicht nur bei den Mitarbeitern, sondern auch in der Führungsmannschaft. Alle stehen unter Beobachtung und sehen sich gefordert, trotz Ungewissheit und Orientierungslosigkeit gute Leistungen zu bringen, geht es doch auch um den eigenen Job in der Zukunft.

Aber auch anderweitig steigen die Anforderungen stetig. Sei es durch das viele Reisen, zum Teil von einer Zeitzone in die nächste und wieder retour. Sei es durch viele gleichzeitige Projekte. Sei es durch neue IT-Landschaften und die damit verbundenen Umstellungen. Sei es durch die vielen Neuerungen im Zusammenhang mit der digitalen Transformation. Der zum Teil härter werdende Wettbewerb, der steigende Kostendruck und die anspruchsvoller werdenden Kundenanforderungen tragen ebenfalls ihren Teil dazu bei. Die E-Mail-Flut, die Erwartung, ständig erreichbar zu sein, die langen Arbeitszeiten und überhaupt das manchmal völlige Verschmelzen von Beruf und Privatleben sind weitere Komponenten des hohen Anforderungscocktails.

Stress auf allen Ebenen der Hierarchie – alarmierende Fakten

Sowohl Mitarbeiter als auch Führungskräfte berichten über Stress, Zeitdruck, Mehrfachbelastung und Überforderung. Jeder zweite deutsche Arbeitnehmer fühlt sich am Arbeitsplatz unter Zeitdruck und beklagt, verschiedene Aufgaben gleichzeitig erledigen zu müssen. Jeder fünfte gibt sogar völlige Überforderung an. Diese Zahlen stammen aus dem „Stressreport Deutschland 2012" der Bundesanstalt für Arbeitsschutz und Arbeitsmedizin. Die Daten des Reports wurden in Deutschland bei einer Befragung von rund 20.000 Beschäftigten in den unterschiedlichsten Branchen und Unternehmen über einen Zeitraum von mehreren Monaten erhoben.

Auffallend ist: Die Führungskräfte berichten davon, dass Stress und Überforderung in den letzten Jahren zugenommen haben. Die Faktoren, die Mitarbeiter wie Führungskräfte am meisten beanspruchen, sind laut den Erhebungen des Reports: verschiedene Arbeiten gleichzeitig durchführen zu müssen, starker Termin- und Leistungsdruck, häufige Arbeitsunterbrechungen etwa durch Telefon, E-Mails und Kollegen. Lange Arbeitszeiten und das Ausfallen von Pausen zum Regenerieren sind weitere belastende Faktoren. Apropos Pausen: Je höher die Wochenarbeitszeit ist, desto öfter entfallen die Pausen – meist, weil diese nicht in den Arbeitsablauf passen oder zu viel zu tun ist.

Wie Sie selbst sicher schon des Öfteren erlebt haben, zeichnet sich die Arbeitswelt von heute durch ständigen Wandel und Veränderung aus. Umstrukturierungen sind alltäglich und nichts Außergewöhnliches. Dies schlägt sich auch in den Zahlen zu Stress und Überforderung nieder. Diejenigen, die sich während der Befragung gerade in einem Umstrukturierungsprozess befanden, berichteten von höheren Belastungen als jene in Unternehmen, in denen gerade keine massive Veränderung anstand. Auch die Berichte über gesundheitliche, vor allem psychische Beeinträchtigungen wie Müdigkeit und Erschöpfung, Kopfschmerzen, Nervosität und Reizbarkeit, Schlafstörungen bis hin zu Niedergeschlagenheit waren während Restrukturierungen signifikant höher.

Aus der Befragung des Stressreports lässt sich deutlich herauslesen, wie stark Führung als Kraft gegen Stress und Überforderung wirken kann. Als Führungskraft präsent zu sein und als Ansprechpartner und Unterstützer zu agieren, trägt bei Mitarbeitern äußerst positiv zur Vermeidung von Stress und Überforderung bei.

Neuere, kleinere und punktuellere Studien bestätigen den alarmierenden Trend der Stresszunahme auf allen Ebenen und in fast allen Gesellschaftsschichten. So zeigt etwa eine österreichische Studie der Allianz Versicherung aus dem Jahr 2017, dass Stressfaktor Nummer eins der Zeitdruck im Berufsleben ist und sich ein Viertel der Berufstätigen vom Burnout bedroht fühlt. Frappierend bei dieser repräsentativen Studie ist die Erkenntnis, dass die Stressbelastung immer früher einsetzt. So empfinden bereits 41 Prozent der 18- bis 34-Jährigen eine akute Stressbelastung am Arbeitsplatz. Führungskräfte sind davon nicht ausgenommen. Interessant sind die beiden Top-Wünsche in Bezug auf Stressreduzierung am Arbeitsplatz. Es sind dies die Verbesserung der Arbeitsorganisation und auch hier wiederum der Faktor Führung. Auch die österreichischen Arbeitnehmerinnen und Arbeitnehmer wünschen sich besser geschulte und entwickelte Führungskräfte. Das ist ein weiterer sehr guter Grund, sich als Führungskraft mit der in diesem Buch erläuterten WILDWASSER-STRATEGIE zu beschäftigen und diese für die persönliche Weiterentwicklung zu nutzen.

Berücksichtigt man auch noch die Kosten, die durch die gesundheitlichen Beeinträchtigungen der Beschäftigten für Unternehmen und für die

Gesamtwirtschaft entstehen, gewinnt die Thematik Selbstführung von Führungskräften nochmals an Bedeutung. Denn dabei geht es nicht mehr nur darum, die eigene Leistungsstärke als Führungskraft zu erhalten und zu steigern, sondern vor allem auch darum, wie es gelingen kann, als souverän agierende Führungskräfte die Gesundheit und Leistungsstärke der Mitarbeiter insgesamt hochzuhalten.

Sämtliche Zahlen und unterschiedlichste Reports zeigen, dass die psychischen Belastungen bei allen Beschäftigten hoch sind. Das bestätigen auch meine ganz subjektiven Beobachtungen. Zu den Ursachen dieser Ergebnisse gibt es durchaus unterschiedliche Sichtweisen. Die einen beklagen die anspruchsvollen Markt- und Arbeitsbedingungen. Die anderen kritisieren Ärzte, die jedes kleinste Wehwehchen als Anzeichen für Stress, Burnout und Co deuten. Und wiederum andere sind der Ansicht, die Menschen der modernen westlichen Gesellschaft seien verwöhnt und verweichlicht.

Auch über die anfallenden Kosten kann gestritten werden. Denn wie genau lassen sich Minderleistung, Müdigkeit, Unkonzentriertheit, Hektik, chronische Schmerzen, Demotivation, gesteigerte Reizbarkeit bis hin zu Niedergeschlagenheit und völliger Überforderung in Euros beziffern? Viele internationale Studien, die sich mit dem Zusammenhang von gesundheitlichen Beeinträchtigungen und deren ökonomischer Bedeutung beschäftigen, kommen zum Ergebnis, dass zwischen 50 und 60 Prozent der krankheitsbedingten Arbeitsausfälle in der einen oder anderen Form mit Stress und hohen Arbeitsbelastungen in Verbindung zu sehen sind. Gudrun Biffl von der Donau-Universität Krems fand zum Beispiel heraus, dass sich in Österreich zwischen 1996 und 2009 die Krankenstände aufgrund von psychischen Erkrankungen verdoppelten, wobei die Krankenstände wegen anderer Erkrankungen im gleichen Zeitraum abnahmen. Ihre Untersuchungen weisen ebenfalls darauf hin, dass die Kosten für Unternehmen vielfältig sind. Neben den Fehlzeiten entsteht ein Mehraufwand zum Beispiel durch Lohnfortzahlungen, Ausfall an Wertschöpfung, Verringerung der Produktivität, Kosten für Ersatzkräfte oder Neuaufnahmen, erhöhte Unfallgefahr, gesteigerte Qualitätsmängel, Konflikte mit Arbeitskollegen, schlechtes Betriebsklima und Widerstand gegenüber Veränderungen im Unternehmen. Insgesamt kursieren die unterschiedlichsten Zahlen in den diversen Medien und Berichten. Ganz egal, ob man gewillt ist, die Gesamtdebatte mit Vorsicht zu betrachten, oder ob man Öl ins Feuer gießen möchte, alarmierend sind sie so und so. Da wird von hunderten Milliarden gesprochen, die Europas Wirtschaft dadurch verliert oder an Mehrkosten zu bewältigen hat. Aus meiner Sicht ist das dramatisch und trotzdem nur eine Seite einer Medaille. Die andere Seite ist der Verlust an Innovationskraft, Zukunftsfitness und positivem Gestalter-Spirit. Qualitäten, die vor allem jetzt in dem Zeitalter der digitalen Transformation mehr als notwendig sind.

Dopingalarm im Management

Im Spitzensport hart bekämpft, wird Doping im Management zur gängigen Praxis. Die Verkaufszahlen für legale und illegale Muntermacher schnellen in die Höhe. Auch Führungskräfte nehmen immer mehr Zuflucht bei aufputschenden oder beruhigenden Stimulanzien. Hierbei sind jedoch nur Dunkelziffern bekannt, wer gibt schon zu, den Arbeitsalltag nur mehr mit Psychopharmaka, Kokain oder Speed bewältigen zu können?

Sich mit diversen Mittelchen aufzuputschen oder zu beruhigen ist nicht neu. Koffein, Nikotin, Alkohol und auch pflanzliche Mittel wie etwa Baldrian waren lange Zeit an der Tagesordnung und sind es auch heute noch. Neben diesen akzeptierten Mitteln halten jetzt amphetaminhaltige Aufputschmittel Einzug in die Chefetagen: Ritalin zum Beispiel, ein Medikament, das gegen Aufmerksamkeitsdefizite bei Kindern entwickelt wurde, wird gerne von Erwachsenen zur Steigerung der Konzentration verwendet. Ähnlich verhält es sich mit anderen Medikamenten dieser Art. Sie werden als Brain Booster bezeichnet, da sie erhöhte Konzentration, Aufmerksamkeit und lange Leistungsfähigkeit versprechen. Der Haken an der Sache ist, sie können abhängig machen.

Wirkungsvolle Lösungen sind gefragt

Es zeigt sich ganz klar: Weitermachen wie bisher, vielleicht etwas effizienter und mit noch mehr Druck, ist keine wirkliche Lösung. Ebenso bringt es nichts, den Kopf in den Sand zu stecken und zu hoffen, es ändere sich alles von selbst. Und gegen alles zu wettern und sich allem zu verschließen, ist auch keine förderliche Strategie.

Die Wirtschaftswelt, eigentlich die gesamte Welt, ruft nach neuen, innovativen und gesünderen Lösungen. Dafür braucht es aber Menschen, die stark sind. Menschen, die es schaffen, aus schwierigen Gegebenheiten neuen Schwung zu erzeugen. Die wissen, wie mit Widersprüchen konstruktiv umgegangen wird. Und vor allem Menschen, die sich wagen, Neues zu ersinnen und dieses zum Leben zu erwecken. Wie Sie sicher schon erahnen, handelt es sich bei diesem „Starksein" um alles andere als um die althergebrachte Form von Stärke. Macht, Power, Druck und manchmal auch Kampf und Krampf – das war die alte Welt.

Die neue Welt ist anders, in vielen Belangen sogar sehr anders. Da geht es zum Beispiel um bunte Vielfalt, um neue und kreative Arbeitswelten, um grenzenlose Zusammenarbeit, um mutiges Experimentieren und um dynamische Flexibilität. Diese und viele weitere Merkmale der neuen Welt haben eines gemeinsam: sie sind keine „nice to have's" mehr, sondern absolute „must have's".

Um in dieser neuen Welt zu bestehen und erfolgreich zu sein, braucht es neues Denken und Handeln. Eines, das konsequent mit den alten Verhaltensweisen bricht und völlig neue Wege ermöglicht. Die WILDWASSER-STRATEGIE ist ein wirkungsvoller Schlüssel dafür. Mit ihr bleiben Sie in diesem modernen und innovativen Umfeld auf eine ganz neue Art und Weise stark und souverän und gleichzeitig gesund, vital und energiegeladen.

Ihr Equipment für die
WILDWASSER-STRATEGIE

Something else

„Das geht nicht. Es geht nicht mehr besser!"
„Nein, wir können uns nicht umstellen. Wir müssen so stehen bleiben!"
„Stellt euch doch etwas näher zusammen, dann sind wir schneller."
„Konzentriert euch! Einfach besser und genauer werfen!"

Wir sind mitten in einem aktivierenden Spiel in einem meiner Workshops. Das Team besteht aus 20 Personen, sie versuchen drei Tennisbälle nach einer eintrainierten Systematik und Struktur so schnell wie möglich zur zuerst werfenden Startperson wieder zurückzubringen. Die erste Orientierungszeit war 35 Sekunden. Jetzt, nach etwa zehn neuerlichen Versuchen, sind sie nahe dran, das selbstgesteckte Ziel von 25 Sekunden zu knacken. Aber immer wieder scheitern sie ganz knapp. Einmal fällt ein Ball runter und es dauert lange, diesen wieder ins Spiel zu bringen. Ein anderes Mal ist jemand unkonzentriert und weiß nicht mehr, zu wem die Bälle weitergespielt werden sollen. Dazu komme auch ich noch als weiterer Stressfaktor. Mit der Stoppuhr in der Hand sporne ich an und erzeuge so noch zusätzlichen Druck. Das erhöht die Fehleranfälligkeit und das Team wird dadurch hektischer und nervöser.

Sie merken, mit der anfänglich gestarteten Strategie, die Bälle von einer Person zur nächsten zu werfen, wird es schwierig, ihr Ziel von 25 Sekunden zu erreichen. Leise sind einige Stimmen zu vernehmen, die meinen, sie sollten sich doch ein anderes Vorgehen überlegen. Insgesamt werden sie etwas aggressiver und lauter. Während die einen darauf pochen, sie sollten doch schneller, genauer und endlich doch konzentrierter agieren, werden die anderen ungeduldig und frustriert. Sämtliches Probieren, Verfeinern und Perfektionieren führt nur in ganz kleinen Schritten in Richtung ihres Ziels.

Ihr Equipment für die WILDWASSER-STRATEGIE

Nach einer kurzen Pause nehmen sie sich noch einmal vor, mit vereinten Kräften alles in die Waagschale zu werfen. Und siehe da, es gelingt ihnen. Ganz knapp bevor die Uhr die 25-Sekunden-Marke erreicht, ist der letzte der drei Bälle wieder bei der Startperson. Jetzt jubeln sie. Sie klopfen sich gegenseitig auf die Schultern und freuen sich, dass sich die zuerst eingeschlagene Methode doch bewährt hat.

Als die ersten Teammitglieder beginnen, sich auf ihre Stühle zu setzen, werde ich aktiv. Ich hole sie noch einmal zusammen und gratuliere ihnen zu ihrer ganz passablen Leistung. Aber ich erzähle ihnen gleichzeitig, dass einer ihrer Wettbewerber diese Übung unter fünf Sekunden geschafft hat. Die erste Reaktion ist: „Die waren sicher viel weniger Personen als wir." Als ich das verneine, denken die einen, ich würde sie veräppeln. Andere beginnen aber zu überlegen, ob es nicht doch eine Möglichkeit gibt, das zu schaffen. Da bittet mich eine aus dem Team, ich solle doch noch einmal die Spielregeln ganz genau erklären. Ich beginne, meine zuvor schon fast gebetsmühlenartige Leier zu wiederholen und sage nochmals langsam und sehr deutlich: „Es geht darum, die drei Tennisbälle so schnell wie möglich von der Startperson beginnend nach der aufgestellten Reihenfolge wieder zurück zur Startperson zu bringen. Jede und jeder muss die drei Bälle b e r ü h r e n und die Reihenfolge muss bleiben."

„Habt ihr es gehört?", meint die jetzt sehr aktive Kollegin. „Es geht nicht darum, dass wir die Bälle werfen müssen. Wir müssen sie nur berühren. Und es geht auch nicht darum, dass wir so stehen bleiben müssen, wie es sich am Anfang ergab. Wir sollen eigentlich nur die Reihenfolge einhalten. Das heißt, wir können die Bälle ganz anders transportieren und wir können uns auch ganz anders aufstellen, solange wir die Reihenfolge einhalten."

Das bringt das Team dazu, eine ganz andere Variante des Spiels auszuprobieren und den Ablauf völlig zu verändern. Gleich im ersten neuen Versuch unterbieten sie die Zeit von 15 Sekunden. Auf einmal übernehmen andere Teammitglieder die Initiative und bringen weitere Ideen ein, wie sie das Spiel noch innovativer gestalten können. Mit der dritten neuen Variante schaffen sie 2,5 Sekunden! Jetzt bricht der Jubel so richtig aus. Auch ich applaudiere ihnen aus vollem Herzen.

Als sich die Euphorie etwas legt, frage ich sie, ob es sich bei der Übung ihrer Meinung nach nur um ein Spiel handelt, oder ob sie da auch einige interessante Erkenntnisse herausziehen könnten. Die Kollegin, die zuvor die entscheidende Frage stellte, meldete sich wieder zu Wort und meinte, aus ih-

rer Sicht liege darin eine ganz wesentliche Erkenntnis: „Von 25 Sekunden auf 2,5 Sekunden! Das hätten wir mit dem Werfen nie und nimmer geschafft. Für Quantensprünge reicht es nicht aus, mehr vom Selben zu tun."

Ja, es reicht nicht aus, mehr vom Selben zu tun. Diese Erkenntnis war es, was ich mit dieser Übung bei meinen Teilnehmern erzielen wollte. Denn ich erlebe in meiner Arbeit als Berater und Business-Coach immer wieder, dass Führungskräfte bei geforderten Verbesserungen zuerst fast reflexartig an Verbesserungen im Sinne von „Mehr vom Selben" denken. Das Motto dabei ist: Schneller, präziser, effizienter. Das Fatale daran ist, dass sie im ersten Moment meist wirklich etwas besser werden. Das bestärkt sie in ihren Bestrebungen und Bemühungen, dranzubleiben und Bestehendes zu optimieren.

Wenn aber zum Beispiel im Zuge der Digitalen Transformation immer wieder von Umbrüchen und Disruptionen gesprochen wird, so kann ein Verbessern des Bestehenden ganz einfach nicht funktionieren. Um wirkliche Veränderungen und Innovationen zu initiieren, braucht es neues Denken und Handeln. Die WILDWASSER STRATEGIE ist ein derartiger neuer und innovativer Zugang. Sie ist alles andere als ein „Mehr vom Selben". Sie erfordert einerseits, sich auf „something else" im Denken und Handeln einzulassen und andererseits forciert und fördert sie eben dieses. Interessant ist, dass ich genau diese Form von Entwicklung auch im Wildwassersport erlebte.

Something else beim Kajakfahren

Als ich mit dem Kajakfahren begann, bestanden unsere Boote aus Polyester. Das hatte den Vorteil, dass wir die Boote mit speziellen Bootsformen selbst bauen konnten. Es hatte aber auch einen Nachteil. Sie wurden nach einem etwas stärkeren Felskontakt gleich einmal reparaturbedürftig. Vor allem dann, wenn wir beim Bauen wegen der gewünschten Leichtigkeit der Boote mit dem Material sparten. Eines war mir von Anfang an klar: Im Reparaturschuppen will ich so wenig Zeit wie möglich verbringen. Die Zeit war das eine, das andere war die überaus klebrige Arbeit mit dem mehr als unangenehm riechenden Polyestermaterial. Sie wollte ich mir so gut es ging ersparen. Dieser Vorsatz hatte einen positiven Effekt. Ich war bestrebt, eine möglichst gute Fahrtechnik zu erlernen, um die Stromschnellen „sauber" (ohne Felskontakt in der Bootsfahrer-Sprache) zu befahren. Mit der Zeit wurde ich dadurch immer besser und es wurde mir möglich, anspruchsvollere Flüsse zu befahren. Dennoch hatte ich den Eindruck, über einen gewissen Schwierigkeitsgrad nicht hinauszukommen.

Ein, zwei Jahre, nachdem ich die ersten Erfahrungen im Kajakfahren gesammelt hatte, vollzog sich eine kleine Revolution am Materialsektor. Auf einmal kamen die ersten Boote aus Plastik auf den Markt. Wir bezeichneten sie zwar mit einem leichten Unterton als die Tupperware-Boote, waren aber dennoch sehr froh, Boote zur Verfügung zu haben, die den einen oder anderen Felskontakt schadlos überstanden. Das neue Material bewirkte zuerst aber eine Entwicklung, die aus heutiger Sicht komisch, ja fast lachhaft wirkt. Vor allem bei uns in Europa.

Weil die Boote fast unzerstörbar wirkten, fuhren viele Bootsfahrer Flussabschnitte, die zum Teil weit über deren Fähigkeiten lagen. Die Boote halten es aus und wir werden vom Schwimmen nach einer Kenterung ja nur abgehärtet, war anfänglich die Meinung zahlreicher Bootsfahrer. Das bekamen die europäischen Firmen mit, die die Wildwasserboote herstellten. Sie wollten es den Wildwasserfahrern ermöglichen, ihren Sport möglichst sicher auszuüben. Ihre Antwort darauf war deshalb: dickere, voluminösere Boote. Damit nicht genug. Es brauchte natürlich auch dickere Schwimmwesten und massivere Helme. Das hatte zur Folge, dass die Sportler mit ihrem „Schutzpanzer" immer träger und unbeweglicher wurden und gerade deshalb in schwierigen Wildwasserstellen in Bedrängnis kamen. Aber anstatt die Materialien wieder etwas zu verkleinern und die Beweglichkeit zu erhöhen, wurden Boote, Schwimmwesten und Helme immer noch schwerer und dicker.

Als ich nach den ersten Jahren intensiven Kajakfahrens in Europa die Gelegenheit bekam, in den USA als Raftguide und Kajakinstruktor zu arbeiten, fiel es mir wie Schuppen von den Augen, mit welcher Philosophie in Europa zum Teil Boot gefahren wurde. In den USA glaubte ich mich in einer anderen Welt. Erstens traf ich viele Kajakfahrer, die immer noch mit Polyesterbooten unterwegs waren. Aber nicht mit „dicken Schinken", wie man bei uns sagte, sondern mit schnittigen und wendigen Booten. Zweitens hatten die damals in den USA ebenfalls schon verwendeten Plastikboote mindestens um die Hälfte weniger Volumen und ließen durch ihr geringeres Gewicht ein sehr sportliches und dynamisches Fahren zu. Und drittens ging es bei den amerikanischen Bootsfahrern viel mehr um das Spielen und Experimentieren im Wildwasser als in Europa.

Hier bei uns war es das Ziel, in einer Saison möglichst viele Flüsse zu befahren und auf einer Liste abzuhaken. In Amerika war es völlig anders. Die guten amerikanischen Wildwasserfahrer hielten sich zu meiner Überraschung oft einen halben Tag an ein und derselben Welle und Walze auf, um spezielle Moves zu erlernen, alles Mögliche auszuprobieren und vor allem, um in jeder Situation möglichst cool zu wirken. War das Lachen und die Freude der heimischen Bootfahrer sehr oft hinter einem dicken Helm fast nicht zu bemerken, so wurde auf den amerikanischen Flüssen nur so um die Wette gestrahlt.

Mir kam diese Art des Bootfahrens sehr entgegen. Noch viel interessanter war aber die daraus resultierende Entwicklung des Sports. Das stundenlange Spielen und Experimentieren im Zusammenspiel mit leichteren und wendigeren Booten hatte eine beeindruckende Entwicklung zur Folge. Die Bootfahrer wurden immer agiler, wendiger, aber auch mutiger und selbstsicherer. Sie eigneten sich Techniken an, die in Europa zu dieser Zeit noch niemand kannte. Die logische Folge war, dass immer schwierigere Abschnitte sicher und souverän befahren wurden. Erst ein völlig anderer Zugang ermöglichte es, in neue Dimensionen vorzustoßen.

Genauso war es auch in der zuvor beschriebenen Übung mit den drei Tennisbällen. Wann immer ich sie in einem meiner Workshops einsetze, spielt sich fast immer die gleiche Situation ab, wie ich sie beschrieb. Zuerst wird verbissen daran gefeilt, die bestehende Systematik bis zur Perfektion zu optimieren. Besser und präziser werfen, konzentrierter fangen, sich etwas näher zusammenstellen und vor allem alles so schnell wie irgendwie möglich durchführen. Wenn es auf diese Weise nicht mehr geht, Verbesserungen zu erzielen, dann erst gibt es meistens einen Musterwechsel. Die Bälle werden nicht mehr geworfen, sondern auf andere Weise transportiert. Und nach ein paar weiteren Adaptierungen schaffen die Teams es immer wieder, auf eine Zeit zu kommen, die für sie zu Beginn des Spiels utopisch erschien.

Bei der Aufarbeitung der Übung und beim Transfer in den Geschäftsalltag werden fast jedes Mal dieselben Argumente und Ideen diskutiert. Alles, woran die Teams dabei zuerst denken, sind dann ihre Abläufe, Prozesse und Routinen. Das hat schon seine Berechtigung. Dennoch ist es in Zeiten der dynamischen und abrupten Veränderungen viel zu kurz gegriffen. Was es wirklich braucht, sind das auf den Prüfstand stellen und zum Teil auch das völlige Verändern von tief verwurzelten Grundannahmen, Überzeugungen und Sichtweisen. Wie bei dem Ballspiel. Die markante Steigerung kommt zustande, wenn die Teams von ihrer Grundüberzeugung „die Bälle müssen geworfen werden" ablassen. Erst dann wird es möglich, anders zu handeln, was wiederum andere Ergebnisse zur Folge hat.

Für die Zukunftsfitness von Menschen in Schlüsselpositionen ist diese Systematik entscheidend. Es macht wenig Sinn, sich die besten Führungswerkzeuge anzueignen, wenn nicht Grundlegendes ebenso angegangen wird. Wie zum Beispiel folgende Fragen:

- Welche Berechtigung hat Führung in Zeiten von dynamischen und flexiblen Netzwerken überhaupt?

- Welche Grundhaltungen sind von Menschen in verantwortungsvollen Positionen heute und morgen gefordert, wenn die Teams immer vielfältiger und internationaler werden?

- Wie kann Führung gelingen, wenn die jungen Kolleginnen und Kollegen völlig andere Vorstellungen von Arbeit, Loyalität und Transparenz haben?

- Welche Qualitäten sind gefragt, wenn diejenigen, die geführt werden sollen, auf der ganzen Welt verstreut sind und in unterschiedlichen Zeitzonen agieren?

Das sind die eigentlichen Themen. Davon und von weiteren Fragen dieser Art wird es abhängen, wie attraktiv jemand für wichtige Funktionen in der „Neuen Welt" ist.

Eine wichtige Frage in diesem Zusammenhang hat mit der Grundintention der WILDWASSER-STRATEGIE zu tun. Mein Anliegen ist es, mit ihr effektive Wege aufzuzeigen, wie Führungskräfte und Schlüsselspieler in den dynamischen und sich stark verändernden Zeiten stark und souverän sein können. Aber was bedeutet es, jetzt und in Zukunft als Führungspersönlichkeit stark und souverän zu sein?

Stark ist nicht gleich stark

Es ist zwar schon Jahre her, aber mein Geschäftspartner und Freund Florian Pichler und ich müssen immer noch schmunzeln, wenn wir an einen gemeinsamen Bekannten denken, der eine ganz spezielle Art hatte, über Führungskräfte zu denken. Eine Zeit lang gab es bei ihm nur schwarz oder weiß. Während die einen in seinem Urteil die Starken und Guten waren, titulierte er die anderen als schwach und untauglich. Dazwischen spielte sich nichts ab. In seinen Augen waren die starken Manager durchsetzungsstark, trafen schnelle Entscheidungen, diktierten anderen deren Aufgaben, waren besessen von Perfektion bis in kleinste Details, konnten sich bestens selbst darstellen, kletterten zügig die Karriereleiter hinauf und hatten große Fahrzeuge, am besten noch einen Privatjet. Natürlich waren sie durch die Bank männlich.

Aus heutiger Sicht klingt das ziemlich überzogen, fast schon reif für eine Karikatur. Jemand, der das eigene Team einlud, aktiv und ehrlich mitzudenken und Lösungsvorschläge einzubringen, ja vielleicht sogar ermutigte, erste Testballone ohne offizielle Genehmigung fliegen zu lassen, bekam von ihm insgeheim sehr schnell den Stempel der schwachen Führungskraft aufgedrückt. Ließ jemand in Führungsposition zu, dass die eigenen Pläne, Konzepte und Strategien von anderen in Frage gestellt oder gar kritisiert wurden, so war für ihn klar, dass diese Person falsch am Platz war. Schwäche zu zeigen, wenn auch nur in Form von leichter Müdigkeit, Nervosität oder Frustration entsprach überhaupt nicht seinem Bild einer starken Führungspersönlichkeit.

Dabei übersah unser Bekannter, dass viele seiner Idole schon vor Jahren ziemlich viel Aufwand betrieben hatten, dieses Bild des unbesiegbaren Machers aufrechtzuerhalten. Die schmerzenden Ellbogen und die eingesetzte Macht blendete er völlig aus. Die durch ein derartiges Führungsgehabe entstandenen direkten und indirekten Kosten waren für ihn ebenfalls nicht existent. Dass gute und engagierte Mitarbeiterinnen und Kollegen zum Wettbewerb gingen, lag nur an ihnen selbst. Waren sie doch zu schwach für die starke Führung. Dass es zum Teil immer schwieriger wurde, kluge Köpfe vom Markt in die Unternehmen zu holen, hatte andere Ursachen. Und dass es in vielen der Unternehmen, in denen die starken Manager wirkten, hauptsächlich um Kosteneinsparungen, höchste Effizienz und um Umstrukturierungen ging, lag aus seiner Sicht in der Stärke dieser Personen.

Ihr Equipment für die WILDWASSER-STRATEGIE

Wer hätte das sonst derart gut gemanagt? Wenig bis keine neuen Produkte, schleppende Modernisierung und weitere Anzeichen von blockierter Innovationskraft wurden von ihm ganz einfach ignoriert.

Wäre diese Haltung unseres Bekannten ein Einzelfall, so wäre es unbedeutend, über derartige Aussagen zu berichten. Leider nehme ich diese Art über Führung zu denken in Unternehmen immer noch wahr. Und leider nicht als Einzelfälle. Gleichzeitig sehe ich, wie in vielen Unternehmen fast schon verzweifelt darum gerungen wird, junge, engagierte und innovative Mitarbeiter und Mitarbeiterinnen zu gewinnen und diese auch längerfristig zu halten. Das wird nicht gelingen, wenn sich in den Führungskulturen der Unternehmen nicht von Grund auf Änderungen einstellen. Da bin ich mir ziemlich sicher. Die Begegnung mit einem dieser „jungen Kreativen" vor kurzem hat meine Überzeugung diesbezüglich wieder einmal bestätigt.

Berlin, Anfang 2018. Ich bin zu einer interessanten und hochkarätig besuchten Veranstaltung zum Thema Digitalisierung eingeladen. Ein junger, dynamisch und gleichzeitig natürlich wirkender Typ fällt mir auf. Es stellt sich heraus, er ist Geschäftsführer eines jungen, sehr modern organisierten Unternehmens. Es handelt sich um eine Plattform für kreative Freiberufler. Im Gespräch skizziert er einige wenige spannende Eckdaten. Eine Aussage von ihm fesselt mich. So meint er, viele der Freiberufler, die über die Plattform an tollen Projekten mitwirken wollen, kommen zu ihnen, weil sie sich die alte Form von Führung und Unternehmenskultur ganz einfach nicht mehr antun wollen. Auf meine Nachfrage erläutert er dieses Statement etwas detaillierter. Aus seiner eigenen Erfahrung, aber vor allem aus vielen Gesprächen mit jungen und zum Teil sehr engagierten Kolleginnen und Kollegen tritt deutlich zu Tage, wie verkrustet und starr so manche Unternehmen im deutschsprachigen Europa immer noch sind. Die jungen Engagierten suchen zum Beispiel Vielfalt, Transparenz, Offenheit, Internationalität, selbstbestimmtes und selbstorganisiertes Vorgehen, schnelles und direktes Feedback, Individualität und die Möglichkeit, über experimentelles Agieren dynamisch zu lernen. Mit interessanten Leuten außerhalb der eigenen Team-, Bereichs- oder gar Unternehmensgrenzen an innovativen Lösungen zu arbeiten, ist ebenfalls weit oben auf deren Wunschliste. Aber, so führt er weiter aus, diese Themen finden er und seine Kollegen ganz selten in Organisationen.

Auf meine Frage, was aus seiner Sicht die Hauptblockaden für diese neue Form des Arbeitens sind, antwortet er sehr klar. Seiner Überzeugung nach sind es die im vergangenen Jahrhundert steckengebliebene und überholte Form von Führung und die starren und bürokratischen Strukturen.

In dem Augenblick kommen mir fast blitzartig einige Gespräche der vergangenen Monate mit Kundinnen und Kunden in den Sinn. Sie sprachen wiederholt von Schwierigkeiten, junge und engagierte Menschen für ihre Unternehmen zu gewinnen. Auch davon, wie frustrierend es manchmal ist, in etablierten Unternehmen die Dynamik und die Innovationskraft zu erhöhen. Da wird mir wieder einmal völlig klar, wie wichtig und entscheidend es gerade heutzutage ist, das Denken und Handeln von Personen in Führungsverantwortung zu ändern. Aber, dabei geht es wie beim Spiel mit den Tennisbällen oder bei meiner Entwicklung hin zum guten Kajakfahrer nicht um ein „Mehr vom Selben", sondern um ein „something else".

In diesen dynamischen und hochinnovativen Zeiten sind starke Persönlichkeiten immer noch geschätzt. Was früher aber als stark galt, ist heute mitunter schwach. Nun sind zum Teil ganz andere Qualitäten verlangt, um als stark gesehen und gefragt zu sein. Diese Qualitäten erfordern keine Raketenwissenschaft. Es ist aber wichtig, das Bewusstsein für diese Qualitäten zu schärfen und diese gezielt und fundiert zu entwickeln. Mit der WILDWASSER-STRATEGIE haben Sie die besten Voraussetzungen dafür. Bevor wir uns aber in ihren Kern begeben und ihre fünf Disziplinen genauer betrachten, braucht es noch weiteres wichtiges Equipment. Eines davon ist das Zusammenspiel von Kopf, Herz und Hand.

Kopf, Herz und Hand

Es gab Zeiten, da fühlte ich mich im siebten Himmel. Im Kajak am Schwarzbach in der Nähe von Bad Reichenhall in Bayern einen acht Meter hohen Wasserfall hinabzuzischen, unten in die weiße Gischt einzutauchen und die Wucht des herabstürzenden Wassers am Kopf, dem Oberkörper und dem gesamten Boot zu spüren, das war so ein Glücksmoment. Wenn ich dann durch den Auftrieb des Bootes wieder an die Wasseroberfläche kam und mich im ruhigeren Tümpel unterhalb des tosenden Wasserfalls befand, gab es nichts Schöneres, als dieses Erlebnis einfach zu genießen und voll aufzusaugen.

Ich hatte nicht den Eindruck, ich hätte da etwas Außergewöhnliches getan oder wäre überaus mutig und cool gewesen. Das war es nicht, was in mir ein starkes Gefühl von Befriedigung hervorrief. Vielmehr war es das Empfinden, in diesen zum Teil sehr spannenden, manchmal auch gefährlichen Situationen souverän unterwegs zu sein. Es hatte nichts zu tun mit Kampf und Krampf, es war eher eine Art von Tanz. Ein dynamischer Tanz mit den Kräften, Strömungen und Verwirbelungen des Wildwassers. Die damals empfundene Souveränität hatte auch nichts mit Überheblichkeit zu tun. Sie gründete in einem über viele Jahre antrainierten Set an hilfreichen Kompetenzen. Die Fähigkeit etwa, die Strömungen richtig einschätzen, wie wir sagten, sie richtig „lesen" zu können, war extrem hilfreich. Dadurch erkannten wir, welche Welle und welche Walze wir wie nutzen konnten, um durch schwierigste Blockpassagen und Abschnitte fast mühelos und elegant durchzufahren. Eine andere dieser Kompetenzen war die mentale Kraft, die uns half, in kritischen Momenten reflexartig lebenswichtige Entscheidungen zu treffen und schwierige Aktionen konsequent durchzuführen.

Heute würde ich sagen, es war ein Tun in völliger Kohärenz. Das klingt zwar etwas hochgestochen. Ich meine damit: Mein Denken, meine Gefühle und die körperlichen und technischen Fähigkeiten stimmten optimal zusammen. Das war es, was das Kajakfahren für mich zum spielerischen Vergnügen machte. Diese Stimmigkeit hat sich im Laufe meiner Entwicklung vom Anfänger zum Experten, so scheint es, fast mühelos mitentwickelt: Das völlig stimmige Zusammenspiel von Kopf, Herz und Hand.

In meinem Kopf drehte sich schon in den ersten Sommern, als ich noch alles andere als ein geübter Wildwasserfahrer war, alles (fast alles; ich war zu der Zeit in der Pubertät) um das Kajakfahren. Ich wollte jede freie Minute am Fluss und im Kajak verbringen. Das brachte eine logische Entwicklungsspirale mit sich. Die Faszination hatte zur Folge, dass ich mich ständig mit dem Wildwasserfahren beschäftigte. Was immer es darüber zu lesen gab, ich versuchte es zu bekommen. Geschichten und Erlebnisse, die ich von geübteren Kajakfahrern zu hören bekam, saugte ich auf wie ein trockener Schwamm. Für jegliche Informationen über Boote, Paddel und andere wichtige Ausrüstungsgegenstände war ich richtiggehend hellhörig.

Vom Herz her, was in diesem Zusammenhang für Gefühle und Stimmungen steht, war es im Grunde ebenso glasklar. Alles rund um das Wildwasserfahren war für mich sinnvoll. Ich fand es bereichernd, schön und aufregend. Im Grunde wurde ich mit der Zeit süchtig danach. Das hatte ganz gewiss mit den zum Teil atemberaubenden Naturerlebnissen zu tun, natürlich auch mit dem sportlichen Charakter des Tuns und ganz sicher mit der freundschaftlichen Atmosphäre, die sich zwischen den Bootfahrern entwickelte. Auch wenn es manchmal anstrengend, schmerzhaft und immer wieder einmal sehr kalt war, es war einfach „nur" schön.

Von der Hand her, damit meine ich das körperliche Training und die Entwicklung der entsprechenden Kajaktechniken, bin ich versucht zu sagen, dass sich beide Elemente fast automatisch mitentwickelt haben. Wobei, genau betrachtet, war auch hier die Entwicklung alles andere als zufällig und beiläufig. Wir haben ganz bewusst trainiert, um körperlich fit zu sein. Kraft, Ausdauer und Beweglichkeit waren ja so etwas wie die Zutrittskarte. Indem wir manche Wildwasserstellen immer und immer wieder fuhren, eigneten wir uns auch die nötigen technischen Raffinessen und Kniffe an. Hatten wir bei einer unserer Übungsstellen mit der normalen Befahrung von oben nach unten keinerlei Probleme mehr, so fuhren wir ganz bewusst einige Abschnitte davon mit geschlossenen Augen, um das Wasser und die Strömungen intensiv zu erspüren und optimal darauf zu reagieren. Und wenn uns das gut gelang, so gingen wir meist daran, die Stromschnelle von unten nach oben zu bewältigen. Wir paddelten flussaufwärts, von Kehrwasser zu Kehrwasser und von einer etwas ruhigeren Zone zur nächsten. Das hatte zur Folge, dass wir körperlich topfit waren und gleichzeitig als Kajakfahrer immer besser wurden.

Bei dem stimmigen Zusammenwirken von Kopf, Herz und Hand geht es mit anderen Worten um das Verstehen, das Wollen und das Können. Es braucht kein langjähriges Studium, um zu erkennen, dass alle drei Komponenten wichtig sind. Ich hätte das Kajakfahren nie wirklich gelernt, hätte auch nur eine dieser drei Dimensionen gefehlt. Genauso ist es, wenn es darum geht, sich als Führungskraft mit der WILDWASSER-STRATEGIE für die heutigen und zukünftigen Anforderungen so richtig fit zu machen.

„So richtig fit" ist das Stichwort für eine wichtige Facette, die im Zusammenhang mit der Komponente „Kopf" jetzt gleich noch eingehender beleuchtet wird. Es handelt sich um die mentale Stärke, die aus meiner Erfahrung ein Grundelement der neuen Art von persönlicher Stärke und Souveränität ist.

Mentale Stärke

Vom Wildwasserfahren und aus der langjährigen Zusammenarbeit als Berater mit unterschiedlichsten Führungskräften und aus vielen Gesprächen mit Spitzenleuten – in der Wirtschaft genauso wie im Sport oder in der Kunst – weiß ich: Wenn es drauf ankommt, dann ist unsere mentale Stärke entscheidend.

Das ist kein Widerspruch zu dem stimmigen Zusammenwirken von Kopf, Herz und Hand. Sie kennen sicher einige Geschichten, wo Menschen in ruhigen und abgeschirmten Situationen wahre Meisterleistungen erbringen. Kaum ist Publikum anwesend, oder es findet Wettbewerb oder irgendeine andere Form von Druck statt, dann flattern die Knie und der Leistungspegel sinkt. Im Sport gibt es dafür den Begriff des „Trainingsweltmeisters". Diese Personen können das beste Wissen in ihrem Feld besitzen, voll von ihrem Thema überzeugt sein und alle dafür erforderlichen Handgriffe beherrschen, es scheitert eben an der mentalen Stärke.

Letztendlich hängt es von unserer geistig-mentalen Stärke ab,

- ob wir unsere Talente in Momenten der Wahrheit umsetzen können,

- ob wir trotz Druck, Hektik und Stress konzentriert und fokussiert bleiben,

- ob wir in angespannten Situationen erkennen, was wichtig ist, aktiv zu sein oder loszulassen,

- ob wir unter Zeitdruck und aus mehreren Möglichkeiten die richtige auswählen,

- ob wir in schwierigen Phasen zuversichtlich und lösungsorientiert bleiben,

- ob wir trotz grellen Rampenlichts einen kühlen Kopf bewahren,

- ob wir vielfältigsten Versuchungen widerstehen und bei uns und unseren Werten bleiben,

➤ ob wir uns zutrauen, sicher scheinende und gewohnte Pfade zu verlassen und uns in unsicheres Terrain hineinwagen.

Ich weiß nicht, ob Sie den alpinen Skiweltcup verfolgen. In unseren Gefilden ist es fast unmöglich, sich diesem manchmal verrückten Geschehen völlig zu entziehen. Und bei uns in dem kleinen Ort in den Bergen Salzburgs ist es fast ein Sakrileg, den Weltcup links liegen zu lassen. Stammt doch der seit Jahren dominierende Sportler Marcel Hirscher aus dem Nachbarort und lebt jetzt zusammen mit seiner Lebensgefährtin in unserem Ort.

Vor einigen Wintern, eigentlich noch in der Anfangszeit der Dominanz von Marcel Hirscher, wurden im nahen Schladming die alpinen Weltmeisterschaften veranstaltet. Die Dramaturgie der Ereignisse wollte es nicht anders, dass sich alles auf seine Auftritte zuspitzte. In der ersten Woche verliefen die Rennen alles andere als gut für Österreich – es war fast eine nationale Katastrophe. In der zweiten Woche wurden die technischen Disziplinen durchgeführt und das ganze Land wartete auf die Auftritte des jungen Lammertalers. Die Öffentlichkeit wollte ihn nicht nur fahren sehen. Viele wünschten sich endlich Medaillen für Österreich. Am besten die goldenen. Tatsächlich schaffte er es im letzten Rennen, dem Slalom, die Goldmedaille zu gewinnen. Ganz Österreich stand kopf.

Verblüffend war nicht so sehr seine Athletik oder sein skifahrerisches Können. Wirklich eindrucksvoll war, wie dieser junge Bursche mit all dem Druck seitens der Öffentlichkeit, der Medien, der vielen Bekannten und Freunde aus der näheren Umgebung und auch mit den eigenen Erwartungen umging. Er lieferte ein Paradebeispiel für mentale und geistige Stärke. Ich ziehe noch heute symbolisch meinen Hut vor dieser Leistung.

Marcel Hirscher ist ein Ausnahmekönner, was das rennmäßige Skifahren betrifft. Genau deshalb sieht man bei ihm das stimmige Zusammenwirken von Kopf, vor allem auch der mentalen Komponente, Herz und Hand so gut. Seine Souveränität und Stärke liegt eben nicht nur in seinem außergewöhnlichen Talent. Da steckt viel mehr dahinter. Er schafft es, sich immer wieder weiterzuentwickeln. So beschäftigt er sich sehr konzentriert und akribisch mit vielen Themen rund um den schnellsten Slalom- oder Riesentorlaufschwung. Zudem schafft er es, sich im Kopf derart gut auf druckvollste Situationen einzustellen, dass es ihm meistens gelingt, seine PS optimal auf die Piste zu bringen. Das alleine macht seinen Erfolg aber noch nicht aus. Unter anderem haben die emotionale Komponente (Herz) und die körperlich-technische Facette (Hand) einen weiteren großen Anteil daran. So ist in Österreich, auch in der breiten Öffentlichkeit, ziemlich gut bekannt, dass Marcel Hirscher einer der am intensivsten trainierenden Sportler im Skizirkus ist.

Warum hebe ich das Zusammenspiel von Kopf, Herz und Hand derart stark hervor? Ich bin überzeugt, die WILDWASSER-STRATEGIE entwickelt und fördert Metakompetenzen, die es Ihnen ermöglichen, für das Jetzt und für die Zukunft geistig-mental, emotional und körperlich „fit" zu sein. Das habe ich selbst an mir erfahren und über die Arbeit mit vielen Führungskräften und einigen Spitzensportlern immer wieder beobachtet. Wenn die Beschäftigung mit der Systematik aber rein bei einer Anreicherung von Wissen bleibt und die Elemente Herz und Hand nicht involviert werden, so wird leider die ihr innewohnende Kraft nicht wirklich oder nur unzureichend entfaltet. Deshalb finden Sie später bei der Beschreibung der einzelnen Disziplinen auch Anregungen zum Üben und Ideen zur Umsetzung in Ihren unternehmerischen Alltag. Aber ein Element unserer essenziellen Ausrüstung haben wir noch. Und dieses hat mir im übertragenen Sinne der Fluss des Lebens an mein Ufer gespült.

Ein mentaler Schatz aus dem Fluss des Lebens

*A**m Ende eines langen Kurstages in Tirol schauen Franz und ich uns in die Augen. Ein kurzer Blick genügt und jeder weiß: Ja, es passt noch! Es ist ein Ritual zwischen uns beiden. Es bedeutet in diesem Fall: Wir fahren jetzt gleich die Tiefenbachklamm, noch vor Einbruch der Dunkelheit.*

Wir beide haben am Universitätssportinstitut Salzburg Lehraufträge für das Kajakfahren. Mit den Kursteilnehmern fahren wir dazu gerne an diverse Flüsse, die auch für uns selbst so manches Gustostückerl bereithalten. Die Tiefenbachklamm im Brandenberger Achental ist eine dieser Wildwasserperlen. Ein Kursteilnehmer bietet sich an, uns mit dem Auto zum Einstieg der Klamm zu fahren. Einige andere teilen uns im Vorbeigehen mit, sie würden den Wanderweg durch die Klamm ein Stück flussaufwärts gehen, um uns im letzten Abschnitt zu beobachten.

Obwohl wir schon einige Stunden arbeitend am Fluss verbracht hatten, fühlen Franz und ich uns noch frisch und energiegeladen. Wir brauchen nicht viel.

Unsere Boote, unsere Ausrüstung, die sehr minimalistisch und auf das Wesentlichste reduziert ist. Noch ein paar aufmunternde Worte und schon stoßen wir uns vom Ufer ab. Rein geht's in die Einstiegspassage. Von einem Moment auf den anderen befinden wir uns in unserer eigenen Welt. Konzentriert und dennoch locker. Voll präsent für den Moment und gleichzeitig die ganze Szenerie im Blick. Aktiv und kraftvoll paddelnd und andererseits aufmerksam für kleinste Strömungen und Verwirbelungen. Es wird nicht viel gesprochen. Ein paar Blicke oder Handzeichen, und jeder weiß, was der andere vorhat. Einmal übernimmt Franz den Lead, durchfährt eine schwierige Stelle zuerst, ein anderes Mal bin ich der Erste, der versucht, die Idealspur ausfindig zu machen. Das gegenseitige Absichern in den Schlüsselstellen oder am Ende einer langen Schwallstrecke ist so eingespielt, dass vieles wie am sogenannten Schnürchen abläuft. Trotzdem sind wir voll bei der Sache.

Im letzten Drittel der Klamm bemerken wir die kleine Gruppe der Kursteilnehmer am Wanderweg einige Meter oberhalb des Flusses. Sie winken uns zu, wir bleiben fokussiert, denn die abschließenden Stromschnellen sind noch einmal sportlich. Zum Abschluss noch ein kleiner Wasserfall mit ein paar kräftigen Walzen. Dann öffnet sich die Klamm, und mit dem letzten Tageslicht lassen wir uns zufrieden bis zu unserem Lagerplatz einige hundert Meter weiter flussabwärts treiben. Trotz der Herausforderung war es wieder einmal einfach nur genussvoll. Als etwas später die wandernden Kursteilnehmer beim Lagerfeuer eintreffen, meint eine von ihnen, sie hätte den Eindruck gehabt, wir wären eins mit den wilden Wellen und Walzen gewesen und alles wäre so spielerisch, leicht und unspektakulär abgelaufen. Wie ich das so höre, geht mir ein Gedanke durch den Kopf: „Schön wäre es, wenn das immer so wäre!"

Bestimmt kennen Sie auch solche Momente, in denen Ihnen alles perfekt zu sein scheint und die Sie am liebsten für die Ewigkeit konservieren würden. Aber ebenso haben Sie sicher auch schon des Öfteren erlebt, dass manchmal die Dinge ganz anders kommen, als Sie es sich gedacht oder gewünscht hatten. Eine derartige Erfahrung widerfuhr mir einige Jahre später. Es war wirklich alles andere als angenehm. Doch im Nachhinein bin ich sehr froh darüber, dass es genau so lief, wie es eben lief. Ansonsten wäre ich auf einen wahren Erfahrungsschatz wahrscheinlich nie gestoßen. Es handelt sich um das Thema Mindfulness. Was sich hinter diesem Begriff und der damit verbundenen Methode verbirgt, erfahren

Sie gleich. Zuerst aber noch zu dieser für mich überaus aufrüttelnden persönlichen Erfahrung.

Wir befinden uns in meinen frühen 30er Jahren. Meine Karriere als Teamtrainer, Coach und Unternehmensberater beginnt Fahrt aufzunehmen. Gemeinsam mit einem kleinen Team konnten wir schon einige interessante Veränderungsprojekte durchführen. Die Arbeit fasziniert mich. Sie bietet zudem eine gute Möglichkeit, meine Wildwassererfahrungen einzubringen. Mein Kundenstamm wächst und das Feedback ist sehr motivierend. Doch da kommt ein persönlicher Umbruch.

Auf einmal, wie aus heiterem Himmel, bekomme ich bei jeder Begrüßung einer neuen Workshopgruppe, bei jeder Präsentation und bei jedem Beratungsgespräch panische Angstzustände. So wild und beklemmend, dass ich in derartigen Momenten immer wieder darauf achten muss, nicht umzufallen und ohnmächtig zu werden. Es kommt soweit, dass ich nichts mehr alleine mache. Für jede kleine Aktion brauche ich einen Kollegen als Stütze und Backup. Manchmal ist es so schlimm, dass alleine der Gedanke an eine Präsentation schon Herzflattern, Schwindelgefühl und Bauchkrämpfe auslöst. Die gesamte Situation gestaltet sich für mich alles andere als leicht, spielerisch und souverän.

Meine Lehrtätigkeit beiseite gelegt. Als selbstständiger Berater in meine Weiterbildung kräftig investiert. An einem kleinen Unternehmen als Partner finanziell beteiligt. Dazu noch zusammen mit meiner Frau eine kleine und wachsende Familie gegründet. Und ich stehe auf einmal da, habe eine Panikattacke nach der anderen und bringe bei Präsentationen nicht viel mehr aus mir heraus als ein jämmerliches Krächzen.

Mindfulness

Die Angstzustände bekam ich langsam wieder in Griff. Es war ein kunterbunter Strauß an Aktivitäten, der mir schließlich half. Im Zuge dieser Arbeit an mir kam ich mit einem Begriff in Kontakt, der mir zuerst überhaupt nichts sagte. Mindfulness. Eine gute Bekannte machte mich auf ihn aufmerksam. Sie war von der damit verbundenen Philosophie und Methode derart begeistert, dass es richtiggehend ansteckend war. Zusätzlich war sie davon überzeugt, mir würde die Beschäftigung mit dieser Thematik bei der Wiedererlangung meiner persönlichen Stärke und Stabilität sehr gut tun. Nachdem sie bei jedem Zusammentreffen von den Vorzügen der Mindfulness-Methode schwärmte, begann ich mich mit dem Thema näher zu beschäftigen. Und es geschah etwas Ähnliches, wie ich es schon vor Jahren mit dem Kajakfahren erlebte. Von einem anfänglichen „schauen wir mal" wurde tiefes Interesse. Das hatte zur Folge, dass ich mich mehr und mehr mit dem Thema befasste, Kurse und Weiterbildungen besuchte, mich schließlich zum Trainer für Stressbewältigung auf der Basis von Mindfulness ausbilden ließ und nun bestrebt bin, Führungskräften diese Haltung und diesen Ansatz weit über das Thema Stressbewältigung hinaus schmackhaft zu machen.

Mindfulness, im Deutschen als Achtsamkeit übersetzt, kommt aus dem asiatischen Kulturkreis. Das chinesische Schriftzeichen für Mindfulness besteht aus drei Komponenten. Das Dach steht für „Jetzt". Die Zeichen darunter haben zwei Aussagen: Klarheit im Geist ist die eine, mit offenem Herzen die andere. In einem übertragenen und für uns verständlicheren Sinn bedeutet es, mit wacher Aufmerksamkeit bei den Erfahrungen des gegenwärtigen Moments zu sein, und zwar

- bewusst und mit Absicht,

- mit einer offenen und interessierten Haltung und

- mit der Bereitschaft, die Dinge zuerst einmal so zu nehmen, wie sie eben im Moment sind, ohne vorschnell zu werten.

Wenn Sie diese Kernelemente von Mindfulness etwas genauer betrachten, so kommt es Ihnen vielleicht ganz logisch vor, warum mich die Thematik gleich einmal zu interessieren begann. Für mich war es zuerst nicht ganz offensichtlich. Aber mit der Zeit wurde mir bewusst, dass ich mich beim Wildwasserfahren schon immer mit Mindfulness beschäftigte. Zwar ohne zu wissen, wie mindful ich beim Bootfahren eigentlich war. Auch ohne zu wissen, dass es so etwas wie Mindfulness gab, wie man es schrieb und was sich dahinter versteckte.

Die Dynamik des wilden Wassers, die Wucht der Wellen und Walzen, die gefährlichen Verblockungen und die sich ständig verändernden Verwirbelungen erfordern ein völliges Präsentsein im Augenblick. Je schwieriger es wird, desto essenzieller wird diese Qualität. Die offene und interessierte Haltung im Wildwasser ist überlebenswichtig. Auch wenn ich einen Fluss oder einen Teilabschnitt schon unzählige Male befahren bin, so war es bei jeder neuen Befahrung wichtig, mit offenen und unvoreingenommen Augen, sozusagen „neu", an die Sache heranzugehen. Ein Hochwasser, hereingestürzte Bäume oder ein anderes Ereignis konnte den Fluss oder den Abschnitt von einem Tag auf den nächsten ziemlich verändern.

Die Dinge vorerst einmal so zu nehmen wie sie sind und nicht unnötig dagegen anzukämpfen, das lernt ein Kajakfahrer vom ersten Tag an. Das unterscheidet Anfänger von Spezialisten. Anfänger versuchen dem Fluss ihren Willen aufzudrängen. Sie versuchen Stromschnellen genauso zu fahren, wie sie es sich vom Ufer aus angesehen haben. Wenn die Wellen und Strömungen sich dann tatsächlich etwas anders verhalten als gedacht, dann versuchen sie wild dagegen anzuarbeiten. Wer dabei gewinnt, braucht nicht ausgeführt werden. Spezialisten hingegen machen sich einen Plan, bleiben aber offen für die Gegebenheiten der Situation und versuchen die Wellen optimal für sich zu nutzen. Sie lassen sich aktiv auf die Strömungen ein, gewinnen dadurch zusätzliche Kraft und Dynamik und können diese dann nützen, um schließlich leicht adaptiert die eigene Spur zu fahren.

Präsent sein

Hinter Mindfulness steckt keinerlei Raketenwissenschaft. Wenn Sie sich aber den ersten Teil der Definition vor Augen führen, „Mit wacher Aufmerksamkeit bei den Erfahrungen des gegenwärtigen Moments zu sein", und sich selbst einmal bei einer ganz simplen Aktivität beobachten, werden Sie schnell bemerken, dass Ihre Gedanken Ihnen leicht ein Schnippchen schlagen. Nehmen Sie etwa das Trinken einer Tasse Kaffee oder Tee als Beispiel. Wenn es Ihnen geht wie mir in den meisten Fällen, so wandern Ihre Gedanken schon ab, noch bevor Sie den ersten Schluck aus der Tasse genommen haben. Zu Themen, mit denen Sie sich davor beschäftigt haben, oder zu Dingen, die auf Sie zukommen werden. Und ehe Sie es richtig bemerken, sind Sie schon am Planen der nächsten Gespräche, des nächsten Projekts oder der übermorgen beginnenden Geschäftsreise. Oder Sie ärgern sich gewaltig über eine Aussage eines Kollegen in dem Meeting letzte Woche. Im nächsten Augenblick sind Sie bei dem für heute Abend geplanten Abendessen mit Ihrem Partner oder Ihrer Partnerin und sehen den Termin schon wieder dahinschwimmen, sollte der Tag noch so weitergehen, wie er am Morgen begann. Und so weiter und so weiter. Schließlich stehen Sie auf und bemerken, dass eine leere Tasse am Tisch steht, und Sie wundern sich, was da drinnen war, wer etwa die Tasse leergetrunken hat, wie die Flüssigkeit geschmeckt hat, und erkennen, dass Sie wieder einmal etwas getan haben, ohne eigentlich wirklich zu bemerken, was es war.

Das ist bei einer Tasse Kaffee oder Tee nicht schlimm oder dramatisch. Bedeutender kann es bei Gesprächen mit Kollegen oder Mitarbeitern, bei essenziellen Verhandlungsrunden oder bei wichtigen Kundenterminen werden. Oder im privaten oder persönlichen Umfeld, in Beziehung zu wichtigen Menschen oder dem Leben selbst.

Ich werde immer wieder eingeladen, Workshops und Meetings von Führungsteams zu moderieren. Meist geht es dabei um strategisch wichtige Themen und Entscheidungen. Eine meiner Aufgaben dabei ist es, die Teilnehmer geduldig und klar immer wieder zum Kern der Sache zurückzubringen. Da bringt jemand eine gut klingende Idee ein. Ein anderer fühlt sich übergangen und meint, er hätte auch das Recht, gehört zu werden. Die Nächste denkt, sie müsste die eigene Idee noch vertiefend erklären, und holt dazu aus bis in die Anfangsphasen des Unternehmens. Da werden dann einige Gegebenheiten angesprochen, wo jemand anderer glaubt, er müsse sich rechtfertigen und die Dinge, wie sie damals gelaufen sind, in das richtige Licht rücken. Dann kommen noch subtile Machtspielchen dazu. Und so geht es oft lange Zeit dahin. Mit viel Energie, Rechtfertigungen, Erklärungen, Darstellungen und Gegendarstellungen. Sie brauchen nicht zu denken, das spiele sich nur auf unteren oder mittleren Managementebenen ab. Vorstandsteams mit wirklich cleveren und erfahrenen Führungskräften sind vor diesem unkoordinierten und spontan ablaufenden Hin und Her nicht gefeit.

Das ist nicht nur eine Sache von Disziplin und Kommunikationsregeln. Hauptursache dafür ist aus meiner Sicht eine zu wenig trainierte Geistesverfassung der teilnehmenden Spieler. Wäre dieser geistige Muskel besser trainiert, so müssten die handelnden Akteure nicht auf jeden Impuls aufspringen, sie besäßen die Fähigkeit, am Thema dranzubleiben und würden Stolperfallen schneller erkennen und ihnen elegant ausweichen. Mir macht es nichts aus, die Moderation dieser Meetings bereitet mir Spaß. Aber manchmal denke ich, wie viel Geld, aber auch wie viel Nerven sich die Teams ersparen könnten, hätten sie ein bisschen mehr in ihre geistigen Fähigkeiten investiert.

Das ist der wirtschaftliche Aspekt. Um diesen geht es hier vorrangig. Aber Sie sind ja nicht nur Manager, sondern haben sicher auch noch einige andere Rollen und Facetten, die Ihnen von Bedeutung sind. Und es wäre schade, wenn wir einmal erkennen müssten, dass wir den Großteil unseres Lebens „neben uns" gelebt haben. Nicht nur, dass wir nicht unser volles Potenzial ausgeschöpft haben, sondern dass wir viele Momente so erlebt haben wie die Tasse Tee oder Kaffee, bei der wir uns danach fragen, ob wir sie getrunken haben und wie sie eigentlich geschmeckt hat.

2000 Jahre erfolgreich

Mindfulness ist ein zentraler Bestandteil des buddhistischen Gedankengebildes. Lassen Sie sich aber nicht durch diverse Bilder, Meinungen und Vorstellungen auf eine falsche Fährte bringen. Viele der Meister und Meisterinnen des Geistestrainings auf der Basis von Mindfulness können eher als hochgebildete Gelehrte oder Spitzenathleten auf ihrem Gebiet gesehen werden denn als religiös abgehobene Mönche oder Priester.

Entwickelt wurden die Achtsamkeitspraktiken vor mehr als 2000 Jahren im östlichen Kulturkreis aus denselben Gründen, warum diese Techniken und Methoden jetzt bei uns im Westen Eingang in die verschiedensten Lebensbereiche finden. Von jeher ging es den Meistern dieses Faches darum, Menschen effektive Wege aufzuzeigen, wie Leid verringert und gleichzeitig positive Kraft aufgebaut und verstärkt werden kann.

Oberflächlich mag es scheinen, dass sich die Managementthemen von heute diametral von den Themen der Menschen vor 2000 Jahren unterscheiden. Im Kern geht es aber um dasselbe. Mit den über die Jahrhunderte immer weiter verfeinerten Übungen und Methoden schufen diese „Olympiaathleten des Geistestrainings" eine Systematik, die es ihnen ermöglichte, die unzähligen Herausforderungen des Lebens konstruktiv zu meistern und mit diesen positiv gestaltend umzugehen. Weit weg von lebensfremden Denkweisen oder dem Wunsch, sich wegzubeamen und sich nicht der Realität stellen zu wollen. Ganz im Gegenteil.

Dass manche der Methoden des Geistestrainings als Meditation bezeichnet werden, trägt ebenfalls leicht zur Verwirrung bei. Obwohl es bei uns nichts mehr Außergewöhnliches ist, wenn jemand sagt, er oder sie meditiere, so ist der Begriff Meditation dennoch mit so vielen Konzepten und Bildern behaftet. Die einen denken sofort an irgendwelchen Hokuspokus, andere glauben, es ginge um eine spezifische Sitzhaltung und um das Summen von Om, und wieder andere meinen, das Leerwerden vom Denken wäre das Ziel.

Wir werden sehen, dass Mindfulness-Übungen nichts mit alledem zu tun haben. So manche der Übungen haben einen meditativen Charakter, aber nur deshalb, weil das eben die über tausende von Jahren herauskristallisierte Form ist, wie unser Gehirn, das als das Organ des Geistes bezeichnet wird, am besten trainiert werden kann. So wie für die Stärkung des Herz-Kreislauf-Systems Ausdauerbewegung ideal ist, so sind eben für die Stärkung des Geistes meditative Techniken und Übungen die geeigneten Methoden.

Mindfulness – bei uns seit mehr als 30 Jahren salonfähig

In der Wirtschaftswelt, vor allem in Österreich, in Deutschland und in der Schweiz, möchte man auf den ersten Blick meinen, Mindfulness stecke noch in den Kinderschuhen oder sei etwas für Verrückte und Spinner jenseits des normalen Geschäftslebens. Weit gefehlt. Sogar beim „World Economic Forum" in Davos gibt es seit Jahren immer wieder Vorträge und Workshops zum Thema Mindfulness und Mindful Leadership, und die dort handelnden Akteure vermitteln alles andere, als Esoterikfreaks oder Tagträumer zu sein.

In Europa beginnt die Etablierung von Mindfulness in der Unternehmenswelt erst so richtig. Ganz anders ist das in den Vereinigten Staaten oder in Großbritannien. Ganz anders ist es auch im Bereich der Medizin und des Gesundheitswesens. Und das hat seine spezifischen Gründe.

Der Name Jon Kabat-Zinn ist untrennbar mit der Verbreitung von Mindfulness im westlichen Kulturkreis verbunden. Er war nicht der einzige Pionier, aber über seine Bücher und vor allem über das von ihm entwickelte Programm der Stressreduktion auf der Basis von Mindfulness wurden sowohl er als auch das Potenzial von Mindfulness weit über die medizinischen Grenzen hinaus bekannt und gefragt.

Jon Kabat-Zinn ist emeritierter Professor an der University of Massachusetts Medical School in Worcester in der Nähe von Boston. In seinem Ursprungsberuf ist er Molekularbiologe. 1979 gründete er zusammen mit einigen Kollegen die Stressreduktionsklinik an der Universitätsklinik von Worcester. Er und sein Team entwickelten ein Programm zur Stressreduktion – Mindfulness-Based-Stress-Reduction (MBSR). Da Jon Kabat-Zinn neben seiner westlichen Ausbildung eine intensive Schulung in Mindfulness absolviert hatte, wollte er die Früchte von Mindfulness den Schmerzpatienten in der Universitätsklinik zur Verfügung stellen. Mindfulness, entrümpelt von allen philosophischen, religiösen und gesellschaftlichen Komponenten, etablierte sich somit in der strengen westlichen Medizin. Nicht weil es so schön klang oder exotisch wirkte, sondern einzig und allein, weil es vielen der chronischen Schmerzpatienten, die in schier ausweglosen Lebenssituationen steckten, eine gute Möglichkeit an die Hand gab, mit ihren Situationen besser umzugehen.

Mittlerweile gibt es in den USA keine größere Klinik, die nicht auch MBSR-Kurse als Begleitung und Unterstützung zur klassischen medizinischen Therapie anbietet. Die Mindfulness-Welle ist aber weit über das medizinische Feld hinausgeschwappt. So werden MBSR-Kurse oder Abwandlungen davon in Schulen, an Universitäten, im psychologischen Kontext, in Gefängnissen, in kulturellen Einrichtungen und auch in Unternehmen mit zum Teil fantastischen Erfolgen angeboten und durchgeführt.

Jon Kabat-Zinn war von Anfang an bestrebt, die Wirkung von MBSR mit wissenschaftlichen Arbeiten zu untermauern. Natürlich wollte er den Teilnehmern der Kurse eine subjektive Linderung und Besserung ihrer Situationen ermöglichen. Damit gab er sich aber nicht zufrieden. Ihm war es wichtig, Nutzen und Auswirkungen des Programms von unabhängigen Wissenschaftlern bestätigt zu bekommen. Waren es anfangs nur ein paar wenige wissenschaftliche Arbeiten, so gab es zum Beispiel im Jahr 2011 schon mehr als 1000 Untersuchungen dazu.

Wie so vieles im Leben hat auch diese tolle Erfolgsgeschichte einen ganz kleinen negativen Aspekt. Jon Kabat-Zinn war mit seinem Team von Anfang an im medizinischen Umfeld tätig. Das Thema, mit dem Mindfulness in Verbindung gebracht und auch publik gemacht wurde, war Stress und Stressreduktion. Das ist ohne jede Kritik äußerst lobenswert und bahnbrechend. Leiden doch Millionen von Menschen an Stress und dessen Auswirkungen. Aber das Thema Mindfulness wird dadurch derart stark mit Stress assoziiert, sodass es ziemlich herausfordernd ist, Führungskräften die Vorzüge von Mindfulness für viele Aspekte ihrer Management- und Führungsaufgaben schmackhaft zu machen, und zwar über Stress, Burnout und Krankheit hinaus.

Aber auch dabei gibt es wieder Vorreiter. So werden in den USA zum Beispiel bei Google, General Mills, eBay, Facebook oder Ford Motor Company, um nur einige wenige zu nennen, Mindfulness-Programme angeboten, die den Führungskräften helfen sollen, sich selbst und ihre Mitarbeiter und Teams besser zu führen, innovativer und kreativer zu sein, sich schneller auf Wandel und Veränderungen einstellen und insgesamt die Herausforderungen der modernen Wirtschaftswelt besser gestalten zu können.

Karl Weick und Kathleen Sutcliffe nutzen die Vorzüge von Mindfulness auf eine ganz andere Art. Bei ihnen geht es überhaupt nicht um irgendeine Form von Geistestraining. Sie setzen Mindfulness vielmehr dafür ein, um die Aufmerksamkeit von ganzen Teams und Organisationseinheiten vor allem für gefährliche Situationen zu erhöhen. In ihrer Arbeit haben sie untersucht, wie Hochrisikounternehmungen, zum Beispiel Feuerwehrmannschaften, Chirurgenteams bei riskanten Operationen, Sicherheitskräfte in Atomreaktoren oder Crews auf Flugzeugträgern agieren, um das hohe Risiko ihrer Aktivitäten so gut wie möglich handhaben zu können. Dabei spielt angewandte Mindfulness eine zentrale Rolle. In ihren Vorträgen und Trainings weisen die beiden immer wieder darauf hin, wie wichtig es ist, den Details eine große Bedeutung zu geben, Fehler und auftretende Abweichungen zu erkennen und aus diesen zu lernen. Und damit eine Kultur zu etablieren, die es erforderlich macht, kontinuierlich zu reflektieren und aufmerksam bei der Sache zu bleiben.

Obwohl in Deutschland, Österreich und der Schweiz die Mindfulness-Bewegung etwas langsamer unterwegs ist, nimmt sie in den letzten Jahren dennoch an Fahrt auf. So hat etwa der in Deutschland lebende Trend- und Zukunftsforscher Matthias Horx in seinem Ende 2016 erschienenen Text zum Jahreswechsel Achtsamkeit als einen der Megatrends der kommenden Jahre bezeichnet. Bei SAP zum Beispiel gibt es einen eigenen Direktor für globale Achtsamkeitspraxis. Peter Bostelmann, der gerne in Medien die Vorzüge und die positiven Effekte von Mindfulness-Praktiken für Führungskräfte, Mitarbeiter und für gesamte Unternehmungen propagiert, hat vor einigen Jahren das Trainingsprogramm „Search Inside Yourself" von Google übernommen. Es erfährt bei den Mitarbeiterinnen und Mitarbeitern einen regen Zuspruch. Zusätzlich gibt es bei SAP Räume der Stille und regelmäßige „Mindful Lunches", die gerne in Anspruch genommen werden. Natürlich würde das eher nüchterne Unternehmen, das wie jeder andere Dax-Konzern auf Zahlen, Daten und Fakten getrimmt ist, diesen Aufwand nicht tätigen, würde es sich um reine Pseudoaktivitäten handeln. In einem Interview im Stern vom August 2017 erklärt Peter Bostelmann dem Redakteur Sven Rohde die positiven Effekte des Programms. So berichten Teilnehmer des Programms durch die Bank von markanten Steigerungen im Wohlbefinden und der Kreativität. Das persönliche Stressempfinden hingegen sinkt. Das sind ganz sicher die Gründe, warum der SAP-Direktor immer öfters von Vorständen und Geschäftsführungen anderer Unternehmen gebeten wird, über die positiven Auswirkungen von Mindfulness am Arbeitsplatz zu berichten.

Mindfulness @ Science

Die gute Nachricht zuerst: Unser Gehirn ist bis ins höchste Alter form- und entwickelbar. Jahrelang galt es fast als Dogma, dass unser Gehirn ab einem gewissen Alter dem Abbau preisgegeben sei. Dieser Glaube ist heute widerlegt. Den modernen Neurowissenschaften verdanken wir die neue Erkenntnis: Wir sind fähig, Neues dazuzulernen und Altes zu verlernen, solange wir wollen. Noch besser: Wir können sogar unser Denkorgan wie einen Muskel trainieren. Neuroplastizität lautet der Fachbegriff für die Formbarkeit des Gehirns. Richard J. Davidson ist einer der führenden Neurowissenschaftler auf diesem Gebiet. Gemeinsam mit seinem Team bringt er ein interessantes Resultat nach dem anderen an die Öffentlichkeit.

„Ich kann halt nichts dafür, ich bin so, das ist mein Charakter, da kann man nicht viel machen etc. ...", diese Ausreden sind nun nicht mehr gültig. Das ist die schlechte Nachricht. Denn es liegt zu einem großen Teil an uns, was wir aus der grauen Masse machen, die sich in unseren Köpfen befindet.

Richard J. Davidson weist nicht nur auf die Möglichkeit der Formbarkeit unserer Gehirne hin, er zeigt auch Wege auf, wie es uns gelingen kann, unsere Gehirne sinnvoll weiterzuentwickeln. Einer der Schlüssel dazu ist, Sie werden es sich schon denken, Mindfulness.

Davidson und zahlreiche andere Gehirnforscher beschäftigen sich mit Begriffen und Arealen wie Hypocampus, Amygdala, Insula, Präfrontalcortex und vielen anderen exotisch und interessant klingenden Bezeichnungen. Für uns hier ist es ausreichend zu wissen, dass sie unabhängig voneinander nachweisen konnten, wie stark die Korrelation zwischen der Arbeit der präfrontalen Stirnlappen unserer Gehirne und der emotionalen Befindlichkeit ist. Je stärker der linke vordere Stirnlappen aktiviert ist, desto mehr berichten die jeweiligen Personen von Freude, Energie, Heiterkeit, Optimismus und anderen positiven emotionalen Zuständen. Umgekehrt ist es ebenfalls so: Je stärker die Aktivität im rechten vorderen Stirnlappen ist, desto häufiger berichten die Personen von Emotionen wie Zorn, Aggressivität, Lustlosigkeit bis hin zu depressiven Verstimmungen. Es zeigt sich, dass sich bei Menschen, die an Mindfulness-Trainings teilnehmen, schon nach einigen wenigen Wochen die Aktivität in den vorderen Stirnlappen nach links verschiebt.

In Deutschland sind Britta Hölzel und Tanja Singer federführend im Erforschen von Auswirkungen der Mindfulness-Praxis auf Gehirnstrukturen. Tanja Singer, Direktorin am Max-Planck-Institut für Kognitions- und Neurowissenschaften in Leipzig, hat ein einzigartiges Projekt in diesem Zusammenhang mit den Veränderungen durch Mindfulness initiiert. An ihrem ReSource Projekt, das elf Monate dauerte, nahmen weltweit mehr als 300 Teilnehmer teil. Die Teilnehmerinnen und Teilnehmer mussten für die Studie an drei intensiven Trainingsworkshops mitmachen und wurden angeregt, täglich 15 bis 20 Minuten zu üben. Also, schon ein intensives Programm, aber mit Ergebnissen, die mehr als eindrucksvoll sind. Vor allem in den Bereichen Stressreduktion, geistige Klarheit, Lebenszufriedenheit und Verständnis für andere Menschen.

Ich hoffe, es finden sich bald Wissenschaftler, die einen direkten Zusammenhang zwischen mehr Mindfulness am Arbeitsplatz und den knallharten wirtschaftlichen Erfolgen von Unternehmen darstellen können. Nach den Berichten von Führungskräften macht es sehr wohl einen großen Unterschied, wenn jemand mit mehr Mindfulness an die vielfältigen Aufgaben des Managens und Führens herangeht.

Aus eigener Erfahrung kann ich viele der von den Wissenschaftlern empirisch eruierten Daten bestätigen. Während einer dreistufigen Ausbildungsreihe für Führungskräfte eines deutschen Unternehmens ging es hauptsächlich um Fragen der Führung. Der dreitägige Startworkshop thematisierte unter anderem den Aspekt, sich selbst zu führen. Einen der ersten Impulse setzten wir bei einer frühmorgendlichen Wanderung auf einen kleinen Gipfel in der Umgebung. Im Zuge des leichten Wanderns luden wir die Teilnehmer zu einer Mindfulness-Sequenz ein. Dabei gingen wir Abschnitte des Weges im Schweigen und versuchten nur zu beobachten. Zuerst klang die Anweisung für viele esoterisch oder weltfremd. Als sie jedoch nach den ersten Versuchen bemerkten, dass so etwas Einfaches derart schwierig ist, waren sie überrascht.

Als wir diese Erfahrung dann in Bezug zu wichtigen Führungsthemen setzten, ging vielen ein Licht auf. Interessant aber war, was viele der Teilnehmer im Laufe der gesamten Ausbildungszeit über die positive Auswirkung eines bewussteren Umgangs mit Aufmerksamkeit und dem inneren Innehalten berichteten. Sie erzählten unter anderem davon, dass es ihnen nun gelang, sich besser zu konzentrieren, sich weniger oft über Kleinigkeiten zu ärgern, bei Gesprächen besser zuhören zu können und dass sie aufmerksamer gegenüber Kleinigkeiten waren, was ihnen in vielen Situationen Vorteile verschaffte. Dabei waren unsere Mindfulness-Impulse sehr dezent und nur ganz minimal gehalten.

Falsch verstandene Souveränität

In der Teufelsschlucht holte mich fast der sprichwörtliche Teufel. Diese Redensart „Da holte mich fast der Teufel" wird bei uns verwendet, wenn es mal knapp zuging und es eigentlich nur Glück war, dass nichts Schlimmeres passierte. So erging es mir in der Saalach bei Lofer, etwa eine Stunde westlich von Salzburg.

Die Teufelsschlucht ist ein kurzer Abschnitt mit ein paar interessanten Stromschnellen, einigen starken und wuchtigen Walzen und vor allem mit einem gefährlichen Siphon. Ein Siphon ist im Wildwasser eine Strömung unter Felsen hindurch. Etwas, von dem jeder Kajakfahrer unbedingt weit wegbleiben sollte und möchte. Man weiß nie, wie groß die Öffnung unter Wasser ist oder ob Äste oder andere Hindernisse den Durchfluss blockieren. Leider passieren durch Siphone immer wieder tödliche Kajakunfälle. Die Sportler bleiben in dem Felskanal unter Wasser stecken. Durch den hohen Wasserdruck ist es für andere meist nicht möglich, rettend einzugreifen. So ein Unding gibt es in der Teufelsschlucht.

Ihr Equipment für die WILDWASSER-STRATEGIE

Die Saalach führt an dem Tag viel Wasser. Um uns für die Teufelsschlucht warm zu fahren, starten mein schon erwähnter Kajakpartner Franz und ich unsere Tour einige Kilometer weiter flussaufwärts. Wir paddeln zuerst in sehr leichtem Wildwasser. Mit der Zeit nehmen die Schwierigkeiten etwas zu und wir vergnügen uns in der sogenannten Slalomstrecke. Bei uns beiden läuft es gut und wir fühlen uns so richtig pudelwohl in unseren Booten und in unserem Metier. Mir behagt das viele Wasser und die starke Strömung momentan sehr, bin ich doch erst vor kurzem von einer dreiwöchigen Grand-Canyon-Expedition zurückgekommen. Man muss wissen, der Grand Canyon führt Wuchtwasser par excellence. Für mich bedeutet das jetzt, dass ich mich in hohen Wellen, starken und dynamischen Walzen und schnellen Strömungen so richtig wohlfühle.

Trotzdem halten wir in der Teufelsschlucht unmittelbar vor dem Siphonabschnitt an, um die Stelle zu begutachten. Normalerweise bin ich ein sehr gewissenhafter „Kundschafter". Bei neuen oder schwierigen Wildwasserstellen nehme ich mir meist genügend Zeit, um die Strömung zu „lesen", um dann später bei der Befahrung nicht von unangenehmen Dingen böse überrascht zu werden. Heute ist es anders. Ich fühle mich sicher und wirklich cool drauf. Ich verschwende nicht einen Augenblick auf irgendeine Überlegung, was sein könnte, sollte ich die Ideallinie nicht erwischen. Diese führt zuerst durch ein paar kleinere Walzen, dann fließt die Hauptströmung in einem S von links nach rechts auf einen großen und mächtigen Felsblock zu, an ihm vorbei wieder leicht nach links, über eine kleine Stufe hinab in die hinter dieser Stelle befindliche ruhigere Zone.

Der gewaltige Felsblock ist das Übel. Er saugt einen Großteil der Strömung richtiggehend an und presst diese unter sich durch den eben beschriebenen Siphon hindurch. Obwohl es mehr als offensichtlich ist, wieviel Wasser durch den Kanal gesaugt wird, nehme ich es einfach nicht wahr. Ich bin zu sehr mit meiner Coolness und mit meinem guten und erhabenen Gefühl der Selbstsicherheit beschäftigt. Außerdem begleiten uns ein paar hübsche weibliche Bekannte entlang des Steges, der durch die Schlucht führt. Und die gilt es mit Lockerheit und Souveränität zu beeindrucken. Übertrieben sicher wie ich mich fühle, zwänge ich mich wieder in mein Kajak, verschließe die Sitzöffnung mit der Spritzdecke und sage noch kurz etwas Aufmunterndes zu meinem Partner. Ich warte noch ein paar Augenblicke, bis er sich kurz vor der markanten S-Biegung hinstellt, um mir eventuell ein Rettungsseil zuwerfen zu können, falls ich es benötigen sollte. Eigentlich eine Pseudoaktion, da es dort nicht wirklich möglich ist, rettend aktiv zu sein. Aber es ist zumindest psychologisch eine Unterstützung, die ich, so cool ich drauf bin, ja eigentlich nicht brauche.

Die ersten paar kleineren Walzen durchfahre ich locker, aber in dem Moment, als ich bei der S-Kurve ansetzen will, möglichst weit links vom Felsblock zu bleiben, verliere ich die Kontrolle über mein Boot. Ich werde mitsamt meinem Boot von der Strömung zu dem riesigen Felsblock hingezogen. Alle meine Bemühungen, aus dem Sog der Strömung rauszukommen, fruchten nicht. Mein Boot fährt auf den Felsblock auf. Es gibt einen starken Ruck. Ich strenge mich an, aufrecht zu bleiben, und versuche mich vom Felsblock wegzustoßen. Aber die Gewalt des Wassers ist viel stärker als ich. Alles geht sehr schnell. Ich merke wie das Boot nach unten gezogen wird. Wie von einer überdimensionalen Saugglocke angesaugt, werde ich unter den mächtigen Felsen hinabgezogen. Auf einmal wird es dunkel, es poltert und rüttelt einige Male ganz gewaltig. Es fühlt sich sehr beengt an, und ich habe keine Möglichkeit, aus dem Boot rauszukommen oder mich aufzurichten. Es geht mir nur ein Gedanke durch den Kopf: „Hoffentlich bleibe ich nicht stecken!" Ich merke, wie sich das Boot in dem engen Kanal langsam weiterbewegt. Es touchiert noch einige Male an den Felsen. Und endlich, nach einer gefühlten Ewigkeit, wird es wieder etwas heller und die Strömung ruhiger. Ich richte mich mit der Eskimorolle wieder auf und sehe, ich bin hinter dem Felsblock in einem Kehrwasser. „So ist's, wenn es durch einen Siphon geht und du dabei nur durch Glück nicht um dein Leben gekommen bist", denke ich. Im Grunde bin ich so verblüfft, dass ich unmittelbar nicht wirklich realisiere, was sich da in dem Moment kurz zuvor abgespielt hatte.

Zum „Glück" blieb dieses Erlebnis das einzige lebensgefährliche während meiner langen Kajakkarriere. Unsere Begleiterinnen hatten diese Aktion beobachtet, wobei eine zur anderen sagte: „Das Kajakfahren ist komisch. Da erzählen sie ständig davon, wie toll und interessant das ist. Dann fahren sie durch ein paar Wellen und Walzen, treiben auf einen Felsblock zu, werden von diesem verschlungen und verschwinden sang- und klanglos von der Bildfläche. Was soll daran so cool sein?" Vom Ufer hatten sie mich längere Zeit nicht sehen können, da der große Felsen die Sicht auf mich blockiert hatte. Eigentlich hatte die Bekannte mit der Frage, was denn daran wirklich so cool und super sein soll, recht gehabt.

Souverän zu sein, Schwierigkeiten gut zu meistern, trotz Hektik und Turbulenzen gefasst und nüchtern zu bleiben und in kritischen Situationen einen kühlen Kopf zu bewahren, ist etwas ganz anderes, als oberflächlich cool zu sein. Selbstüberschätzung, übersteigertes Selbstvertrauen und Selbstverliebtheit haben überhaupt nichts mit der Souveränität zu tun, die durch ein gezieltes Training mit der WILDWASSER-STRATEGIE bewirkt werden kann.

In diesem Abschnitt haben wir unseren Ausrüstungsrucksack mit wichtigem Equipment gepackt. Wir wissen, es geht nicht darum „mehr vom Selben" zu tun, sondern im Sinne von „something else" zu agieren. Uns ist klar, wie wichtig es ist, uns im Zusammenwirken von Kopf, Herz und Hand weiterzuentwickeln. Wir haben einiges über Mindfulness und der ihr innewohnenden Power erfahren. Zum Schluss konnten wir noch erkennen, dass „stark und souverän sein" überhaupt nichts mit Überheblichkeit und Selbstverliebtheit zu tun hat. Nun geht es weiter: zum Kern der WILDWASSER-STRATEGIE.

Stark und souverän mit der WILDWASSER-STRATEGIE

Fünf kritische Schlüsselstellen und die fünf Disziplinen zur Meisterung

Bin ich fit für die schwierigsten Stellen? Macht es heute Sinn, die kritischen Abschnitte zu befahren? Was brauche ich, um die heiklen Passagen sicher und gut zu meistern? Diese oder ähnliche Fragen gingen mir jedes Mal durch den Kopf, wenn ich überlegte, einen herausfordernden und gefährlichen Fluss in Angriff zu nehmen. Und jedes Mal ging es um die Schlüsselstellen des Flusses.

Jedem guten Wildwasserfahrer ist bewusst, die Befahrung von Flüssen verlangt immer einen gewissen Grad an Aufmerksamkeit und Umsichtigkeit. „Der Teufel schläft nie" war eine gängige Redensart, die bei uns immer wieder einmal die Runde machte. Auch wenn sie meist spaßig gemeint war, beinhaltete sie einen Schuss an Ernsthaftigkeit. Es war allen klar, auch leichte und unspektakuläre Flussabschnitte konnten unter bestimmten Umständen zu Gefahrenquellen werden.

Worum es sich aber bei der Befahrung von schwierigen Flüssen und herausfordernden Flussabschnitten im Kern immer drehte, waren die jeweiligen Schlüsselstellen. Damit sind die kritischsten, schwierigsten und gefährlichsten Teilabschnitte eines Flusses gemeint. Denn von diesen hing es ab, ob es sinnvoll war, den jeweiligen Fluss in Angriff zu nehmen oder nicht. Eigentlich hing es von uns ab, genauer gesagt, von unseren Fähigkeiten. Diese bestimmten, ob wir für das sichere Befahren diverser Schlüsselstellen stark und kompetent genug waren.

Jeder anspruchsvolle Fluss hat seine Schlüsselstellen. Bei manchen Flüssen hat man den Eindruck, sie bestehen überhaupt nur aus Schlüsselstellen. Bei manchen gibt es nur ein paar wenige oder überhaupt nur eine. Der Colorado River zum Beispiel schlängelt sich 360 imposante Kilometer durch den Grand Canyon. Von den mehr als 75 markanten Stromschnellen sind um die 50 als mittelschweres bis schwieriges Wildwasser klassifiziert. Zwei Stromschnellen davon werden als sehr extrem beschrieben: Crystal und Lava. Unter Bootfahrern gibt es sogar eine spezielle Zeitrechnung im Grand Canyon. Sie lautet BC und AC. Was soviel bedeutet wie „Before Crystal" und „After Crystal". Die etwas pathetische Bezeichnung lässt die Anspannung erahnen, die sich bei einer Grand-Canyon-Expedition schon einige Tage vor Erreichen dieser Schlüsselstelle auch bei erfahrenen Wildwasserfahrern aufbaut. Es ist bekannt, dass es sich bei Crystal um eine längere, sehr wuchtige und überaus dynamische Stromschnelle handelt. Sie wartet zudem mit einer furchteinflößenden riesigen Walze auf, die auch nicht umfahren werden kann. Das heißt: Wer immer die Stromschnelle mit dem Kajak befahren möchte, muss es schaffen, das Boot durch die gewaltige weiße Gischt der Walze hindurch zu manövrieren und bei einer eventuellen Kenterung die Eskimorolle absolut beherrschen. Alles andere bedeutet Lebensgefahr.

Gibt es solche Schlüsselstellen auch im Geschäftsleben? Oh, ja, sehr oft sogar. Ähnlich wie beim Wildwasserfahren ist es hier ebenso wichtig auch im Normalbetrieb aufmerksam und umsichtig zu sein. Aber ob Führungskräfte a la long als stark und souverän gelten und damit nachhaltig erfolgreich sind, hängt in einem hohen Maße davon ab, wie sie sich in kritischen und herausfordernden Momenten verhalten und wie sie in diesen Situationen handeln. Wird eine Führungskraft etwa bei Druck, Problemen und vielen unvorhergesehenen Störungen hektisch und nervös und schlägt sie wie wild um sich, oder gelingt es ihr, ruhig, konzentriert und besonnen zu bleiben? Oder reagiert jemand in Führungsposition bei einer etwas pointiert vorgebrachten Kritik mit einer heftigen Entgegnung, oder gelingt es, kurz durchzuatmen, die in der Kritik versteckte Thematik zu eruieren und zu einer konstruktiven Lösung zu kommen? Oder, wenn ein Vorhaben zum wiederholten Male scheitert: Behält die Führungskraft stur den eingeschlagenen Weg bei oder schafft sie es, gemeinsam mit anderen neue Lösungsansätze zu eruieren?

Im Kern geht es in fordernden Geschäftssituationen ebenso wie bei Schlüsselstellen in den Flüssen darum, ob die handelnden Personen fit genug sind, diese kompetent und souverän zu meistern. Die WILDWAS-

SER-STRATEGIE mit ihren fünf Disziplinen zielt darauf ab, Führungskräfte für fünf entscheidende Schlüsselstellen fit zu machen. Natürlich sind das nicht die einzigen Schlüsselstellen im geschäftigen Alltag von Schlüsselspielern. Aus meiner langjährigen Erfahrung als Berater und Coach handelt es sich aber um Schlüsselstellen, die entscheiden, ob Menschen in der Welt der Digitalen Transformation, der Netzwerke, der Vielfalt und der Innovationen als starke und souveräne Persönlichkeiten wahrgenommen werden oder nicht.

Die fünf kritischen Schlüsselstellen sind:

1. Chancen und Risiken frühzeitig erkennen und offen für Veränderungen sein

2. Einen sinnvollen Fokus verfolgen, trotz vielfältigster Verwirbelungen

3. Agiles und innovatives Handeln vorleben und forcieren

4. Stärkendes Miteinander pflegen: ohne Wenn und Aber

5. Vital, engagiert und up to date bleiben

Erste Schlüsselstelle: Chancen und Risiken frühzeitig erkennen und offen für Veränderungen sein

Etwas, das beim Wildwasserfahren von Anfang an gelernt wird, ist die Fähigkeit, Möglichkeiten, aber auch Gefahrenstellen schon von weitem zu erkennen. Bootfahrer sprechen dabei vom „Lesen des Wassers". Damit ist gemeint, noch vor dem Befahren einer Stromschnelle herauszufinden, wo die ideale Linie für die Befahrung ist oder wo sich riskante Walzen oder gefährliche Felsen befinden, denen besser ausgewichen werden sollte. Geübte Wildwasserfahrer erkennen an kleinsten Verwirbelungen des Wassers oder an subtilen Strömungsbildern, in welche Wellen und Walzen es Spaß macht, hineinzufahren und wo es besser ist, davon fern zu bleiben. Manchmal, wenn der Wildwasserabschnitt sehr anspruchsvoll ist, oder wenn die Stromschnelle vom Boot aus nicht gut einsehbar ist wird am Ufer angehalten. Die Sportler steigen dann aus ihren Booten, begeben sich an das Ufer, um aus einer erhöhten Position mehr Überblick über die Situation zu erlangen. Dadurch wird es leichter, die Gegebenheiten richtig einzuschätzen. Ich habe mir dabei meistens ein paar markante Positionspunkte eingeprägt, die ich dann bei der Befahrung zur Orientierung nutzte. Das war aber nur die halbe Miete. Die andere Hälfte stellte die völlige Präsenz und Wachheit in der Stromschnelle selbst dar. Trotz allem „Lesens des Wassers" war es vor allem in schwierigen Stromschnellen immens wichtig, dass ich in den Momenten des aktiven Tuns voll da war und wahrnahm, wie sich die Situation tatsächlich darstellte.

Die aktuellen Herausforderungen im Alltag von Menschen in wichtigen Funktionen erfordern meiner Erfahrung nach die gleichen Fähigkeiten. Natürlich müssen Sie kein Wasser lesen, aber das Erkennen von Geschäftschancen und möglichen Risiken kann durchaus damit verglichen werden. Es ist nicht immer sofort ersichtlich, was eine interessante Möglichkeit darstellt oder wo eine Gefahr lauert. Aber mit einer interessierten Haltung und mit wacher Aufmerksamkeit können Sie sowohl Chancen als auch Risiken frühzeitig abschätzen.

Häufig ist der Alltag vieler Menschen aber derart hektisch, voller Termine und vielfältigster Aufgaben, dass sie keine Möglichkeit sehen, aus „dem Boot auszusteigen", um sich einen Überblick zu verschaffen. Sie greifen dann fast reflexartig wie im Autopilot-Modus auf ihre Erfahrungen aus der Vergangenheit zurück oder orientieren sich verbissen an einmal gemachten Plänen für die Zukunft. Dabei übersehen sie mitunter, dass sich die Situation zum Teil völlig anders darstellt, als sie es sich im Vorfeld ausgedacht oder gewünscht hatten. Das ist natürlich alles andere als optimal, um den derzeitigen schnellen Veränderungen und abrupten Umbrüchen klug und souverän zu begegnen.

Die Disziplin „NOW – präsent und offen sein!" der WILDWASSER-STRATEGIE bietet Ihnen die Lösung für diese erste Schlüsselstelle. In dem Kapitel über diese Disziplin gebe ich Ihnen wertvolle und gut anwendbare Tipps, wie es Ihnen in einem turbulenten und dynamischen Umfeld möglich ist, präsent zu sein und die Situation so wahrzunehmen, wie sie tatsächlich ist. Der Schlüssel dazu ist, den Fokus immer wieder auf das zu richten, was im Moment zählt, nämlich das Jetzt. Das lässt sich trainieren. Genauso wie Sie mit Krafttraining Ihre Muskeln stärken, so können Sie mit gezielten Übungen Ihre Fähigkeit kräftigen, in der Gegenwart präsent, offen und interessiert zu sein. Ganz egal, ob die momentanen Situationen für Sie angenehm oder herausfordernd sind. Wenn es Ihnen gelingt, sich auf das „Jetzt" einzulassen, werden Sie schnell merken, dass sich für Sie daraus völlig neue Gestaltungsmöglichkeiten ergeben.

Zweite Schlüsselstelle: Einen sinnvollen Fokus verfolgen, trotz vielfältigster Verwirbelungen

Vor kurzem waren mein Freund und Geschäftspartner Rainer Petek und ich im Zuge einer Learning-Journey in Colorado in den USA unterwegs. Wir besuchten mehrere faszinierende Unternehmen und nützten dabei die Gelegenheit, mit einigen Top-Führungskräften über deren Erfahrungen und Sichtweisen zu sprechen. Was uns bei all den Gesprächen sehr rasch auffiel, war, wie wichtig unsere Gesprächspartner Themen wie Ausrichtung, Werte und Sinnhaftigkeit nahmen. Durch die Bank erzählten sie uns, wieviel Aufwand sie betreiben, um für ihre Firmen Klarheit zu erzielen, wer sie sind, wofür sie stehen, welchen Werthaltungen sie sich verpflichtet fühlen, wozu sie laut und kräftig „Ja" sagen, was für sie aber auch „No go's" sind. Es machte keinen Unterschied, ob es sich um Führungskräfte von etablierten und klassischen Unternehmen handelte, oder um Unternehmer und Unternehmerinnen von jungen Start-Ups. Auf unsere Nachfragen, warum diese Themen für sie so wichtig sind, erhielten wir jedes Mal ähnliche Antworten. Einige meinten: „Unsere Mitarbeiter, sowohl diejenigen, die wir jetzt haben, als auch diejenigen, die wir in Zukunft für uns gewinnen wollen, wollen genau wissen, wer wir sind und wofür wir stehen. Aber auch für unsere Kunden ist das von entscheidender Bedeutung." Andere Antworten gingen in folgende Richtung: „In der heutigen Zeit gibt es derart viele Möglichkeiten, das eigene Geschäft zu gestalten, dass es wichtig ist, sich zu fokussieren. Es wäre möglich, jeden Tag etwas Neues zu tun, Bestehendes über Bord zu werfen und Produkte und Dienstleistungen ständig neu zu entwerfen". Wieder andere meinten: „Innovation und Veränderung ist wichtig. Aber die Gefahr, sich zu verzetteln und ein Spielball der Vielfalt und der unzähligen Möglichkeiten zu werden, ist heutzutage sehr groß."

Ein klares Profil zu haben, zu wissen, wer man ist, wofür man steht und was man verfolgt, das erscheint mir nicht nur für den Erfolg von Unternehmen von großer Wichtigkeit zu sein, sondern auch für die handelnden Führungskräfte und Schlüsselspieler in Unternehmen. Mit der Disziplin „FIND YOUR LINE – fokussiert bleiben!" gebe ich Ihnen klare Ideen und Hinweise an die Hand, mit denen Sie es schaffen, Ihren eigenen roten Faden zu finden und sich immer wieder auf diesen zu besinnen. Das verleiht Ihnen Stabilität und gibt Ihnen Energie für Ihr tägliches Schaffen, auch wenn es in Ihrem Umfeld noch so turbulent zugeht.

Dritte Schlüsselstelle:
Agiles und innovatives Handeln vorleben und forcieren

Meine Erfahrung beim Wildwasserfahren ist: Besser, stärker und souveräner wurde ich nur durch die Konfrontation mit Neuem, Unbekanntem und mit Herausforderndem. Jeder Versuch, diesem zum Teil anstrengenden Weg auszuweichen oder es mir in meiner Komfortzone bequem zu machen, führte im Sinne meiner Weiterentwicklung als Wildwasserfahrer in eine Sackgasse. Klar war es nicht immer angenehm, mich mit meinem Kajak wieder und wieder in kräftige Walzen zu begeben, von der Wucht des Wassers wie in einer Waschmaschine im Schleudergang hin- und hergeworfen zu werden und manchmal nur schwimmend und völlig erschöpft ihren Fängen zu entkommen. Aber letztendlich machte es mich stärker und agiler. Es wurden Fertigkeiten trainiert und entwickelt, die sonst nie in dieser Art zum Vorschein gekommen wären. Hatte ich manchmal auch Angst? Klar. Angst, mich zu verletzen, aber auch mich zu blamieren. Interessant war, dass die Angst, mich selbst bloßzustellen, im Laufe meiner Entwicklung als Kajakfahrer eher zu- als abnahm. Als Anfänger ist es ganz normal, immer wieder einmal umzukippen und nur mehr als Schwimmer ans Ufer zu gelangen. Passierte es mir aber später als Könner, so war es auch unter Freunden hin und wieder so, dass ich danach den einen oder anderen Scherz über mich ergehen lassen musste. Das hat dann schon am eigenen Selbstwertgefühl gerüttelt oder zumindest das Bild des coolen und souveränen Typen, das ich vermitteln wollte, etwas ins Wanken gebracht.

Ich denke, bei Ihnen im Geschäftsleben ist es ähnlich. Auch da kommen Sie nicht weiter, wenn Sie sich nur im gewohnten Fahrwasser bewegen und immer nur in Ihrer Komfortzone bleiben. Und das Ausprobieren und Erlernen von Neuem ist nicht ganz einfach, verlangt Mut und die Fähigkeit, konstruktiv mit kurzfristigen Rückschlägen umgehen zu können. Im derzeitigen Wirtschaftsleben kommen die Wellen der Veränderungen, der Neuerungen und der abrupten Umbrüche immer schneller und zum Teil auch immer heftiger. Wie ich früher schon bemerkt habe, reicht ein „Mehr vom Selben" nicht mehr aus, um in diesem dynamischen Umfeld erfolgreich zu sein. Alle, auch die Erfahrungsträger, sind gefordert, sich ständig weiterzuentwickeln. Und diese Weiterentwicklung verlangt, sich immer wieder einmal Neuem und Ungewohntem zu stellen. Wie beim Kajakfahren ist das auch im Unternehmen nicht immer angenehm und toll. Und auch dabei haben Erfahrungsträger mehr zu verlieren als diejenigen, die am Anfang ihrer Entwicklung stehen.

In dem Abschnitt über die dritte Disziplin der WILDWASSER-STRATEGIE „LEAN INTO IT – mutig und agil handeln!" lernen Sie deshalb, wie wichtig es für Ihre eigene Entwicklung ist, sich immer wieder einmal couragiert in etwas Schwieriges oder Neues „hineinzulehnen". Sie erfahren dabei auch, dass es nicht darum geht, sich selbst das Leben schwieriger zu machen als es ist. Sondern, dass dieses Hineinlehnen, vernünftig und klug gemacht, zu agilerem und innovativerem Verhalten führt, was in einer Zeit des dynamischen Wandels eine Grundvoraussetzung ist, um sich in der Unsicherheit sicher zu fühlen.

Vierte Schlüsselstelle:
Stärkendes Miteinander pflegen: ohne Wenn und Aber

Eigentlich ist es irritierend, in der heutigen Zeit immer noch über Zusammenarbeit ohne Wenn und Aber schreiben zu müssen. Leider ist aber in vielen Unternehmen und vor allem bei vielen Führungskräften die „Only Me"-Mentalität immer noch derart stark verwurzelt, dass es notwendig ist, diese Thematik als Schlüsselstelle hervorzuheben.

Für mich und meine Freunde war das Erleben des Miteinanders beim Wildwasserfahren völlig anders. Miteinander war die Normalität. Das hatte nichts mit Abenteurer-Romantik zu tun. Es war vielmehr ein völlig pragmatischer und nutzenorientierter Zugang. Wir spürten und erfuhren ständig, wie wichtig der Zusammenhalt, die gegenseitige Unterstützung und das uneigennützige Miteinander waren. Es machte uns sicherer und half uns, besser zu werden. Und was ebenso wichtig war: Es machte viel mehr Spaß. Es war fast paradox: Je mehr sich Einzelne in den Dienst des Teams stellten, desto mehr profitierten sie selbst davon. Jeder von uns lernte schneller, profitierte von den Erfahrungen der anderen, und wir waren auch beim Befahren von schwierigen Abschnitten viel effektiver.

In Beratungssituationen frage ich mich manchmal, warum ein starkes und kompromissloses Miteinander bei Führungskräften noch immer nicht die Normalität ist. Ehrlich gesagt, weiß ich es nicht genau. Was ich aber mit Sicherheit weiß, ist: In der heutigen Zeit ist es unumgänglich, ein starkes Miteinander zu kultivieren und dieses ohne Wenn und Aber zu leben. Und das nicht nur im eigenen Team, sondern über Hierarchien, über Abteilungen und Bereiche und vielfach sogar über Unternehmensgrenzen hinweg. Alles andere macht schwach oder zeigt von persönlicher Schwäche.

Mit „THINK WE – miteinander einfach stärker!" erhalten Sie exzellente Anregungen, wie Sie es schaffen, selbst stark zu bleiben, indem Sie das Miteinander in Ihrem Umfeld stärken.

Fünfte Schlüsselstelle:
Vital, engagiert und up to date bleiben

Und ewig ruft das Hamsterrad. In Anlehnung an einen bekannten Filmtitel geht es bei dieser Schlüsselstelle um ein Kernthema, auf das ich in vielen Gesprächen stoße. Egal in welchem Unternehmen, egal in welcher Branche und egal in welchem Alter sich die Menschen befinden: Viele klagen, sie seien eingespannt, minutiös durchgetaktet und hätten überhaupt keine Zeit, einmal innezuhalten und nachzudenken. Sie funktionieren einfach nur mehr. Und sie fühlen sich wie von einem Rad angetrieben, das sich immer schneller dreht. Als wären sie mitten in einer gewaltigen Strömung, und diese zieht sie einfach in ihrem Sog weiter und weiter. Ohne eine Möglichkeit, anzuhalten oder in ruhigeres Gewässer zu kommen.

Das wirkt sich nicht nur auf den Körper aus, sondern auch auf die Stimmungslage und vor allem auch auf die geistige Verfassung. Wie ich schon früher beschrieben habe, berichten immer mehr Führungskräfte davon, wie ausgelaugt und müde sie sind. Keine guten Voraussetzungen für Innovation, Erneuerung und Umgang mit Ungewissheit und Unsicherheit.

Sogar im wilden Fluss gibt es ruhige Zonen. Diese werden als Kehrwasser bezeichnet, weil in ihnen das Wasser unter bestimmten Umständen wirklich eine Kehre macht und kurz flussaufwärts fließt. Diese Kehrwasser werden im Wildwassersport im übertragenen Sinne als Tankstellen genützt. Nach der Befahrung einer schwierigen Wildwasserstelle wird ein Kehrwasser angesteuert und in ihm kurz Halt gemacht. Die Sportler nützen es, um durchzuatmen, sich gegenseitig auf die Schultern zu klopfen, Erfahrungen auszutauschen und vor allem sich wieder Mut zu machen für den kommenden Abschnitt. Unter gut eingespielten Teams wird das zu einem wirklich stärkenden Ritual.

Was glauben Sie, wie positiv es sich auswirken würde, hätten Sie sich im Geschäftsleben ebenfalls derartige Rituale angeeignet? Wenn es ganz normal wäre, dass Sie immer wieder einmal kurze Time-Outs zelebrieren, sich dabei entspannen und wieder neue Energien und Perspektiven gewinnen. Und noch dazu ganz ohne schlechtes Gewissen. Glauben Sie nicht, das ginge nicht, weil das Hamsterrad und die fehlende Zeit und überhaupt...

Doch, es geht! In dem Abschnitt über die fünfte Disziplin der WILDWASSER-STRATEGIE „KEEP IT UP – auftanken und ausrichten!" erfahren Sie, wie es geht, was Sie tun können und wie Sie sich langfristig vital, energiegeladen und up to date halten.

Die fünf Disziplinen der WILDWASSER-STRATEGIE

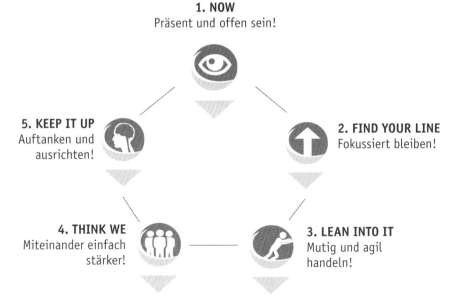

1. NOW – präsent und offen sein!

Im Zuge eines Kajakkurses an der Universität Salzburg beschlossen Franz und ich als Leiter dieses Kurses, Osttirol unsicher zu machen. Die Drau bei Lienz und die Isel bei Matrei sind die bekannteren Flüsse in der Gegend. Neben diesen beiden wollten wir unseren fortgeschrittenen Teilnehmern auch den Defereggenbach im idyllischen Defereggental schmackhaft machen. Die Isel und die Drau hatten wir schon in mehreren Kursen befahren. Am Defereggenbach waren wir noch nie gewesen. Mit einem kurzen Blick auf eine Flussbeschreibung begaben wir uns mit der Gruppe auf die Suche nach dem Einstieg zur Standardstrecke und fanden auch gleich eine Brücke, die wir für den Startpunkt hielten. Nachdem wir das übliche Prozedere mit der Ausrüstung, den Booten und dem Überstellen der Autos zum Ausstiegspunkt hinter uns gebracht hatten, stiegen wir in unsere Boote und begannen die Befahrung.

In der Beschreibung der Standardstrecke im Kajakführer wurde der Abschnitt mit Wildwasser zwei bis vier bezeichnet, was auf einer Skala von eins bis sechs im unteren bis mittleren Schwierigkeitsgrad angesiedelt ist. Das sollte für unsere Kursteilnehmer gerade noch machbar sein. Anfangs ging es ganz nett und spielerisch dahin. Wir übten einige Techniken, waren aber eher auf eine Befahrung eingestellt denn auf einen Kurstag, bei dem die Teilnehmer ihre Fahrtechnik verfeinern sollten. So ging es zügig dahin. Nach einiger Zeit bemerkten wir, wie der Bach kontinuierlich schmäler wurde und das Gefälle und die Strömungsgeschwindigkeit zunahmen. So wirkliche Sorgen bereitete uns das aber nicht, war der Abschnitt doch mit einer Schwierigkeit in der Beschreibung klassifiziert, die wir alle ganz gut im Griff hatten. Als es aber in diesem Ton weiterging, beschlossen wir, nur mehr von Kehrwasser zu Kehrwasser zu fahren. Franz und ich fuhren voraus und zeigten den Teilnehmern die Kehrwasser an, die sie ansteuern sollten. Wir nutzten diese, um zu sehen, ob noch alle gut unterwegs waren, und vor allem, um einen Blick nach vorne richten zu können. Wie sieht es um die nächste Kurve aus, was haben wir zu erwarten, wo ist die nächste Gelegenheit zum Anhalten?

Die Kehrwasser wurden immer kleiner. So hatten darin mit der Zeit maximal nur mehr zwei bis drei Boote Platz. In manchen überhaupt nur eines. Schließlich kamen wir zu einer Kurve, deren Ausgang überhaupt nicht mehr einzusehen war. Da die Strömung schon sehr sportlich war, beschloss Franz, alleine noch ein Stück weiter zu fahren und ein sehr kleines Kehrwasser an der Innenseite der Kurve anzusteuern. Als er dieses erreichte und einen Blick nach vorne tat, brüllte er uns ein lautes und vehementes STOP! zu. Mit einem Paddelsignal und heftigen Handzeichen machte er uns klar, dass es wirklich ernst gemeint war. Wir stiegen aus unseren Booten, fixierten diese am Ufer und begaben uns nahe zu der Stelle, wo mein Kollege sich befand. Als wir sahen, was sich da vor uns auftat, waren wir tief beeindruckt von der Szenerie, aber vor allem mehr als froh, dass wir die Befahrung so angelegt hatten, wie wir es eben getan hatten. Nämlich nur von einem Kehrwasser zum nächsten zu fahren.

Ein paar Meter flussabwärts befand sich ein etwa sieben bis acht Meter hoher Wasserfall. Darunter ein tosender Pool, umgeben von steilen Felswänden. Unmittelbar danach ging der Bach in einen weiteren Wasserfall über, dessen Ende wir von oben gar nicht mehr einsehen konnten. Nirgends eine Möglichkeit, aus dem Bach zu kommen. Eine Befahrung mit der Gruppe hätte ein volles Fiasko ergeben. Hätte es auch nur einen unserer Kajakschüler diesen Wasserfall hinuntergespült, wir wären sicher in den Medien präsent gewesen. Nicht als Helden, sondern als unverantwortlich agierende Instruktoren, die das Leben ihrer Schüler leichtfertig und naiv aufs Spiel setzen. Franz hatte wirklich das allerletzte Kehrwasser angesteuert gehabt und konnte uns alle noch rechtzeitig warnen, nicht weiterzufahren.

Mit einem kurzen Seil holten wir sein Boot und ihn selbst zu uns ans Ufer. Wir blickten uns in die Augen. Beiden von uns war anzumerken, wie froh wir waren, dass da nichts passiert war. Wir sprachen von Glück. Trotz allem fehlerhaften Agieren vor dem Einsteigen in unsere Boote war es aber nicht nur Glück alleine. Unsere Art, in schwierigeren Abschnitten Boot zu fahren, auch mit einer Gruppe, verschaffte uns die Chance, immer noch anzuhalten und uns gegebenenfalls in Sicherheit zu bringen. Wären wir an diesem Tag einfach drauflos gefahren, ohne die Taktik der kleinen STOP!s anzuwenden, wäre die Befahrung sicher nicht so glimpflich und lehrreich ausgegangen.

Als wir später die Fahrt nach einer längeren Tragestrecke fortsetzten, bemerkten wir, wo unser ursprünglicher Fehler lag. Jetzt erst kamen wir zu der Brücke, die die eigentliche Einstiegsstelle für die Standardstrecke war. Wir hatten sie bei der Autofahrt am Morgen übersehen und waren so zu einer Brücke gelangt, die weiter flussaufwärts lag. Da wir schon so gierig auf den Defereggenbach waren, hatten wir uns überhaupt nicht darum gekümmert, ob es auch wirklich die richtige Brücke und die richtige Einstiegsstelle war. Wir hatten alle Zeichen und Signale übersehen oder diese so interpretiert, dass sie in unseren Plan und in unser Konzept passten. Das STOP!, das uns später half, einen Unfall zu vermeiden, hätte schon viel früher zum Einsatz kommen sollen. Und wir hätten nicht nur beim Kajakfahren selbst offen und präsent sein sollen, sondern schon während der gesamten Vorbereitung.

Im Autopilot-Modus unterwegs

Wenn ich an die Situation am Defereggenbach denke, läuft es mir heute noch kalt über den Rücken. Im Vorfeld der Befahrung hat sich damals etwas abgespielt, das ich immer wieder an mir selbst beobachte, das ich aber auch bei Führungskräften bemerke. Gemeint ist das automatisierte und reflexartige Denken und Handeln. Im mentalen Training auf der Basis von Mindfulness wird diese häufig unbewusste Reaktion auf diverse Reize als Autopilot-Modus bezeichnet. Das ist in Situationen, in denen es wichtig ist, blitzschnell zu reagieren, immens wichtig. Manchmal vielleicht sogar überlebenswichtig. Wenn Sie zum Beispiel mit dem Auto in der Stadt unterwegs sind und ein kleines Kind läuft hinter einem parkenden Fahrzeug direkt vor Ihr Auto, dann ist Ihre Reaktion entscheidend. In einem solchen Moment innezuhalten, eine souveräne Distanz einzunehmen, zu reflektieren und vielleicht auch noch alternative Aktionen abzuwägen, das wäre natürlich völlig falsch.

Das Dumme ist, dieser Autopilot schlägt häufig auch in Situationen zu, in denen es besser wäre, er wäre nicht aktiv. Bei dem obigen Beispiel des Kajakkurses, bei dem wir knapp daran waren, unsere Studenten in eine absolut gefährliche Lage zu bringen, wäre es sicher von Vorteil gewesen, wir wären achtsamer und umsichtiger gewesen. Hätten wir nur ein paar Mal kurz innegehalten und auf diverse Anzeichen geachtet, so wären wir nie in diese kritische Lage gekommen. Alleine durch die lange Anfahrt zum Einstieg hätten wir gewarnt sein sollen. Eine der Kursteilnehmerinnen meinte sogar, im Guide-Book wäre die Anfahrtsstrecke viel kürzer beschrieben. Wir taten dies aber als einen Druckfehler ab und waren absolut sicher, wir wären richtig unterwegs.

In vielen Geschäftssituationen ist der automatisch ablaufende Modus ebenfalls völlig kontraproduktiv. Meistens merken wir es gar nicht, dass dieser Modus aktiv ist und uns steuert. Manchmal bemerken wir es später und ärgern uns, wie das nur passieren konnte. Manchmal aber wird es uns überhaupt nicht bewusst und wir erleiden dadurch unbemerkte Verluste, oder Möglichkeiten und Chancen werden einfach links liegen gelassen.

Kunden laden mich immer wieder ein, bei dem einen oder anderen wichtigen Meeting als Beobachter teilzunehmen, um ihnen danach ein Feedback über den Ablauf des Meetings zu geben. Manchmal ist es amüsant, was da zu beobachten ist. Einzelne Teilnehmer wirken alles andere als überzeugt, dass die Meetings wichtige und sinnvolle Angelegenheiten sind. E-Mails, SMS und andere Ablenkungen sind normal. Häufig sprechen die immer gleichen Personen. Die Rollen, Hierarchien und Positionierungen wirken vielfach unverrückbar. Argumente und Ideen werden nicht wirklich ausgetauscht und weiterentwickelt. Im Gegenteil. Es ist eher typisch, dass diese zerpflückt und mit Gegenargumenten ausgehebelt werden. Rechtfertigungen, unterschwellige Beschuldigungen, offensichtliche, aber auch verdeckte Machtspielchen – all das ist eher die Normalität als die Ausnahme.

Natürlich hat dieses Verhalten auch mit der Kultur in einem Unternehmen oder mit dem Klima im Team zu tun. Es wird sicher auch geprägt von der Disziplin der Teilnehmer und von vielen anderen Faktoren. Ich denke, es hat aber auch viel damit zu tun, dass die Teilnehmer entweder in gewohnten Denk- und Verhaltensmustern verhaftet sind oder dass sie ständig auf irgendwelche Impulse und Reize spontan aufspringen. Das spielt sich meist automatisiert ab, die Teilnehmer bemerken es kaum. Am Ende des Meetings sind sie dann frustriert und unzufrieden und fügen es insgeheim ihrer Liste der unproduktiven und unnützen Meetings hinzu.

Der hilfreiche Schlüssel, um dem Autopilot-Modus nicht ausgeliefert zu sein, ist die Haltung, die sich in dieser Disziplin der WILDWASSER-STRATEGIE mit dem „NOW – präsent und offen sein!" ausdrückt. Dabei geht es darum, möglichst klar zu erkennen, was sich in den gegenwärtigen Momenten wirklich abspielt. Das klingt so einfach, es ist aber alles andere als simpel. Meiner Meinung nach ist diese Fähigkeit derart entscheidend für den Erfolg von Unternehmen heute und in der Zukunft, dass im Grunde zumindest jede Führungskraft darin aktiv geschult und trainiert werden sollte.

Wenn Sie sich aus diesem Buch nur das offene und interessierte Präsent-Sein zu Herzen nehmen und es mit der einen oder anderen Übung, die ich Ihnen in der fünften Disziplin „KEEP IT UP – auftanken und ausrichten!" vorstelle, trainieren, werden Sie sehr rasch verblüffende Erfolge erzielen. Zum Beispiel in Situation, in denen Sie mit anderen Menschen interagieren. In Gesprächen genauso wie bei der Zusammenarbeit an komplexen Themenstellungen, in Meetings ebenso wie bei Kontakten mit Kunden und Geschäftspartnern.

Essenziell ist diese interessierte und offene Präsenz aber nicht nur bei sozialen Kontakten sondern auch bei der Entwicklung von Neuem. Innovationen, Disruptionen und völlig neue Produkte und Dienstleistungen können nur entstehen, wenn ein offenes und interessiertes Klima vorhanden ist. Wie es gelingt, diese wertvolle geistige Qualität der offenen Präsenz zu entwickeln und zu kultivieren, davon erfahren sie gleich hier in diesem Abschnitt des Buches. Zuvor mache ich Sie noch aufmerksam, wo und wie der Autopilot-Modus wirkt. Um ihm klug und souverän zu begegnen, ist es wichtig, sich zuerst überhaupt klar zu werden, welche Facetten dieser Modus aufweist. Deshalb skizziere ich Ihnen hier einige Varianten davon.

Variante 1: Gewohnheiten. Wenn Sie viele Ihrer Abläufe und Handlungen gewohnheitsmäßig abarbeiten, dann ist zum Beispiel die Gefahr recht groß, dass Sie in den Autopilot-Modus verfallen. Gewohnheiten haben natürlich positive und nützliche Aspekte. So verhelfen sie Ihnen zum Beispiel zu Effizienz und Sicherheit. Wenn Sie aber in Gewohnheiten verharren, wird es problematisch. Vor allem, wenn es sich um Denk- und Wahrnehmungsgewohnheiten handelt.

Alleine beim Sehen können Sie bemerken, wie schwer es ist, aus gewohnten Mustern rauszukommen. Sie kennen sicherlich die verschiedenen Vexierbilder und optischen Täuschungen. Das Bild, in dem sich eine junge und eine alte Frau in einer Zeichnung finden, ist eines der bekannteren. Interessant zu verfolgen ist: Menschen, die das Bild noch nie gesehen haben und zuerst ein Bild betrachten, in dem nur die alte Frau zu sehen ist, sehen danach in dem Bild mit den beiden Frauen meistens nur die alte Frau. Sie tun sich sehr schwer, die junge Frau überhaupt zu identifizieren. Umgekehrt ist es ebenfalls so.

Prof. Dr. Bernd Lingelbach beschäftigt sich am Institut für Augenoptik an der Hochschule Aalen in Baden-Württemberg wissenschaftlich mit optischen Täuschungen. Es gibt auch einige YouTube-Videos im Internet, die interessante Erkenntnisse hinsichtlich dieser Täuschungen liefern. In einem dieser Videos meint Prof. Lingelbach: „Wir sehen mit dem Gehirn und nicht mit den Augen. Wir sehen das, was wir schon kennen. Eigentlich sehen wir das, was wir sehen wollen." Das sollte Sie zur Vorsicht mahnen, wenn Sie demnächst wieder einmal fest davon überzeugt sind, etwas sei genauso, wie Sie es sehen. Vielleicht gibt es auch andere Perspektiven und Sichtweisen, die Sie bis jetzt einfach noch nie wahrgenommen haben?

Variante 2: Unaufmerksamkeit. Eine weitere negative Ausprägung ist das Thema der Unaufmerksamkeit durch Routine. Zwei meiner Geschäftspartner sind hervorragende Bergsteiger und Bergführer. Sie berichten regelmäßig davon, wie gefährlich es ist, wenn sich Kletterer von ihrer Routine täuschen lassen. Eigentlich ein Paradoxon. Man möchte meinen, Routine schaffe Sicherheit. Das stimmt auch. Aber es verleitet auch zu einem unachtsamen Handeln, das zu Unfällen führen kann.

Also: Achtung! Gewohnheiten und Routine ermuntern den Autopiloten zuzuschlagen. Dadurch werden Sie unaufmerksam, liefern sich unbemerkt Gefahrensituationen aus und übersehen auftauchende Chancen.

Variante 3: Woanders sein wollen. Kennen Sie diesen Ausspruch: „Das Gras ist immer grüner auf der anderen Seite?" Ich hörte ihn ich zum ersten Mal aus dem Munde einer guten Bekannten. Wir saßen an einem wunderschönen Strand in der Nähe von Boston in den USA, genossen den Sommer, das Meer und eigentlich das Leben. Ich schwärmte ihr vor, wie schön es in den Wäldern und vor allem an den Flüssen von Maine ist, welche tollen Sonnenuntergänge ich an den Flüssen immer wieder erlebe, wie die Weißkopfadler fast täglich zum Fischen in die Nähe unseres Camps an den Fluss kommen und so weiter und so weiter. Sie hörte zuerst eine Weile einfach nur zu. Plötzlich äußerte sie den oben zitierten Spruch und blickte mich fragend an. Ohne mehr sagen zu müssen, machte sie mich darauf aufmerksam, dass ich zwar an einem eindrucksvollen Ort saß und eine wunderbare Natur um mich herum hatte, aber eigentlich nicht wirklich anwesend war.

Womöglich kennen Sie dieses Phänomen auch sehr gut. Kaum sind Sie an einem Ort, in einem Meeting, bei einer Tätigkeit, kommen Ihnen schon Gedanken von anderen Orten, an denen es im Moment ebenfalls schön, interessant oder spannend wäre. So gibt es viele Momente und Situationen im Leben, wo Sie zwar körperlich anwesend, aber geistig ganz woanders sind. Sie befinden sich in einem wichtigen Meeting, aber eigentlich noch bei einem Gespräch von vorhin. Oder Sie führen ein Gespräch mit einer Mitarbeiterin, das ihr sehr wichtig ist, beschäftigen sich aber insgeheim mit der Vorstandspräsentation, die morgen fertig sein soll.

Doch welche Musik wird die bessere sein? Die von einer Musikerin, die im Moment des Spielens voll und ganz bei der Sache ist und in ihrem Tun so richtig aufgeht, oder die von einem Musiker, der zwar die gleiche Qualifikation hat, aber während des Spielens mit seinen Gedanken zum Teil ganz woanders ist? Eigentlich eine rein rhetorische Frage. Oder?

Variante 4: Impulsives Reagieren. Eine weitere, zum Teil sehr unangenehme Variante vom Autopilot-Modus ist das schnelle und impulsive Reagieren auf Reize. Früher, wenn ich nach einem Workshop oder nach einem Beratungsauftrag nach Hause kam, sagte meine Frau hin und wieder zu mir: „Du erzählst mir nie etwas!" Das eine oder andere Mal kam es dann schon vor, dass ich gereizt antwortete: „Und du nörgelst schon wieder an mir herum." In diesem Fall war ihre Äußerung für mich ein Vorwurf. Automatisch und blitzschnell antwortete ich dementsprechend. Wenn es mir aber gelang, in derartigen Situationen kurz innezuhalten und meine Aufmerksamkeit etwas zu erweitern, so konnte ich meist eine ganz andere Botschaft wahrnehmen. Im Grunde war ihre Äußerung keine Beschuldigung, sondern eine Art Hilferuf. Ein Hinweis in Richtung: „Obwohl ich mit viel Freude bei unseren Kindern zu Hause bin, hätte ich darüber hinaus auch gerne an deinem Leben, deinen Erfahrungen und interessanten Entwicklungen teilgenommen."

Kennen Sie solche oder ähnliche Situationen? Dieses reflexartige Reagieren auf diverse Impulse und Schlüsselsituationen? Unbedacht und unreflektiert springen wir auf ein Thema, eine Aussage, ein Wort oder manchmal nur eine Geste an und werden davon sprichwörtlich mitgerissen. Erst einige Zeit später, wenn wir zur Besinnung gekommen sind, fragen wir uns, wie das schon wieder passieren konnte.

Sie sehen, die Ausprägungen vom Autopilot-Modus sind vielschichtig. Ebenso sehen Sie sicherlich, dass dieser Modus alles andere als effektiv und förderlich ist. Deshalb zeige ich Ihnen hier jetzt einen Weg, wie Sie es schaffen, diesem Autopiloten nicht ausgeliefert zu sein und bildlich gesprochen immer wieder ans Steuerrad Ihres Tuns zurückkommen.

Präsenz ist das Gebot der Stunde

Im gegenwärtigen Moment präsent zu sein, mit einer interessierten, aufmerksamen und offenen Haltung, das ist das Gegenmittel zu dem automatisierten und unreflektierten Agieren. Präsenz ist auch d i e Qualität, die mir beim Wildwasserfahren immer wieder dazu verhalf, in heiklen Situationen stark und souverän zu sein. Wie zum Beispiel am Inn im Engadin.

Am Ende eines Raftingtages am Inn im Unterengadin sagte eine Frau mittleren Alters zu mir: „Ich zahle dir einen Kaffee – du hast das Leben meiner Tochter gerettet". Was war passiert?

Die Raftingtour begann am frühen Vormittag. In meinem Boot waren sieben Personen. Den ersten Abschnitt nutzten wir, um uns an das Paddeln, das Boot und den Fluss zu gewöhnen. Wir hatten einen optimalen Wasserstand. Das Wetter war sommerlich warm, und meine Gäste wirkten von Anfang an motiviert. Es waren die besten Voraussetzungen für einen herrlichen Tag am Fluss. Nach den ersten leichteren Stromschnellen kamen wir zu einem Abschnitt, der etwas anspruchsvoller war. Da gab es ein paar kräftige Walzen, einige mittelgroße Felsen und so manche kleinere Abfälle. Alles nicht wirklich wild, aber doch sportlich. Schwimmen wäre in dem Abschnitt nicht ratsam gewesen, vor allem nicht für jemanden, der noch nie die Erfahrung des Wildwasserschwimmens gemacht hatte. Neben den Wellen, Walzen und Felsen war auch noch die Temperatur des Wassers zu bedenken. Trotz Hochsommer und trotz schützender Neoprenausrüstung sind acht Grad alles andere als einladend.

Als wir durch die ersten Wellen und Walzen dieser Stromschnelle fuhren, fiel das junge Mädchen, etwa 16 Jahre alt, das ganz vorne links im Boot saß, aus dem Boot in das milchig-graue Wasser des Gletscherflusses. Obwohl ich als Guide am anderen Ende des Bootes hinten rechts saß und obwohl ich auf meinem Weg zu ihr über zwei Querschläuche des Bootes springen musste, konnte ich sie wieder in unser Boot zurückziehen, noch bevor sie überhaupt richtig bemerkt hatte, was geschehen war. Nichts wirklich Spektakuläres oder Gefährliches. Auch nichts Heldenhaftes. Ich war selbst überrascht, wie schnell meine Reaktion war. Heute führe ich das auf meine damalige Präsenz und Aufmerksamkeit in Situationen wie dieser zurück. Trotz Spaß und Lockerheit, die ich bei den Fahrten bemüht war zu verbreiten, trotz einer gewissen inneren Anspannung, die ich manchmal ebenso verspürte, war ich

während der wilderen Abschnitte größtenteils voll präsent. *Kleinigkeiten, die vom Normalen abwichen, fielen mir sofort auf. Im Fluss, am Boot, bei meinen Gästen.*
Die Mutter des Mädchens dürfte von dem Vorfall so überrascht gewesen sein, dass sie den ganzen Tag über nichts mehr sagte. Erst als wir am späten Nachmittag nach der Tagestour das Erlebte kurz Revue passieren ließen, lud sie mich zu einem Kaffee ein und bedankte sich mit den eingangs erwähnten Worten.

Am Fluss ist es klipp und klar. In heiklen und spannenden Situationen ist Präsenz angesagt. Diese Gegenwärtigkeit im heutigen Business-Alltag zu leben, erscheint mir um ein Vielfaches herausfordernder. Am Fluss gibt es nichts anderes als den Fluss, die Stromschnellen, das Boot, die Gäste und das Wetter. Wenn es Ihnen nur annähernd so geht wie vielen meiner Kunden, dann sind Ihre Arbeitstage bei weitem nicht so klar und überschaubar. Dann sehen Sie sich täglich gefordert, unzählige E-Mails zu beantworten, von einem Meeting zum nächsten zu eilen, hier einen Konflikt zu schlichten, da schnell auf eine Kundenbeschwerde zu reagieren, die Vorstandspräsentation fertigzustellen, den Budgetplan einzuhalten, den Report fürs Controlling fertigzustellen, und so weiter und so fort. Wahrscheinlich sagen Sie sogar, dass das noch gar nicht alles ist. Denn für Sie gibt es ja auch noch viele Telefonanrufe, Ihr Team, den kranken Kollegen und schließlich haben Sie ja auch noch ein Privatleben. Da sind Sie vielleicht gefordert, einen Kredit zurückzuzahlen, den Handwerker für die Reparatur der Waschmaschine zu organisieren, die Kinderbetreuung für nächste Woche zu planen, und ...

Und dann komme ich daher und rate Ihnen: seien Sie präsent. Ja, das meine ich wirklich so. Seien Sie präsent. Ich rate Ihnen das, nicht, um Sie noch mehr in Stress zu versetzen, sondern weil Sie damit im Gegenteil von eben dieser Welle der vielen Anforderungen und der unzähligen Ablenkungen nicht völlig überrollt und weggespült werden.

Neulich moderierte ich einen Workshop mit einem kleinen IT-Team eines bekannten deutschen Logistikunternehmens. Im Zuge einer nicht allzu großen Organisationsänderung wurde eine neue Teamleiterin eingesetzt, ein Mitarbeiter wurde in einen anderen Bereich versetzt und das Team wurde durch zwei neue Kollegen verstärkt. Die neue Teamleiterin organisierte nach den ersten Einarbeitungsmonaten einen Teamworkshop, für den ich als Berater und Coach engagiert wurde. Nach den ersten Stunden im

Workshop hatte ich den Eindruck, wir versinken immer weiter in einer Art Sumpf. Die Stimmung war bedrückt, einige Teammitglieder wirkten sehr müde und die Teamleiterin war völlig erstaunt, welche Frustration in ihrem Team steckte.

Vorerst ließ ich die Teammitglieder all das ansprechen, was sie bedrückte und frustrierte. Da erzählten sie zum einen von Begebenheiten, die vor Monaten, ja zum Teil vor Jahren geschehen waren. Vieles hing mit dem ehemaligen Teamleiter zusammen. Dieser war in einem Spezialthema exzellent und fokussierte eigentlich nur auf dieses Fachgebiet. Das Teamgefüge, die Rahmenbedingungen für das Team oder die Weiterentwicklung der Teammitglieder ließ er den Erzählungen nach links liegen. Was der frühere Teamleiter machte oder unterließ, war längst Geschichte. Aber mir fiel daran auf, wie sehr sich in dem Team viele Gespräche um Sachen drehten, die in der Vergangenheit passierten.

Wenn das Gespräch dann doch einmal in die Zukunft gerichtet war, so hörte ich wiederum fast nur Sorgen und Befürchtungen. Das geplante Projekt zur Digitalisierung von internen Abläufen würde ja doch wieder einen Mehraufwand bedeuten. Die Organisationsänderungen könnten zudem noch nicht wirklich abgeschlossen sein und das könnte sich in weiterer Folge negativ auf das Team auswirken. Und so ging es eine Weile dahin.

Nach einer Pause und einem kurzen Spaziergang in einer sehr kalten Winterlandschaft forderte ich die Teammitglieder auf, eine Übungseinheit lang nur einmal all das zu benennen, was sie JETZT alles zur Verfügung haben, worauf sie aufbauen können, welche Dinge eigentlich gut laufen und was sie aus alledem in weiterer Folge machen können. Zuerst schauten sie mich etwas ungläubig an. Mit der Zeit entwickelte sich aber ein sehr lebhaftes Gespräch. Sobald jemand wieder ins Früher oder in die Ungewissheit der Zukunft abdriftete, forderte ich sie auf, nur auf die Situation JETZT hinzusehen. Und siehe da, auf einmal bemerkten sie Dinge, die bisher in ihren Überlegungen nicht bedacht wurden. So bemerkten sie, dass sie jetzt eine Teamleiterin haben, deren Herz dafür schlug, das Team zu stärken und dem Team gute Arbeits- und Rahmenbedingungen zu schaffen. Sie erkannten, dass es mit den neuen Kollegen möglich wird, die hohe Arbeitslast einzelner besser zu verteilen. Auf einmal sahen sie Möglichkeiten, wie sie in dem geplanten Digitalisierungsprojekt Einfluss nehmen können. Und so ging es noch eine Zeit lang weiter. Das Schöne an diesem Beispiel ist, dass sich diese Atmosphäre nicht nur äußerst positiv auf den weiteren Verlauf des

Workshops auswirkte, sondern jetzt, einige Monate nach dem Workshop im Unternehmen immer noch Bestand hat und benachbarte Teams neidvoll auf das konstruktive Arbeitsklima in dem IT-Team blicken.

Ich hoffe, es ist für Sie jetzt noch klarer geworden, was mit dem Fokus auf das Jetzt gemeint ist. Einerseits hilft er Ihnen, von der Welle der vielen Anforderungen nicht weggeschwemmt zu werden. Und andererseits werden durch die Präsenz und die damit verbundene Offenheit und interessierten, Neugier neue Möglichkeiten erst sichtbar, die Sie ansonsten leicht übersehen. Und das ist nicht gut. Weder für Sie, noch für Ihr Team und Ihr Unternehmen. Wenn Sie es recht bedenken, so ist Präsenz nicht nur wertvoll in der Unternehmenswelt, sondern in all Ihren Lebensbereichen. In Ihrem familiären Umfeld zum Beispiel genauso wie in Ihrer Beziehung zu sich selbst.

Präsenz: Das Tun im Blick. Das Ergebnis folgt

Eine wichtige Facette des Themas Präsenz ist die gute Balance zwischen Zielfokus und Prozessfokus. Was damit gemeint ist, lässt sich bei Spitzensportlern manchmal sehr gut erkennen. Ein Sportler, der sich nur auf Ergebnisse, Resultate und Ziele fixiert, beginnt leicht zu verkrampfen und beraubt sich dadurch der Fähigkeit, souverän zu sein. Hingegen berichten erfolgreiche Sportler sehr oft davon, wie wichtig es ihnen ist, voll und ganz im gegenwärtigen Moment zu sein. Das Tun selbst wird zum Ziel. Der perfekte Schwung beim Skifahren. Das intuitive Zusammenspiel mit den Teamkollegen, oder die Präzision in der Luft beim Turmspringen. Klar haben diese Sportler einen starken Fokus auf Ziel und Ergebnis. Gleichzeitig schaffen sie es aber, präsent im Hier und Jetzt zu sein.

Marcel Hirscher, den österreichischen Ausnahmekönner beim Skifahren, habe ich am Anfang des Buches schon einmal erwähnt. In der Saison 2017/2018 war bei ihm dieses Zusammenspiel von Zielfokus und Prozessorientierung mehr als deutlich zu beobachten. Nachdem er zuvor als erster Skifahrer überhaupt den Gesamtweltcup sechsmal hintereinander gewonnen hatte, gab er am Anfang der neuen Saison die Devise aus: „Heuer konzentriere ich mich nur auf das Skifahren." Zuerst vor allem deshalb, da er sich im Sommertraining einen Knöchelbruch zuzog, dadurch einen großen Trainingsrückstand auf seine Konkurrenten hatte und es nicht klar war, wie schnell er wieder zu alter Stärke zurückfinden würde. Bei jedem Interview meinte er sinngemäß, er versuche in dieser Saison einfach nur jeden Schwung derart gut zu fahren, dass es gar nicht anders sein kann, als schnell zu sein. Ergebnisse oder Erfolge seien zweitrangig. Sie würden seiner Meinung nach dann ganz von selbst erfolgen. Und genau das ist eingetreten. Er gewann in der Saison mehr Rennen hintereinander als es ihm in allen Saisonen davor gelang. Bei der Olympiade in Korea wurde er zweifacher Olympiasieger und zudem gewann er den Gesamtweltcup zum siebten Mal in Folge. Und das Bemerkenswerte war, er wirkte trotz all der Strapazen und Mühen bei weitem nicht so ausgelaugt und angespannt wie in den Jahren davor, wo es klar war, das Ziel, Gesamtweltcupsieger zu werden, ist wichtiger als alles andere.

Ich weiß nicht, wie Sie das Thema Balance zwischen Zielen und dem Prozess zur Erreichung der Ziele in Ihrem Umfeld erleben, oder wie Sie selbst damit umgehen. Die Teamleiterin des vorhin beschriebenen IT-Teams hat mich diesbezüglich schwer beeindruckt. Ihr gesamtes Auftreten, was sie sagte, welche Beispiele sie einbrachte, bei welchen Themen sie sich äußerte, wozu sie Stellung bezog, alles zielte immer darauf ab, beide Aspekte ins Spiel zu bringen. So vermittelte sie ganz klar und deutlich: Es geht einerseits um das Erreichen von Zielen und um das Erbringen von Leistung. Ihr Anspruch dabei war klar. „Ich möchte, dass wir als Team ein Vorreiter sind und auch so wahrgenommen werden. In allem, was wir tun!", das war im Zusammenhang mit dem Zielfokus ihr Mantra.

Gleichzeitig unterstrich sie bei fast jeder Äußerung, wie wichtig ihr die Art und Weise des Arbeitens, die Atmosphäre im Team, das offene und direkte Zusammenspiel zwischen den Teammitgliedern und die unkomplizierte Kommunikation mit ihr sind. Sprich: Sie sah den Prozess, der wichtig ist, um die Ziele zu erreichen, zumindest gleichwertig wie die Ziele selbst. Schon alleine das Zustandekommen des Teamworkshops dokumentierte diese Haltung. Sie kam von einem anderen Unternehmen. Schon nach den ersten Monaten im neuen Unternehmen brachte sie ihr Anliegen vor, einen Workshop zu organisieren. Der wurde zuerst von ihrem Vorgesetzten abgelehnt. Als sie nach einigen weiteren Gesprächen doch eine Zusage für einen eintägigen Workshop bekam, gab sie sich nicht zufrieden. Ihr Bestreben war es, sich mit ihrem Team für drei Tage aus dem Unternehmen herauszunehmen. Sie wusste, das Team würde Zeit benötigen. Zeit, um sich gemeinsam auf Ziele einzuschwören und

Zeit, um sich gemeinsam klar zu machen, wie sie als Team agieren wollen. Letztendlich setzte sie sich durch und der Workshop selbst und die Wirkung danach gaben ihr Recht.

Wenn Sie sich vergegenwärtigen, was es mit der Präsenz auf sich hat, dann ist der Fokus auf den Prozess nur logisch. Ziele sind in der Zukunft. Sie sind wichtig. Sie geben Ihnen Orientierung. Wenn sie anspruchsvoll sind, so fordern die Ziele Sie immer wieder heraus, sich weiterzuentwickeln. Das ist gut so. Aber sie sind in der Zukunft. Auf die Ziele haben Sie keinen direkten Einfluss. Einfluss haben Sie nur auf die Gegenwart. Was Sie jetzt tun oder unterlassen und wie Sie jetzt agieren, mit welcher Qualität, mit welcher Aufmerksamkeit und mit welcher Haltung, darauf haben Sie direkten Einfluss. Und das ist es, das Sie wiederum näher an Ihre Ziele heranbringt.

Das ist es, was Marcel Hirscher meisterhaft vorlebt, wenn er sich vollkommen auf den gegenwärtigen Schwung konzentriert. Das ist es auch, wenn die Teamleiterin des IT-Teams, sich für Teamwork, Kommunikation und Vertrauen einsetzt. Und das ist es, das ich Ihnen rate: Haben Sie begeisternde Ziele, bringen Sie Ihre Aufmerksamkeit aber immer wieder auf den gegenwärtigen Moment. Denn das ist der einzige Moment, in dem Sie wirklich etwas für Ihre Ziele tun können.

Präsenz: offen und interessiert sein

Für eine weitere Facette der Präsenz im gegenwärtigen Moment können Ihnen Kinder oder Jugendliche ein gutes Vorbild sein. Im Englischen wird diese Facette als „observe with fresh eyes" bezeichnet. Bei meiner Ausbildung zum Trainer für Mindfulness durchlief ich ein intensives Trainingsprogramm, bei dem es unter anderem darum ging, immer wieder im gegenwärtigen Moment voll und ganz da zu sein. Eine Aussage meiner Trainer blieb mir dabei sehr eingehend in Erinnerung. Immer und immer wieder wiederholten sie diese: „Schaue mit frischen und neuen Augen". Damit meinten sie, dass ich mich von vorgefassten Meinungen, Bildern und Vorstellungen nicht blenden lassen solle. Sie regten mich und meine Kolleginnen und Kollegen dazu an, die Welt immer wieder so zu sehen, als hätten wir die Dinge vorher noch nie gesehen. Offen, interessiert und neugierig. Eben fast so wie Kinder und Jugendliche, die Neues erkunden und entdecken.

Wichtig beim Beobachten mit „frischen" Augen ist, dass Sie die Dinge nicht verklären. Es geht einzig und allein darum, zu erkennen, was im gegenwärtigen Moment gerade vor sich geht und was daran zu beobachten ist. Nicht was Sie denken, sondern was Sie beobachten, zählt. Das ist eine Qualität, die Ihnen im Geschäftsalltag viele Vorteile bringen kann. Bei wichtigen Entscheidungen, bei heiklen Gesprächen, in Konfliktsituationen, bei unklaren Aufgaben und vor allem in neuem und gefährlichem Terrain.

Eine Filialleiterin eines österreichischen Lebensmittelkonzerns, die ich im Rahmen einer Ausbildungsreihe kennenlernte, war eine Meisterin auf diesem Gebiet. Als wir uns in einem Trainingsworkshop mit dieser Thematik beschäftigten, meinte sie, sie hätte dazu eine interessante Erfahrung gemacht. Ich ermunterte Sie, diese einzubringen und sie zu erzählen. Eines Tages bekam sie einen Anruf ihres Vorgesetzten, der ihr mitteilte, dass er ihr in der kommenden Woche eine neue Mitarbeiterin zuteilen würde. Er bat sie, diese Mitarbeiterin zu beobachten, denn es wäre die letzte Chance, die der Konzern dieser gewährte. Zuvor war diese Mitarbeiterin von einer Filiale in Wien zur nächsten gereicht worden. Sämtliche Filialleiterinnen und Filialleiter waren mit dieser Kollegin mehr als unzufrieden. Sie kam des Öfteren zu spät zur Arbeit, erledigte die ihr aufgetragenen Arbeiten nicht zufriedenstellend und die anderen Kolleginnen und Kollegen wollten mit ihr nicht zusammenarbeiten. Sie wurde als faul, schlampig und unzuverlässig abgestempelt. Als die besagte Kollegin nun zu unserer Filialleiterin kam, sprachen sie zuerst einmal miteinander. Danach bat die Filialleiterin sie, in der Feinkostabteilung mitzuwirken. Die Mitarbeiterin war scheinbar völlig überrascht, denn in den Filialen davor wurde sie lediglich fürs Reinigen, zum Ein- und Ausräumen von Regalen und ähnlichen Hilfstätigkeiten eingesetzt. Nachdem die neue Kollegin einige Tage lang eingearbeitet wurde, übernahm sie kleinere Verantwortungen und entwickelte sich mit der Zeit zu einer guten Mitarbeiterin dieser Filiale.

Auf meine Frage, warum sie die als faul und schlampig abgestempelte Kollegin in die für die Filiale wichtige Feinkostabteilung gegeben hatte, antwortete die Filialleiterin: „Bei dem ersten Gespräch versuchte ich, alle Vorverurteilungen und alles, was ich über die Kollegin berichtet bekam, einfach außen vor zu lassen. So als hätte ich das noch nie gehört. Und im Gespräch bekam ich den Eindruck, die Kollegin könnte doch viel mehr, als ihr bisher zugetraut wurde." Deshalb hat sie es versucht, und es ist für beide Seiten sehr gut verlaufen. Das alles, weil es die Filialleiterin schaffte, das Gespräch mit der neuen Kollegin offen und unvoreingenommen zu führen. Ganz im Sinne des „observe with fresh eyes". Sie haben ja sicherlich ebenfalls die eine oder andere Person in Ihrem Umfeld, die schon einen gewissen „Stempel" mit sich trägt. Nehmen Sie sich doch vor, mit einer dieser Personen möglichst bald in Kontakt zu kommen. Bleiben Sie dabei so offen und unvoreingenommen wie nur irgendwie möglich. Und beobachten Sie, was sich daraus entwickelt. Seien Sie nicht überrascht, sollten Sie dabei von Ihrem Gegenüber positiv überrascht werden.

Präsenz: It is, as it is!

Bis hierher konnte ich Ihnen verdeutlichen, warum Präsenz das Gebot der Stunde ist, dass dabei der Prozess zum Erreichen der Ziele fast wichtiger ist wie die Ziele selbst. Anhand des Beispiels mit der Filialleiterin lernten Sie, was es bedeutet, die Welt „mit frischen Augen wahrzunehmen". Bei einer weiteren, aber überaus wichtigen Facette geht es um den Faktor Akzeptanz. Was ich mit damit meine, hat mich in frühen Jahren einer meiner Kollegen beim Rafting in Maine, USA, gelehrt. Zu dieser Zeit hatte ich es aber noch nicht so richtig verstanden. Zuerst kam es mir fast ein bisschen verrückt vor. Dann wieder etwas lebensfremd. Erst viel später wurde mir bewusst, dass mir Mike eigentlich eine sehr wertvolle Botschaft für mein Leben mitgeben wollte.

Mike Malloy hätte bei den Filmen Hair oder Jesus Christ Superstar mitspielen können. Er war klein, zierlich und extrem schlank. Sein Markenzeichen waren seine sehr langen blonden Haare und sein ebenso heller langer Bart. Er wirkte so, als wäre er aus den späten 60er-Jahren des vorigen Jahrhunderts übrig geblieben. Mike liebte es, Menschen zu irritieren. So kam es zum Beispiel wiederholt vor, dass er sich am Morgen nach einem Barbecue die angefallenen Hühnerknochen in seine Haare wickelte und in dieser Aufmachung eine ernste Sicherheitsanweisung an unsere Kunden für die anstehende Tagestour an einem der Flüsse ausgab. Je stärker er überraschen und irritieren konnte, desto mehr Freude hatte er an seinen Spielchen. Viele, die ihn nicht kannten, hatten zuerst den Eindruck, Mike hätte den Verstand verloren. Das war aber keineswegs der Fall. Er war sehr klug und intelligent. Zudem war er ein exzellenter Raftguide. Und er war ein begeisternder Geschichtenerzähler.

Mike hatte eine Eigenart, deren Kern ich zu dieser Zeit noch nicht wirklich erfassen konnte. Wir verstanden uns sehr gut. Die oft nächtelangen Gespräche über die Faszination des Wildwasserfahrens verband uns. Mike nahm sich meiner in der ersten Saison in Maine als eine Art Mentor an. Ich dachte zuerst nur der Sprache wegen. Aber im Nachhinein wurde mir bewusst, er wollte mir wichtige Lebensweisheiten vermitteln. Eine war der Aspekt des Akzeptierens von unabänderlichen Gegebenheiten. Sagte ich zu ihm zum Beispiel, oh, heute regnet es und der Wind weht ziemlich stark, so wiederholte er ohne jede Gefühlsregung: „Oh, heute regnet es und der Wind weht ziemlich stark." Sagte ich an einem anderen Tag, huch, heute ist es heiß und die Sonne heizt uns so richtig ein, so wiederholte er diesen Satz ebenso Wort für Wort. Fast wie ein sprechender Papagei. So, als wäre es etwas ganz Normales, einfach das vorher Gesagte zu wiederholen. Am Anfang nahm ich diese Eigenart von ihm als eine Art Spleen wahr. War er doch in einem gewissen Sinne nicht ganz normal.

Nach einer Weile aber fragte ich ihn, ob ihm bewusst wäre, dass er bei Feststellungen von mir diese einfach immer nur Wort für Wort wiederholte. „Hey Herb, was denkst du?", entgegnete er mir mit einem leichten Schmunzeln. „Wenn du sagst, es regnet und der Wind bläst so stark, da willst du ja nur jammern, wie schlimm doch alles ist", fuhr er dann fort. Weiter meinte er, er wolle mir mit dem gefühlslosen Wiederholen meiner Sätze andeuten, dass die Dinge so sind, wie sie eben im Moment sind. „It is, as it is!", war sein Credo diesbezüglich. Mal ist es kalt und windig. Mal wieder brennend heiß. Mal sind die Gegebenheiten angenehm, mal sind sie unangenehm. Aber zuallererst sind sie einmal so, wie sie eben im Moment sind. Das war Mikes Botschaft.

Und das ist es, worum es bei dem Faktor Akzeptanz geht. Akzeptanz ist in Verbindung mit Herausforderungen und Veränderungen ein heikles Wort. Es könnte leicht dahingehend verstanden werden, zu allem Ja und Amen zu sagen und sich alles gefallen zu lassen, fatalistisch zu werden und sich ständig nach dem Wind zu drehen. Im Grunde wie ein Fähnchen im Wind ohne Rückgrat zu sein. Doch in Wahrheit ist das genaue Gegenteil der Fall. Die Art von Akzeptanz, die ich Ihnen hier näher bringe, hat nichts damit zu tun, sich resignativ abzufinden und alles erdulden und ertragen zu müssen. Es ist vielmehr ein Akt der inneren Freiheit. Durch Akzeptanz gelingt es Ihnen, den Widerstand gegenüber momentan unveränderbaren Gegebenheiten aufzugeben. Dadurch werden Kraft und Energie frei. Diese können Sie verwenden, Wege zu finden, wie Sie mit der jeweiligen Situation konstruktiv umgehen. Die Folge davon ist: Sie werden zur souveränen Gestalterin oder zum souveränen Gestalter, auch von unangenehmen Situationen. Das konnte ich unter anderem in der Zusammenarbeit mit einem weiteren faszinierenden Spitzensportler hautnah erfahren.

Ich hatte im vergangenen Jahr die Möglichkeit, mit einem Athleten aus dem österreichischen Biathlonteam einige Male intensiv zu arbeiten. Er kam auf mich zu, da er sich auf seine Schießleistungen in Drucksituationen leider nicht immer verlassen konnte. Im Training und bei internen Wettkämpfen war er einer der besten Schützen, aber im Weltcup war seine Performance beim Schießen alles andere als konstant. Natürlich hatte er schon viel getan, um dieses Problem in den Griff zu bekommen. Unter anderem arbeitete er vor mir mit einem Sportpsychologen zusammen. Dieser riet ihm lange Zeit, er möge den Erwartungsdruck, die Versagensängste und den Frust, der bei Schießfehlern aufkam, einfach ausblenden. Das Ergebnis war, so erzählte mir der Athlet, völlig kontraproduktiv. Je mehr er versuchte, die Dinge, die er nicht haben wollte, wegzudrängen, desto stärker wurden sie.

Im Zuge unserer gemeinsamen mentalen Arbeit schlugen wir die völlig andere Richtung ein. Ich arbeitete mit ihm an zwei Stellhebeln: Präsenz und Akzeptanz. Der Fokus unserer Arbeit war, präsent im Tun zu sein und bei auftauchenden Erwartungen, Sorgen, Befürchtungen oder kleinmachenden inneren Dialogen annehmend zu bleiben. Diese Dinge durften sein. Waren sie doch sowieso da. Mit der Zeit schaffte er es, sie einfach sein zu lassen und seine Aufmerksamkeit blitzschnell wieder zum eigentlichen Tun hinzulenken. Dadurch merkte er, dass es ihm trotz Druck, trotz Ängsten und trotz Frust gelang, ruhig zu bleiben, sich zu konzentrieren und stabiler zu schießen. Spannend war, wie er nach einiger Zeit feststellte, dass die früher zum Teil sehr belastenden Emotionen insgesamt weniger stark und bei weitem nicht mehr so überwältigend waren. Natürlich war es toll, dass sich dieser Akzeptanz-Ansatz bei ihm auch in den Schießergebnissen im Weltcupgeschehen sehr positiv auswirkte.

Wenn Sie hin und wieder einmal Ihr Denken beobachten, so werden Sie sehr schnell merken, wie Sie sämtliche Erfahrungen bewerten. Es gibt sicher Dinge, die Sie ohne Wenn und Aber als gut empfinden. Sicher gibt es auch einiges, das Sie sofort als schlecht oder negativ abstempeln. Beides ist okay und beides ist normal. Wichtig ist aber, dass Sie sich im Klaren sind, was auf diese Bewertungen automatisch folgt. Bei den positiven Erfahrungen tendiert unser Geist dazu, immer mehr haben zu wollen. Das macht unfrei.

Bei den negativen oder unangenehmen Erfahrungen drängt unser Geist uns dazu, die Dinge wegzuschieben oder dagegen anzukämpfen. Das kostet Kraft und Nerven.

Hier läuft ein von der Evolution unserer Spezies angelegtes Überlebensprogramm ab. War für unsere Vorfahren etwas förderlich für das Überleben, so wurde es mit gut und „Haben-Wollen" beurteilt. War etwas gefährlich, dann eben mit schlecht und „weg damit". Leider birgt dieses Programm jetzt einen großen Nachteil für uns, wo es vielfach um Innovationen, Neuerungen und Veränderungen geht. Wir interpretieren, beurteilen und bewerten im Grunde alles, was wir an Erfahrungen machen. Diese werden blitzschnell und unbemerkt verglichen mit ehemaligen Erfahrungen, mit Maßstäben und Erwartungen. Die Welt wird durch eine Art Filter gesehen, der danach unterscheidet, ob etwas gut oder schlecht für uns ist, oder ob es mit unseren Glaubenssätzen und Überzeugungen übereinstimmt. Dadurch werden neue Ideen und Ansätze vorschnell abgeblockt und im Keim erstickt, nur weil sie nicht in das gewohnte Denkschema passen.

Ist Ihnen das schon einmal an Ihnen oder auch an Kolleginnen oder Kollegen aufgefallen? Mir ist wichtig, dass Sie deshalb nicht an sich zweifeln. Dieses von der Evolution angelegte Programm ist derart tief verwurzelt, dass es in vielen Situationen einfach unbewusst und unbemerkt abläuft. Gerade deshalb ist die weiter oben beschriebene Präsenz so wichtig. Je präsenter Sie sind, desto schneller und leichter wird es Ihnen fallen, diese inneren Denkprozesse zu bemerken. Und das bedeutet, Sie sind immer weniger diesen zum Teil irreführenden Impulsen ausgeliefert. Sie rutschen bildhaft gesprochen wieder in den Fahrersitz und sind aktiv und nicht nur reaktiv. Das ist es, was Sie über die Beschäftigung mit der ersten Disziplin „NOW – präsent und offen sein!" erlangen.

In der Folge eines nun schon länger dauernden Beratungsauftrags bei einem bekannten deutschen Weltkonzern konnte ich die positive Wirkung des Annehmens von im Moment unabänderlichen Gegebenheiten ebenfalls sehr gut beobachten. Das Unternehmen ist in der Vergangenheit sehr schnell gewachsen. Das Wachstum beruhte zu einem großen Teil auf Zukäufen von kleineren Unternehmen mit gleichen oder ähnlichen Produkten. Im Grunde wurden lange Zeit nur die Logos ausgetauscht und einige Finanzprozesse angeglichen, aber wirkliche Integrationsprozesse liefen keine. Es gab unzählige kleine bis mittelgroße Produktionsstätten auf der ganzen Welt verteilt. Das führte zu einer Unmenge an Produktvarianten. Jede größere

Einheit hatte ihre eigenen Prozesse und Abläufe. Eine Ausprägung davon war zum Beispiel, dass es zusätzlich zur weltweiten Unternehmenswebsite mehr als 100 lokale und regionale Websites gab.

Vor ein paar Jahren wurde ein neuer Vorstand eingesetzt. Dieser ging sehr schnell daran, einige wichtige Prozesse zu vereinheitlichen. Natürlich gab es am Anfang den ganz normalen Widerstand vieler Manager. Der Vorstand blieb aber konsequent und verfolgte den Umbau zügig weiter. Es war für alle klar, es gibt kein Zurück mehr. Tim, der Leiter einer der fünf Kernregionen, war schon längere Zeit in dem Unternehmen als leitender Manager tätig. Tim war mit seinen Teams in der Vergangenheit immer sehr erfolgreich. Diesen Erfolg hat er in diversen Meetings und Präsentationen wiederholt auf die kleinen und lokalen Einheiten zurückgeführt. Jede Vereinheitlichung und Anpassung wirkte für ihn wie ein rotes Tuch. Das zeigte er auch gegenüber dem neuen Vorstand ganz deutlich. Dieses Gerangel dauerte eine Weile. Aber nach einigen Monaten war bei Tim eine Veränderung zu bemerken. Er wurde weniger ruppig und unterstützte auf einmal Initiativen, die allesamt daraufhin abzielten, manche eingefahrenen lokalen und regionalen Strukturen aufzulösen.

Zu dieser Zeit hatte ich am Rande eines Meetings die Gelegenheit, mit Tim kurz unter vier Augen zu sprechen. Dabei fragte ich ihn, was mit ihm los sei und ob er nun klein beigegeben hätte. Er verneinte das. Er hätte einfach nur gesehen, dass der neue Vorstand sich nicht von dem neuen Weg abbringen ließ. Und da sah er drei Möglichkeiten. Die eine wäre gewesen, sich dagegen vehement zu wehren und alles zu blockieren. Das wollte er nicht. Denn dabei hätte nicht nur er selbst verloren, sondern die ganze regionale Organisation. Die zweite Option, die Tim sah, war für ihn ebenso keine wirkliche Option. Kündigen wollte er auf keinen Fall. Dazu war er viel zu stark mit dem Unternehmen, den Produkten und mit den Menschen verbunden. Deshalb sah er nur eine wirklich gangbare Option, die er so auf den Punkt brachte: „Die Situation ist, wie sie ist. Ich kann sie nicht ändern. Deshalb habe ich mich entschieden, sie anzunehmen und das Beste daraus zu machen."

Es dauerte nicht lange, und Tim und seine regionale Einheit waren bei allen Vergleichszahlen wieder die Besten. Vor kurzem war ich im deutschen Headquarter tätig, da lief er mir über den Weg. Er lud mich zu einem Kaffee ein und erzählte mir, dass er soeben befördert wurde und als Nachfolger für den Vorstand aufgebaut wird.

Ich hoffe, die beiden Beispiele mit dem Biathleten und mit Tim zeigen Ihnen, dass ein wirkliches Akzeptieren von Situationen wiederum ein weiterer Schritt hin zu innerer Stärke und Souveränität ist. Mit dieser ersten Disziplin der WILDWASSER-STRATEGIE werden Sie immer präsenter und offener, und so werden Sie sicher auch vermehrt Situationen und Gegebenheiten wahrnehmen, die Ihnen nicht gefallen, oder die unangenehm oder unbequem sind. Wenn die Situationen nicht veränderbar bar sind, so rate ich Ihnen: Arbeiten Sie daran, diese aus einer Position der Stärke heraus anzunehmen. Alles andere raubt Ihnen Ihre kostbare Energie und führt unweigerlich nur zu noch mehr Frust.

Der erste Schritt zur Akzeptanz ist, zuerst überhaupt einmal zuzulassen, dass Sie vielleicht frustriert sind, Sorgen haben oder die Dinge anders haben wollen. Wichtig ist nur, in diesem Zustand nicht hängen zu bleiben. Und das ist ein Lernprozess. Der geht manchmal schneller und manchmal langsamer. Ich sehe das bei meinen Stress-Reduktions-Kursen. Manche der teilnehmenden Menschen haben wirklich herausfordernde Lebensumstände zu bewältigen. Jemanden mit einer lebensbedrohlichen Krankheit zu sagen, mache es wie Tim der Manager und nehme die Situation einfach an, wäre unverantwortlich und grausam. Aber jemandem in einer derartigen Lage dazu zu verhelfen, mit den eigenen Sorgen, Ängste und Befürchtungen in Beziehung zu treten und diese vorerst einmal nicht-kämpfend sein zu lassen, wie sie eben sind, das ist ein erster guter Schritt am Weg.

In dieser Disziplin „NOW – präsent und offen sein!" habe ich Ihnen bis hierher gezeigt, worauf Sie beim mentalen Autopiloten aufpassen müssen und wie wichtig das Thema Präsenz ist. Zuletzt konnten Sie sich ein Bild davon machen, was es bedeutet, annehmend und akzeptierend zu sein und was es Ihnen bringt, wenn Sie diese Haltung entwickeln. Eines bin ich Ihnen aber noch schuldig zu erklären. Nämlich: Wie Sie es eigentlich schaffen, immer wieder in die wichtige und hilfreiche Haltung des Präsent-Seins zu kommen. Dem komme ich hiermit nach.

STOP! Das mentale Werkzeug für Präsenz, Offenheit und Interesse

Sie erinnern sich sicherlich noch an die Story zu Beginn dieser Disziplin. Dabei erzählte ich Ihnen über das Erlebnis mit unseren Kajakschülern am Defereggenbach in Osttirol. Aus Unachtsamkeit hätten wir unsere Schüler fast ins Verderben geführt. Sie werden sich auch noch daran erinnern, was uns dabei letztendlich half, dass die Sache glimpflich und ohne schwere Verletzungen ausging. Ja, es waren die kleinen STOPs beim Befahren des Flusses oberhalb der Wasserfälle und es war vor allem das laute und heftige STOP meines Kajakpartners, das er uns aus dem allerletzten Kehrwasser vor dem ersten Wasserfall zuschrie. Dieses STOP! brachte uns damals endlich zur Vernunft. Und das ist es auch, das Ihnen hilft, immer wieder in den gegenwärtigen Moment zu kommen und präsent zu sein. Es sind die STOP!s, mit denen Sie es schaffen, durch die vielen Aufgaben und Anforderungen und durch die Hektik und das Getriebensein nicht im bildlichen Sinne die Wasserfälle hinabgespült zu werden.

Ein STOP! ist sicher nicht immer und in jeder Situation angebracht. Eigentlich unterbricht es einen durch die Evolution entwickelten Mechanismus in unserem Gehirn. Dieser war und ist heute noch in vielen Lebenssituationen absolut überlebenswichtig. Wenn bei unseren Vorfahren in der Savanne, der Steppe oder im Dschungel ein ungewohntes Geräusch hinter einem Busch zu vernehmen war, so mussten sie blitzschnell agieren. Dieses Programm ist fest in unserem Stammhirn abgespeichert und lässt uns heute noch reagieren. Leider auch in Situationen, in denen es mitunter unangebracht ist. Wenn es zum Beispiel darum geht, dass ein Teamkollege bei einem wichtigen Meeting einen komisch klingenden und außerhalb des Gewohnten liegenden Lösungsvorschlag in die Runde einbringt, so ist es von Vorteil, dem ersten Impuls, den Vorschlag als zu kompliziert, zu kostenintensiv oder zu naiv abzuwerten, zu widerstehen. Es ist sogar sehr sinnvoll, in Situationen wie diesen ein gedankliches STOP! einzulegen. Im Zuge eines Workshops mit dem Team des oberen Managements eines deutschen Technikunternehmens kam es zu einer derartigen Schlüsselszene.

Während eines strukturierten Brainstormings ging es darum, Ideen zu generieren, wie und wo Kosten eingespart werden können und wo das Unternehmen noch effizienter werden kann. Einer der Manager brachte eine

Idee ein, die beim anschließenden Evaluieren von den übrigen Kollegen als völlig unpassend und nicht zielführend abgetan wurde. Der Ideenbringer war aber hartnäckig und gab nicht klein bei. Bei seiner Idee ging es darum, im hauseigenen Intranet Chaträume einzurichten, in denen sich die Mitarbeiter frei und ohne jegliche Beschränkungen unterhalten können. Seine Kollegen meinten zuerst, die Idee hätte überhaupt nichts mit dem Thema Kosten zu tun, die Mitarbeiter würden dadurch vom eigentlichen Arbeiten abgelenkt und sie würden sich sowieso nur über Freizeitaktivitäten unterhalten. Zusätzlich signalisierten ihm seine Kollegen, sie würden gerne zu einem der nächsten Vorschläge übergehen.

Der Manager mit der Idee der Chaträume blieb aber hartnäckig. Er bat seine Kollegen, noch kurz innezuhalten und ihm noch ein paar Minuten zuzuhören. Dann erzählte er ihnen, wie er bei einer Weiterbildungsveranstaltung einen Geschäftsführer eines Luftfahrtunternehmens kennengelernt hatte und dass dieser ihm von einer derartigen Idee in dessen Unternehmensbereich erzählte. Dieser Geschäftsführer hatte ihm erzählt, wie ein Chat von Kollegen aus unterschiedlichsten Teilbereichen des Luftfahrtunternehmens dazu führte, dass in einem Jahr Treibstoff in Millionenhöhe eingespart werden konnte. Er unterstrich dazu auch, dass der Manager des Luftfahrtunternehmens ihm sagte, diese Summe hätten sie über das normale Vorgehen nicht erzielt.

Nun wurden die anderen Kollegen hellhörig. Schließlich vereinbarten sie, die Idee weiter zu verfolgen. Kurze Zeit später starteten sie einen für ein halbes Jahr anberaumten Testlauf. An dessen Ende fanden sie heraus, dass sie von ihren Mitarbeitern viel mehr Ideen für Kosteneinsparungen und weitere Verbesserungen bekamen, als sie es sich je gedacht hätten. Wäre der Ideenbringer in diesem Fall nicht derart hartnäckig gewesen und hätte seine Kollegen nicht zu einem kurzen STOP! gezwungen, wäre diese Möglichkeit nie in dieser Form realisiert worden.

Ich bin mir sicher, Sie haben ebenso Beispiele parat, wo aus einer anfänglich unrealistisch klingenden Idee etwas Tolles entstand. Damit das aber erst möglich wird, ist es wichtig, ein klares STOP! einzubauen. Lassen Sie uns gemeinsam noch etwas genauer hinschauen, wie dieses von der Evolution angelegte Programm aussieht und was ein STOP! bewirken kann.

Häufig läuft es folgendermaßen ab: Auf einen REIZ folgt automatisch und meist von uns unbemerkt eine REAKTION. Mitunter wachen wir später in Situationen auf und fragen uns, wie wir dorthin gelangt sind. Irgendein

Schlüsselreiz war der Auslöser für eine reflexartige Reaktion. Ob diese im Moment angebracht, ob sie für uns und für die Situation förderlich war, oder ob sie uns zum wiederholten Male etwas tun ließ, das wir besser nicht getan hätten, bemerken wir meist erst später. Ärger, Frust und Zoff sind dann häufig die Folge. Den Ablauf sehen Sie hier in dieser Grafik.

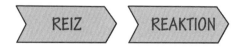

Es geht souveräner

Wenn Sie bemerken, ein REIZ drängt Sie, unmittelbar zu reagieren, dann ist es ratsam, innerlich „laut" und deutlich STOP! zu sagen und dieses auch einzulegen. Sie gewinnen dadurch eine Art inneren Freiraum, der Ihnen in weiterer Folge dazu verhilft, nicht bloß automatisiert zu reagieren. Ganz im Gegenteil. Sie haben dann die Möglichkeit, eine bewusst gewählte AKTION folgen zu lassen.

Wenn Sie sich dieses mentale Werkzeug aneignen und es zu einer Gewohnheit machen, so werden Sie in schwierigen Momenten ruhig, klar und souverän bleiben. Das erspart Ihnen und allen Beteiligten Nerven, es spart letztendlich Kosten und Zeit und es zeigt anderen, wie stark und souverän Sie agieren können.

Sie werden zusätzlich bemerken, dass es Ihnen mit der Zeit gelingt, sich eine Art von innerem Freiraum zu schaffen. Dadurch gewinnen Sie eine souveräne Distanz zu emotional fordernden Dingen und es fällt Ihnen leichter, Alternativen zu überlegen. Schließlich werden Sie Entscheidungen treffen, die ganz gewiss überlegter, klarer und souveräner sind, als hätten Sie auf die Reize rein impulsiv reagiert.

Die nächste Skizze verdeutlicht das souveräne Vorgehen.

Eine simple Möglichkeit, dieses reaktive Programm, das STOP! und alles, was damit zusammenhängt, unmittelbar zu erleben und mit ihm zu „trainieren", ist die folgende.

Sie haben sicherlich so etwas wie einen Lieblings-Snack oder eine andere liebgewonnene Angewohnheit im Zusammenhang mit dem Essen oder Trinken. Ein kleines Stück Schokolade am Vormittag. Ein Cappucino in der Nachmittagspause oder irgendetwas in der Art. Verzichten Sie einfach einmal ein bis zwei Wochen auf dieses kleine Verwöhnritual und beobachten Sie, was sich dabei so alles abspielt. Es geht nicht darum, sich zu kasteien. Es geht nur darum, für eine kurze Zeit auf etwas Gewohntes zu verzichten. Und es geht darum, ganz direkt zu spüren, was ein Reiz – oh, ein kleines Stück Schokolade wäre jetzt gut – auslöst, vor allem dann, wenn Sie dem Reiz widerstehen und nicht wie gewohnt und reaktiv darauf reagieren.

So simpel dieses kleine Experiment ist, so interessant ist es. Es zeigt Ihnen sehr unmittelbar, wie fordernd diese oben beschriebene Systematik eigentlich ist. Es schreibt sich so leicht: Legen Sie ein STOP! zwischen Reiz und Reaktion ein. Und für Sie wird das wahrscheinlich auch ganz logisch und vernünftig klingen. Weit weg von einer Raketenwissenschaft. Dennoch bemerken Sie sicher auch, wie kribbelnd und nervig nur dieser einfache Verzicht auf ein kleines Stück Schokolade ist. Wie ist es dann erst, wenn Sie sich in wirklich schwierigen Situationen dazu bringen, ein STOP! einzulegen und nicht spontan und unüberlegt zu reagieren. Wenn Sie zum Beispiel wiederholt von Ihrem Chef kritisiert werden, oder wenn ein Kunde Sie anruft und Ihnen und dem Unternehmen unprofessionelles Versagen vorwirft. Oder wenn Ihnen, wie bei dem weiter oben erwähnten Beispiel mit der Filialleiterin eines Lebensmittelunternehmens, viele Kollegen im Umfeld mitteilen, die neue Mitarbeiterin sei schlampig, faul und unzuverlässig. Dann STOP! zu sagen und offen und interessiert zu bleiben ist zwar die Lösung, aber nicht immer ganz einfach.

Deshalb rate ich Ihnen, diese Fähigkeit immer und immer wieder zu trainieren. Denn dann wird es möglich, dass Sie auch in hektischen und schwierigen Momenten darauf zugreifen können. Dazu stelle ich Ihnen jetzt die Übung ATEMRAUM vor. Sie werden sehen: Wenn Sie sich mithilfe dieser Übung das regelmäßige kurze Innehalten und Beobachten angewöhnen, wird es Ihnen immer öfters gelingen, präsent, offen und interessiert im gegenwärtigen Moment zu sein. Dadurch stärken Sie einen wichtigen mentalen Muskel, der Ihnen hilft, in heiklen Situationen den Überblick zu bewahren und souverän und stark zu sein.

ATEMRAUM – Die Übung, um *„NOW – präsent und offen sein!"* zu trainieren

Diese wirkungsvolle Übung ist ein wahrer Schatz. Wenn Sie sich diese Übung aneignen und zu einem kleinen persönlichen Ritual werden lassen, so hilft sie Ihnen,

- Ihren eigenen Autopilot-Modus zu unterbrechen,
- immer wieder einmal kurze STOPs einzulegen und dabei aufzutanken,
- akzeptierender und offener für Veränderungen und für Neues zu sein,
- zu erkennen, welche typischen Situationen Sie fordern,
- „die Welt" immer öfters neu wahrzunehmen,
- auch unter Druck souverän und gelassen zu bleiben,
- trotz Stress und Hektik das Wesentliche im Blick zu behalten.

Diese Übung kannte ich in dieser Form während meiner Zeit des intensiven Wildwasserfahrens noch nicht. Dennoch war der Atem für mich immer so etwas wie ein emotionaler Anker. Entweder, um mir in spannenden Situationen Stabilität zu verschaffen, oder um Anspannung und Verkrampfung loszulassen.

Der Vorteil am Atem ist: Sie haben ihn ständig dabei. Sie müssen nirgends anders hingehen oder irgendetwas anderes tun. Sie können immer und überall Kontakt zu Ihrem Atem aufnehmen, ohne dass irgendwer um Sie herum es bemerkt. Sobald Sie darin geübt sind, sich mit Ihrem Atem zu verbinden, haben Sie so etwas wie einen Anker für emotional fordernde Situationen in Ihrem Repertoire. Anspannungen, Hektik, aber auch Entspannung und Gelöstheit drücken sich durch unseren Atem aus. Deshalb bietet Ihnen der Atem eine gute Möglichkeit, sich Ihre innere „Wettersituation" zu verdeutlichen und mit ihr zu arbeiten.

Der Zeitaufwand für die Übung ist gering. Manchmal genügen ein paar wenige Atemzüge. Wenn Sie mehr Zeit haben, können Sie die Übung ATEMRAUM richtiggehend als Zapfsäule zum Auftanken frischer Energien und Kräfte nutzen.

Sollte diese Übung oder die eine oder andere weitere, die Sie jeweils am Ende der folgenden Disziplinen finden, Unbehagen bei Ihnen auslösen, so ist das nicht außergewöhnlich. Ich empfehle Ihnen gerade deshalb zu üben. Es ist eine Sache, die Themen intellektuell zu erfassen. Es ist aber eine ganz andere und viel wertvollere Sache, die Themen auszuprobieren und damit die eigenen mentalen Muskeln zu schärfen. Im Grunde ist es wie beim Joggen. Sie können noch so viele Bücher über das Laufen lesen. Wenn Sie mit dem Laufen nicht beginnen, werden Sie nie wissen, ob es etwas ist für Sie oder nicht. Und für Ihr Herz-Kreislauf-System bringt nur das tatsächliche Joggen etwas und nicht das Lesen über das Laufen. Selbiges gilt für Ihren geistigen Muskel. Die Übungen aus dem Mindfulness-Training wurden speziell dafür entwickelt, unsere geistigen und mentalen Fähigkeiten zu trainieren. Sie mögen anfangs mitunter etwas ungewohnt sein, aber ich verspreche Ihnen, sie lohnen sich.

Und zur Erinnerung: Bei dieser Disziplin der WILDWASSER-STRATEGIE ging es darum, herauszufinden, wie Sie offen und interessiert bleiben können. Vor allem Neuem, Ungewohntem und zuerst einmal schräg Anmutendem gegenüber. Da sind diese Übung hier und diejenigen, die ich Ihnen bei den anderen Disziplinen anbiete, eine gute Möglichkeit, dieses unvoreingenommene Offensein und das engagierte Interesse gleich mal zu testen. Viel Spaß dabei. Die Übung und sämtliche anderen finden Sie als Audio-Files auf meiner Webseite www.herbertschreib.com unter der Rubrik Downloads. Fühlen Sie sich frei, diese files herunterzuladen und mit ihnen zu üben.

DER ATEMRAUM – die Übung

Die Übung ist überall durchführbar. Sie funktioniert im Sitzen, im Liegen und im Gehen. Sie müssen nicht alleine in einem Raum sein. Sie können die Übung im vollbesetzten ICE, am Flug zum nächsten Meeting, an Ihrem Schreibtisch, zu Hause in Ihrem Wohnzimmer oder wo immer Ihnen danach ist machen. Die ersten paar Mal rate ich Ihnen allerdings, die Übung in Ruhe und in einem Umfeld durchzuführen, wo Sie nicht abgelenkt oder gestört werden. Die Augen können geöffnet sein oder auch geschlossen werden. Nehmen Sie sich etwa drei Minuten Zeit für die Übung.

WICHTIG: Bei der Übung, wie auch bei allen folgenden, empfiehlt es sich, eine freundliche und milde innere Haltung an den Tag zu legen, vor allem sich selbst gegenüber.

Jetzt zur Übung selbst: Gönnen Sie sich eine kurze Zeit zum Innehalten. Atmen Sie ein paar Mal etwas aktiver und intensiver aus und ein. Lassen Sie nun den Atem einfach so, wie er ist. Bringen Sie Ihre Aufmerksamkeit zu Ihrem Atem. Versuchen Sie ganz einfach, sich einmal bewusst zu sein, dass Sie atmen. Etwas ganz Selbstverständliches. Etwas, über das wir normalerweise nicht nachdenken.

Nehmen Sie das Einatmen und das Ausatmen wahr. Sie brauchen nichts anderes tun, als zu beobachten. Verändern Sie den Atem nicht bewusst. Einfach beobachten, dass es da so etwas gibt, das als Atmen bezeichnet wird. Luft fließt hinein in Ihren Körper und fließt wieder hinaus.

Nehmen Sie den Vorgang so wahr, als wäre es das erste Mal, dass Sie das Atmen bewusst bemerken. Interessiert. Erkundend. Ist Ihr Atem im Moment lang oder kurz? Flach oder tief? Wieder nur beobachten. Lassen Sie die Tendenz, die wir alle haben, sofort zu bewerten oder zu interpretieren, einfach beiseite. Es ist egal, ob der Atem im Moment lang oder kurz ist. Wichtig ist, dass Sie wahrnehmen, wie er im Moment ist.

Es geht auch nicht darum, den Atem zu manipulieren. Es ist keine Prüfung. Bleiben Sie beim simplen Beobachten. Wo spüren Sie Ihren

Atem? Vielleicht an den Nasenflügeln, im Mundraum, im Brustkorb, in der Bauchgegend? Auch hier gibt es kein Richtig oder Falsch. Es geht nur darum, wo Sie Ihren Atem eben gerade jetzt spüren.

Wenn Sie bemerken, dass Ihre Aufmerksamkeit überall anders ist, nur nicht bei Ihrem Atem, so eskortieren Sie die Aufmerksamkeit sanft aber bestimmt wieder zur Beobachtung des Atmens zurück. Immer wieder. Geduldig und freundlich.

Richten Sie nun Ihre Aufmerksamkeit kurz auf Empfindungen im Körper. Ganz egal, ob sie angenehm oder unangenehm sind. Einfach einmal in den Körper hineinspüren. Können Sie etwas wahrnehmen? Vielleicht Wärme, Kühle, Anspannung, Gelöstheit, ... Was immer es ist, beobachten Sie es einfach nur.

Kommen Sie nun noch kurz zu Ihren Gedanken, Stimmungen und Emotionen. Was geht Ihnen gerade durch den Kopf? Wie ist Ihre innere Wetterlage? Bleiben Sie auch hier beim simplen Beobachten. So gut es geht. Beobachten Sie freundlich.

Kommen Sie zum Abschluss noch einmal kurz zum Beobachten des Ein- und Ausatmens. Ein paar Atemzüge lang beobachten Sie nur Ihren Atem. Lösen Sie sich dann von der Übung. Sie können noch ganz kurz etwas nachspüren. Anschließend können Sie einfach wieder zu dem übergehen, was immer als Nächstes ansteht.

Anfangs kann es sein, dass Ihnen diese Übung mitunter etwas sperrig erscheint. Wenn Sie aber einmal mit dem Ablauf vertraut sind, kann sie, wie vorhin schon gesagt, wirklich überall und fast zu jedem Zeitpunkt durchgeführt werden.

Wahrscheinlich fällt Ihnen mit der Zeit auf, dass Sie mit dem simplen Beobachten nicht immer ganz zufrieden sind. Wenn Sie schon etwas bemerken und das vielleicht auch noch störend oder unangenehm ist, dann möchten Sie es ja auch verändern. Das ist eine normale Reaktion. Es spricht auch gar nichts dagegen, den Nacken oder die Schultern etwas zu entspannen oder die Gesichtsmuskeln mit einem sanften Lächeln zu lockern.

Bei der Übung selbst geht es aber primär darum, unsere Fähigkeit des aufmerksamen Beobachtens zu schärfen. Und wenn Ungeduld oder der

Drang, etwas zu tun, aufkommen, so beobachten Sie eben die Ungeduld und den Drang, etwas zu tun. Das ist eine der Herausforderungen, von der ich vorhin geschrieben habe. Sie als Führungskraft sind es gewohnt, Dinge anzupacken und zu ändern. Hier geht es vorerst einmal um das Beobachten, Wahrnehmen und um das Aufmerksam-bei-der-Sache-Bleiben. Ganz egal, ob es angenehm oder unangenehm ist. Und ganz wichtig: Ohne Druck und ohne den Zwang, etwas 100 Prozent perfekt und richtig zu machen.

Es ist ratsam, die Übung ATEMRAUM vorerst ein paar Mal pro Tag für etwa drei bis vier Wochen durchzuführen. Wenn Sie merken, dass sie zu einer hilfreichen Gewohnheit geworden ist, können Sie die Übung ja als Ihr Ritual beibehalten.

2. FIND YOUR LINE – fokussiert bleiben!
Die zweite Disziplin

In den Lammeröfen: „Leute, jetzt brennt der Hut! Wir müssen die Schwimmer aufsammeln. So schnell wie möglich", das sage ich sehr bestimmt zu meinen Gästen im Raft. Und schon gebe ich die Kommandos, um unser Raft in Bewegung zu setzen. Den Gästen, die im Raft vor uns aus dem Boot gefallen sind, zu Hilfe zu kommen, ist jetzt die dringende Aufgabe.

Eigentlich hatte ich vor, die Passage, die wir unter uns Raftguides als die „Elefantenzähne" bezeichnen, so zu befahren, wie wir es in den Trainingsfahrten in der vergangenen Woche trainiert hatten. Das ist jetzt aber nicht möglich. Ich müsste zuerst links in ein großes Kehrwasser reinfahren, das Boot dann langsam mit der Strömung und einem leichten Winkel nach rechts, fast bis zum großen felsigen „Zahn" auf der linken Flussseite treiben lassen, um dann im allerletzten Augenblick mit ein paar kräftigen Paddelschlägen aller das Boot durch den engen Durchlass zwischen dem linken und dem rechten „Elefantenzahn" hindurchzuzwängen. Diese Variante hat sich bisher in allen Trainings als die sicherste Linie herausgestellt. Bei allen anderen Varianten ist durch die verzwickten Strömungsverhältnisse die Gefahr groß, dass das Schlauchboot durch die Strömung auf den linken großen „Elefantenzahn" hinaufgeschoben wird und dadurch kentert. Wenn das passiert, dann ist Gefahr in Verzug.

Genau das ist Ralf, meinem Kollegen, der das zweite Boot steuert, passiert. Das Boot ist Gott sei Dank nicht völlig umgekippt. Aber Ralf und drei seiner fünf Gäste wurden aus dem Boot katapultiert und befinden sich schwimmend in der Strömung unterhalb der technisch anspruchsvollen „Elefantenzähne". Die Lammeröfen, das ist eine ungefähr einen Kilometer lange und spektakuläre Schlucht an der Lammer. Diese mit Gästen im Schlauchboot zu befahren ist eine sehr sportliche Angelegenheit. Ab den „Elefantenzähnen" ist die Schlucht eng, die Strömung ist wuchtig und schnell, es gibt einige kräftige Walzen und kein Entrinnen mehr. Einmal in dieser langen Abschlusspassage drinnen bedeutet, bis zum Ende der Lammeröfen drinnen bleiben zu müssen. Es gibt keine Möglichkeit, irgendwo aus dem Wasser und aus der Schlucht zu kommen. Für mich und mein Team ist absolute Eile angesagt, denn diesen langen und turbulenten Wildwasserabschnitt schwimmen zu müssen, kann für Ungeübte lebensgefährlich sein.

Deshalb steuere ich jetzt unser Raft schnurstracks in Richtung des linken „Zahns". Es sieht so aus, als ob auch ich unser Boot zum Kentern bringen möchte. Ich gebe dem Team zu verstehen, dass es so passt, wie wir unterwegs sind und dass wir kurz vor dem „Zahn" das Boot nach rechts drehen werden und danach volle Paddelpower nach vorne benötigen, um den engen Durchlass mit hoher Geschwindigkeit durchzufahren. Lieber wäre ich die Sicherheitsvariante gefahren, aber ich bin mir sicher, mit diesem Team werde ich auch die riskantere Variante schaffen. Dennoch bin ich froh, als wir die Passage ohne größere Schwierigkeiten meistern.

Jetzt halte ich Ausschau nach dem anderen Team. Ralf ist schon am linken Ufer. Er hat keine Chance mehr, sein Raft zu erreichen. Er deutet mir, dass er am Ufer ein kleines Stück flussaufwärts laufen will, dort eine schmale und sehr steile Rinne zum Wanderweg hinaufklettern wird, der dort etwa 50 Meter oberhalb des Flusses durch die Schlucht führt. Und dann sehe ich noch, wie er mir mittels Gesten mitteilt, dass er vorhat, den Wanderweg zum Ausgang der Schlucht zu laufen. Okay.

Ich sehe die beiden Gäste, die im Raft verblieben sind. Sie haben keine Paddel mehr. Ich rufe ihnen zu, sie sollen sich in der Mitte des Bootes auf den Boden setzen, sich festhalten und sich treiben lassen. Es ist zwar nicht angenehm, wie ein Stück Treibholz dem Fluss ausgeliefert zu sein, aber sie sind so halbwegs in Sicherheit. Die Gefahr, dass das Boot bis zum Ende der Schlucht noch irgendwo hängen bleibt oder gar kentert, ist sehr gering.

Dann sehe ich zwei der drei Schwimmer unweit von unserem Boot. Die dritte schwimmende Person wurde abgetrieben und sie ist schon um ein gutes Stück weiter flussabwärts. Um diese Person bin ich besorgt. Aber zuerst gilt es, die beiden in der Nähe einzusammeln. Ich feuere mein Team an, noch etwas mehr Power in ihre Paddelschläge zu legen. Sobald wir die beiden Schwimmer erreichen, weise ich die Gäste vorne in meinem Boot an, sie in unser Raft zu ziehen, so wie wir es zu Beginn der Tagestour geübt haben. Das gelingt glücklicherweise sehr schnell. Ich vergewissere mich kurz, ob die beiden aufgesammelten Schwimmer okay sind, und dann gilt meine volle Aufmerksamkeit der Schwimmerin, die etwa 30 Meter weiter flussabwärts mit den hohen Wellen und kräftigen Walzen kämpft.

Ich merke, wie meine Gäste müder werden. Ich fordere sie eindringlich auf, ihre letzten Kräfte zu mobilisieren. Es ist wichtig, möglichst bald zur Schwimmerin zu gelangen. Jeden Meter, den wir näher kommen, lobe ich mein Team. Als der Paddelrhythmus langsamer wird, gebe ich den Takt vor, um in Schwung zu bleiben. Es dauert eine gefühlte Ewigkeit, bis wir die Schwimmerin erreichen. Endlich, kurz vor einem kleinen Abfall mit einer kräftigen Walze, sind wir bei ihr. Sie streckt nur mehr den rechten Arm leicht in unsere Richtung, ansonsten ist sie apathisch. Ich springe ans vordere Ende des Bootes, und gemeinsam mit einem meiner Gäste ziehen wir sie wie einen glitschigen Fisch in unser Raft. Wir gleiten den kleinen Abfall hinunter und befinden uns dann in einem ruhigen Kehrwasser vor der allerletzten Stelle der Lammeröfen.

Ich steuere das Boot zur steilen Felswand, die auf der rechten Seite das Kehrwasser begrenzt, und bitte zwei Gäste, sich an der Wand festzuhalten, damit wir unser Boot stabilisieren können. Alle sind vollkommen am Ende. Dann kümmere ich mich um die Schwimmerin. Sie ist erschöpft, aber ansprechbar. Sie zittert und scheint ziemlich stark unterkühlt zu sein. Mir ist klar, wir müssen sie rasch versorgen und an einen Ort bringen, wo sie sich aufwärmen und wieder zu Kräften kommen kann.

In der Zwischenzeit treiben die beiden Gäste im zweiten Raft in das kleine Kehrwasser, in dem wir uns befinden. Zwei meiner Gäste ziehen sie und ihr Boot zu uns heran. In dem Moment höre ich einen dumpfen Knall unweit von uns. Es ist Ralf. Er ist vom etwa zehn Meter über uns befindlichen Wanderweg zu uns in das Kehrwasser gesprungen. Zum Glück war das Wasser tief genug. Als er auftaucht, schwimmt er zu seinem Boot und klettert in es hinein. Um keine Zeit zu verlieren, sage ich: „Wir müssen raus

aus der Schlucht. Aber so schnell wie möglich!" Wir verteilen uns wieder auf zwei Boote. Die gerettete Schwimmerin bleibt bei mir im Boot am Boden liegen. Die übriggebliebenen Paddel werden noch gleichmäßig auf die beiden Teams aufgeteilt, und so fahren wir schnell durch die allerletzte Passage der Lammeröfen. Danach öffnet sich die Schlucht, der Fluss wird breit und die Strömung völlig ruhig.

Ganz in der Nähe befindet sich eine Sandbank am rechten Ufer, von der wir zu einer kleinen Straße gelangen und bei einem der dort befindlichen Häuser das Rote Kreuz verständigen können. Die Sandbank steuern wir an und leiten sofort die Rettungskette ein. Sarah, die völlig erschöpfte Schwimmerin, wird erstversorgt und danach ärztlich betreut. Am Abend ist sie aber wieder soweit bei Kräften, dass sie uns erzählen kann, wie sie diesen Horrortrip erlebte. Alle anderen sind ebenfalls völlig müde, aber dennoch froh und glücklich, dass diese Sache noch einmal so halbwegs glimpflich ausging.

Nach diesem Vorfall konnte ich nicht zum „business as usual" übergehen. Mir war wichtig, daraus die richtigen Lehren und Schlüsse zu ziehen. Deshalb organisierte ich einige Tage später ein Meeting mit allen Raftguides unseres jungen Unternehmens. Bei dem Zusammentreffen ging es zuerst in eine für mich falsche Richtung. Ralf fühlte sich schuldig und bedauerte, was geschehen war. Er meinte, er wäre kurz unaufmerksam gewesen und hätte zu träge und zu langsam reagiert. Seine Lehre daraus wäre, diese riskante Stelle in den Lammeröfen mit hoher Konzentration und Wachheit zu befahren und die Gäste im Raft vorher noch eindringlicher darauf einzuschwören, dass beim Durchfahren der engen Stelle zwischen den beiden „Elefantenzähnen" absolute Power gefragt ist. Einige der anderen Guides stimmten in diese Argumentation mit ein.

Das war mir zu einfach. Ohne es direkt ausgesprochen zu haben, wurde Ralf als die einzige Fehlerquelle identifiziert und die Meinung war, wenn er und in weiterer Folge alle Guides diesen Abschnitt aufmerksamer und aktiver befahren würden, dann könnte ein Umkippen eines Rafts an einem der als Zähne bezeichneten Felsen nicht mehr passieren. Daran glaubte ich nicht. Deshalb brachte ich meine Zweifel an dieser Lösung zum Ausdruck. Daraufhin entwickelte sich eine lebendige Diskussion. Einige brachten ein, dass Rafting durch die Lammeröfen eben ein außergewöhnliches und riskantes Abenteuer sei und den Gästen müsse es bewusst sein, welches Risiko sie dabei eingehen. Andere sagten, die einzige Möglichkeit, nicht in eine Situation zu kommen, wie wir es mit Ralf und seinen Gästen erlebt hatten, wäre, die Lammeröfen überhaupt nicht mit Gästen zu befahren. Und so ging es eine Zeit lang hin und her, ohne dass wir auf eine sinnvolle Lösung kamen.

Da sagte Mike auf einmal: „Worum geht es uns wirklich?" Als ihn einige von uns anblickten und fragten, was er mit seiner Frage meine, erläuterte er seine Gedanken genauer: „Was ist es, was wir unseren Gästen bieten wollen? Was ist unser Anliegen hinter unserem Tun? Haben wir überhaupt eines?" Das brachte uns für einen Moment zum Nachdenken. In der darauffolgenden Diskussion ging es sehr konstruktiv zu. Wir tauschten unsere Beweggründe aus, warum wir überhaupt als Raftguides arbeiteten und was es war, das wir unseren Gästen bieten und vermitteln wollten. Schließlich kristallisierte sich heraus, dass jede und jeder vom Wildwasserfahren und von der Welt der Flüsse begeistert war und dieses faszinierende Naturerlebnis den Gästen vermitteln wollte. Ein weiterer Beweggrund hatte mit Teamwork zu tun. Wir haben alle selbst schon unzählige Male erlebt, wie toll es ist, in einer gut zusammenarbeitenden Gemeinschaft schwierige Wildwasserstellen und Flüsse zu meistern. Derartige Erlebnisse wollten wir anderen Menschen ebenso ermöglichen. Als sich diese beiden Themen immer klarer zeigen, brachte sich Mike wieder ins Spiel.

Er ergriff das Wort und sagte: „Also: Wir wollen unseren Gästen faszinierende Naturerlebnisse und die Kraft von Teamwork vermitteln. Das Ganze auf den Flüssen hier bei uns in der Gegend. Wir haben aber auch Verantwortung und müssen das Thema Sicherheit im Blick haben. Wenn wir das zusammenlegen, so sollten wir doch eine Lösung für die Elefantenzähne finden, oder?" Ich pflichtete ihm bei, und alle zusammen begannen nun verschiedenste Ideen dafür zu entwerfen. Es dauerte noch etwas, aber schließlich kamen wir auf eine sehr gute Lösung, die wir ab diesem Zeitpunkt umsetzten und die zur Folge hatte, dass wir von da an keine weitere Kenterung mehr in den Lammeröfen hatten.

Die Lösung war nicht, eine besonders ausgeklügelte Spur durch die „Elefantenzähne" zu fahren, sie war auch nicht, mit noch mehr Konzentration und Aktivität das Boot zu steuern, sie war aber auch nicht, die Lammeröfen vollkommen aus unserem Angebot zu streichen. Die Lösung war, unmittelbar vor den „Elefantenzähnen" in einem Kehrwasser anzuhalten, die Teilnehmer zu bitten, am Ufer entlang 100 Meter flussabwärts zu gehen und unterhalb der riskanten Stelle wieder in die Boote einzusteigen. Die Rafts wurden von uns Guides „geliefert", indem wir jedes Boot zu zweit durch den Abschnitt steuerten. Dadurch, dass wir nur zu zweit im Boot saßen, waren sie um einiges leichter und ließen sich viel einfacher manövrieren. So verhinderten wir einen weiteren Unfall und wir konnten unseren Gästen die Lammeröfen bieten, ohne ein zu großes Risiko für ihre Sicherheit einzugehen.

Dieses Beispiel steht für das, worum es in dieser Disziplin „FIND YOUR LINE – fokussiert bleiben!" wirklich geht: Herausfiltern, was Ihnen wirklich wichtig ist, und sich immer wieder darauf zu fokussieren. In diesem Sinne hält diese Disziplin für Sie einige wichtige Fragestellungen und Impulse bereit. Zum Beispiel, dass Sie sich ganz konkret damit befassen, worum es Ihnen im Kern Ihres Tuns wirklich geht? Oder, was es ist, das Sie motiviert und jeden Tag mit Schwung und Elan zur Arbeit gehen lässt? Auch, wie Sie agieren wollen, mit welchem Spirit und auf welche Art und Weise? Welche Spur Sie sehen wollen, wenn Sie später einmal auf Ihr Schaffen zurückblicken, ist eine weitere Überlegung, zu der ich Sie hier in weiterer Folge anrege. Natürlich ist der Bezug zum Umfeld ein wichtiger Faktor. Deshalb zeige ich Ihnen auch, wie es Ihnen gelingt, bei veränderten Bedingungen Ihrer Spur zu folgen, ohne dabei stur und rigide zu werden. Und ganz wesentlich: Sie erfahren, wie Sie es schaffen, fokussiert zu bleiben, und wie Sie immer wieder zu Ihrer Kraft-Spur zurückfinden.

Diese Themen sind für Sie aus drei Gründen wertvoll. Erstens geschieht es in der heutigen Zeit mit all ihren Ablenkungen, aber auch mit all ihrer Dynamik und Komplexität sehr schnell, das aus den Augen zu verlieren, was Ihnen wirklich wichtig ist. Zweitens ist wegen der hohen Dynamik die Versuchung sehr groß, dass Sie sich bei auftretenden Problemen auf schnelle, erste Lösungen stürzen, die mitunter den Kern der Herausforderungen nicht wirklich treffen. Und drittens bietet die schier überwältigende Vielfalt an neuen Themen, Technologien und Trends so viele interessante Möglichkeiten, dass Sie eine klare Orientierungshilfe brauchen, um Ihre Entscheidungen zu treffen, was Sie weiter verfolgen und was Sie beiseite legen.

Die eigene Linie finden

Einige Seiten früher bei der Kurzbeschreibung der fünf kritischen Schlüsselstellen und der fünf entsprechenden Disziplinen zu ihrer Meisterung, habe ich Ihnen schon kurz erzählt, wie überrascht mein Kollege Rainer

Petek und ich bei unserer letzten Learning Journey in den USA waren, als uns alle Führungskräfte, mit denen wir sprachen, durch die Bank von der Mission, den Werten und dem Existenzgrund ihrer Unternehmen berichteten. Alle anderen Themen, wie etwa die Nutzung neuester Technologien oder die Entwicklung von Produkten und Dienstleistungen, aber auch das Verbessern interner Abläufe orientierten sich an diesen „Kernthemen" der Unternehmen.

Zuerst dachte ich, das sei typisch amerikanisch. Kurz nach dieser Erfahrung kam mir aber ein Buch des österreichischen Beraterkollegen Othmar Hill in die Hände, in dem er von einer Studie berichtet, die Unternehmen unter die Lupe nahm, die schon über Jahrhunderte existieren und die sich in den heutigen hochdynamischen Zeiten immer noch sehr erfolgreich schlagen. Diese Unternehmen, viele davon sind in Europa angesiedelt, haben zwei entscheidende Faktoren gemein. Der eine ist: sie sind nie von ihren Existenzgründen abgewichen. Ganz egal, in welcher Zeit und unter welchen gesellschaftlichen Bedingungen sie agieren mussten, sie blieben ihrem grundlegenden unternehmerischen Sinn und Zweck treu. Der zweite Faktor ist deren hohe Anpassungsfähigkeit an die jeweiligen Marktgegebenheiten. Das mag Sie zuerst vielleicht etwas verwundern, handelt es ich bei diesen beiden Erfolgsfaktoren doch um völlig unterschiedliche Themen: Beständigkeit und Veränderung. Betrachten Sie diese Erkenntnis etwas genauer, so sehen Sie, dass das im Grunde sehr logisch ist. Je klarer es in einem Unternehmen ist, wofür es steht, was es bewirken möchte und wofür das „unternehmerische Feuer" brennt, desto kreativer, flexibler und agiler wird darin agiert werden, um diesen Unternehmens-Sinn in jeder gegebenen Situation zu realisieren.

Für mich ist diese Erkenntnis deshalb spannend, da sich ein großer Teil dieses Buches und der gesamten WILDWASSER-STRATEGIE ebenso um diese beiden Faktoren Beständigkeit und Veränderungsfähigkeit dreht. Hier in dieser Disziplin geht es um Ihre Linie, sprich um das, wofür Sie stehen, was Sie ausmacht und was für Sie sinnvoll ist. Und wie Sie diese Linie bei geänderten Rahmenbedingungen anpassen und im Fokus halten. Also: Wie Sie sich etwas schaffen, das Ihnen Sicherheit, Stabilität und Beständigkeit gibt, um andererseits sehr flexibel und agil sein zu können.

*G*udrun, eine unserer Kajakschülerinnen, die seit Beginn unserer Kajakkurse an der Universität Salzburg aktiv dabei ist, hat sich als Kajakfahrerin derart gut entwickelt, dass sie sich zutraut, mit uns gemeinsam die

Lammeröfen im Kajak zu befahren. Bevor wir sie mitnehmen, raten wir ihr, sie soll uns doch entlang des Wanderweges, der durch die Lammeröfen führt, begleiten und sich die Spuren der einzelnen Abschnitte genau einprägen, während Franz und ich diese mit unseren Kajaks befahren. Unsere Fahrt verläuft sehr gut. Jeder von uns fühlt sich in den Wellen und Walzen so richtig wohl, und die Lammeröfen sind zurzeit keine allzu große Herausforderung. Wir sind gut aufeinander eingespielt, und das Befahren von sportlich anspruchsvollen Stellen wie der Eingangsstufe, dem Eingangskatarakt, dem großen „S" und der langen Abschlusspassage gelingt uns fast spielerisch. Die Fahrt ist eine Art von Tanz mit der Strömung, den Wellen und den Walzen. Das macht Spaß.

Es ist uns aber auch wichtig, Flüsse wie eben die Lammer auf eine pfiffige Art zu befahren. Dabei fahren wir kleine Kehrwasser an, um ohne viel Kraft coole Richtungsänderungen zu vollführen, oder wir nützen die Kraft des Wassers für elegante Spuren, die somit fast spielerisch gelingen. Wir lachen viel und freuen uns, sobald uns wieder eine super Linie durch die weiße Gischt gelingt. Heute, an dem Tag, an dem uns Gudrun beobachtet, kommen während unserer Fahrt zwei andere kleinere Kajakgruppen an uns vorbei. Während wir in der einen und anderen Walze surfen und so manche akrobatische Bewegung ausführen, fahren sie geradewegs weiter. Den Blick nach vorne gerichtet und ohne eine der verschiedensten Möglichkeiten zum Spielen und Üben wahrzunehmen, die der Fluss bereithält.

Als wir uns nach der Fahrt mit Gudrun treffen und sie fragen, ob sie genügend sah, was ihr später für ihre erste Befahrung helfen könnte, bejaht sie dies. Sie beschreibt ein paar Details sehr präzise, was uns darin bestätigt, dass wir sie bei unserer nächsten Fahrt mitnehmen werden. Sie sagt aber auch etwas, das uns freut. So meint sie: „Ihr habt eine ganz besondere Art Kajak zu fahren. Das sieht so spielerisch und leicht aus. So als wärt ihr eins mit dem Wasser." Sie fügt hinzu, sie hätte die anderen beiden Gruppen ebenfalls beobachte, und die wären alle nur in der Hauptströmung geblieben. Sie hat den Eindruck, die wollten nur so halbwegs sicher und schnell die Lammeröfen hinter sich bringen, während wir in ihren Augen den Fluss so richtig auskosteten. Zum Abschluss meint sie: „Ihr habt eure ganz eigene Linie."

Das ist es, wozu ich Ihnen hier Mut machen will. Finden und entfalten Sie Ihre eigene Linie. Ich bin davon überzeugt, richtig stark und souverän bleiben Sie dann, wenn Sie sich auf Ihrer ganz individuellen Spur befinden. Wie schon vorhin gesagt, bezeichne ich diese als Kraft-Spur. Sie besteht aus drei wichtigen Komponenten: Dem, was für Sie SINN macht, Ihren WERTEN und Ihren STÄRKEN. Ihre eigene Spur zu finden und diese zu entfalten, ist eine lohnende Angelegenheit, die Sie ernst nehmen sollten. Gleichzeitig warne ich Sie davor, sich dabei unnötig unter Druck zu setzen und Ihre Spur binnen kürzester Zeit im stillen Kämmerlein auszubrüten und sie auf Anhieb zu 100 Prozent fixieren zu wollen. Meiner Erfahrung nach ist es viel klüger, sich auf den Weg zu machen, Erfahrungen zu sammeln, diese immer wieder einmal zu reflektieren und dadurch Ihre Überlegungen und Einsichten bezüglich Ihrer eigenen „Kraft-Spur" Schritt für Schritt klarer werden zu lassen. So entsteht diese quasi im Gehen.

Die Spur, die Kraft gibt

Für die Komponente SINN kann Ihnen die Arbeit von Viktor Frankl, den ich schon einige Male erwähnte, eine große Hilfe sein. Viktor Frankl hat als Arzt und Psychotherapeut die Logotheorie entwickelt. Logos kommt aus dem Griechischen und bedeutet soviel wie Sinn, Bedeutung und Wort. Für Frankl gibt es drei Dimensionen, die Menschen Sinn geben. Die erste Dimension hat mit erfüllenden Aufgaben und Tätigkeiten zu tun. Das kann eine Tätigkeit sein, in der Sie voll und ganz aufgehen, das kann aber auch die Hinwendung auf eine oder mehrere Personen sein, die für Sie wichtig sind und denen Sie einen Dienst erweisen wollen. Die zweite Dimension, die Ihnen Sinn geben kann, ist, wenn Sie etwas Bereicherndes erleben, bei dem Ihnen das Herz so richtig aufgeht. Das kann von einem atemberaubenden Sonnenaufgang in den Bergen bis hin zum intensiven Erleben einer sich gegenseitig stärkenden Gemeinschaft in einem exzellenten Team reichen. Und die dritte Dimension hat mit Lernen und Meisterung von schwierigen Herausforderungen zu tun. Wenn Sie zum Beispiel gefordert sind, sich in einer wirklich herausfordernden Situation zu bewähren, so kann das für Sie ebenfalls sehr sinnvoll sein.

Spannend an Viktor Frankls Theorie finde ich einen weiteren Blickwinkel. So meint er, dass es um den situativen Sinn geht und nicht so sehr um den alles umfassenden Lebenssinn. Also darum, was Sie in Ihren jeweiligen spezifischen Lebenssituationen und Lebensabschnitten als sinnvoll erleben. So kann es für einen jungen Menschen sehr sinnvoll sein, bei einem internationalen Projekt ständig auf Achse zu sein und täglich gefordert zu werden, Neues zu lernen und fordernde Aufgaben zu meistern. In einem anderen Lebensabschnitt könnte genau die gleiche Situation ermüdend auf diesen Menschen wirken, und dieser sehnt sich eher danach, aus der zweiten Reihe junge Menschen für spannende Tätigkeiten zu entwickeln. Deshalb unterstreicht Frankl in allen seinen Büchern und Vorträgen, wie wichtig es ist, immer wieder von Neuem und ganz aktiv auf die Suche nach dem zu gehen, was eben gerade in der momentanen Lebenssituation sinnvoll ist.

Genau dazu lade ich Sie ein. Gönnen Sie sich hin und wieder ein kurzes Time-Out und gehen Sie mit der Haltung „NOW – präsent und offen sein!" an die Betrachtung Ihrer gegenwärtigen Situation: Was ist es, das für Sie im Moment Sinn macht?

Hilfreiche Fragen dazu sind:

- Welche Aufgaben und welche Tätigkeiten geben Ihnen Kraft?

- Wen oder was wollen Sie unterstützen und fördern?

- Wofür lohnt es sich, die extra Meile zu gehen?

- Was lässt Ihr Herz schneller schlagen?

- Was an Ihrem Tun erleben Sie bereichernd und wertvoll?

- Mit welchen Menschen und in welchem Umfeld fühlen Sie sich so richtig positiv aufgeladen?

- Welche schwierigen, neuen und spannenden Themen faszinieren Sie?

- Was ist es, was Sie aus schwierigen Themen und anstrengenden Herausforderungen lernen können?

Es kann natürlich sein, dass Sie sich zuerst nicht ganz leicht tun, Antworten für die Fragestellungen zu finden. Dafür ist es empfehlenswert, sich ein kleines Notizbüchlein (analog oder digital) zuzulegen, in das Sie jeden Tag am Abend ein, zwei Vorkommnisse eintragen, die für Sie an diesem Tag sinnvoll waren. Wenn Sie am Ende jeder Woche kurz auf Ihre Eintragungen schauen, so gelingt es Ihnen mit der Zeit sicher leichter, das herauszukristallisieren, was für Sie im Moment wirklich Sinn macht.

Hören Sie bei dieser Entdeckungsreise auch auf Ihre innere Stimme. Das zu finden, was für Sie sinnvoll ist, hat mehr mit Intuition und dem Vertrauen auf die eigene innere Stimme zu tun als mit einem kühlen und reinen verstandesmäßigen Vorgehen. Sollten sich auf manche Fragen auch nach einer längeren Zeit keine zufriedenstellenden Antworten finden lassen, so gilt es möglicherweise zu überlegen, was Sie tun oder verändern sollen, damit das anders wird.

Bei der zweiten Komponente Ihrer Kraft-Spur geht es um Ihre WERTE. Das heißt, das Wie ist im Fokus. Wie Sie etwas machen, mit welchem Spirit Sie agieren und für welche Art und Weise Sie stehen. Es ist etwas anderes, ob Sie sehr genau und präzise arbeiten wollen, oder ob Sie viel lieber experimentieren und erkunden und dabei mit achtzigprozentigen Lösungen mehr als zufrieden sind. Um sich Ihren Werten anzunähern, schlage ich eine Übung vor, die in meinen Workshops immer gut ankommt. Ich bezeichne sie als den Business-Oscar. Führen Sie diese in nächster Zeit doch gleich einmal durch. Es ist ratsam, ein Wochenende oder einen ruhigen und gemütlichen Abend dafür zu nützen. Machen Sie es sich gemütlich und lassen Sie sich Zeit dabei.

Der BUSINESS-OSCAR

Ich bitte Sie, sich folgendes Szenario vorzustellen. In fünf Jahren findet eine große Business-Oscar-Verleihung für den deutschsprachigen Wirtschaftsraum statt. Wie beim Film-Oscar in Hollywood ist alles, was Rang und Namen hat, dabei und gibt der Veranstaltung den würdigen Rahmen. Die bekanntesten Businessgrößen, die renommiertesten Medien und die erfolgreichsten Unternehmen sind vertreten. Die Zeremonie findet in einem großen Rahmen statt. Ein riesiges Veranstaltungszentrum ist prall gefüllt. Musik spielt. Alles in allem ist es ein spektakuläres und sehr feierliches Ambiente. Sie sind mitten drinnen. Denn: Sie sind nominiert in der Kategorie „Die besten und interessantesten Führungskräfte im Zeitalter der digitalen Umbrüche". In dieser Kategorie werden zehn Oscars vergeben und Sie sind unter den 50 nominierten Führungspersönlichkeiten. Es tritt eine bekannte Führungspersönlichkeit auf die Bühne und beginnt die Namen derjenigen zu verkünden, die den Oscar in dieser Kategorie erhalten. Und jedes Mal sagt diese Persönlichkeit dann den bekannten Spruch: „And the Oscar goes to...."! Beim fünften Mal wird Ihr Name aufgerufen. Fanfaren ertönen, und alle versammelten Gäste applaudieren. Es herrscht eine tolle und ausgelassene Stimmung. Die riesige Halle bebt.

Gratulation.

Anders als beim Film-Oscar halten nicht Sie selbst eine Dankesrede, sondern es treten vier Personen auf die Bühne, die jeweils kurze Laudationen zu Ihren Ehren halten. Vier kurze Reden, die dem gesamten versammelten Publikum mitteilen, warum Sie würdig sind, den Oscar in dieser Kategorie zu erhalten. Die vier Personen sind eine leitende Top-Führungskraft aus Ihrem Unternehmen, jemand aus Ihrem unmittelbaren Team, jemand aus dem Umfeld Ihrer Kunden oder wichtiger Geschäftspartner und jemand aus Ihrem privaten Umfeld, Ihr Partner oder Ihre Partnerin, eine sehr gute Freundin oder eines Ihrer Kinder.

Geben Sie nun jeder der vier Personen einen Namen und legen Sie diesen Personen die Worte in den Mund, die Sie bei der einzigartigen Zeremonie gerne über sich und Ihre Performance als Führungskraft hören wollen. Lassen Sie sich voll und ganz darauf ein. Vergessen Sie alles, was Sie je einmal über Eigenlob und dergleichen gehört haben. Erlauben Sie diesen vier Personen, in vollen Zügen zu schwärmen, wie diese Sie in fünf Jahren erleben, welchen Spirit Sie verbreiten, was Ihre ganz individuelle positive Art und Weise ist und wie Sie auf Ihr Umfeld wirken. Schreiben Sie die Reden der vier kurz und stichwortartig nieder. Formulieren Sie in der Gegenwart und nennen Sie sich bei Ihrem Vornamen. In meinem Fall zum Beispiel: Auf Herbert ist Verlass, er kommt immer pünktlich zu vereinbarten Terminen. Also nicht im Sinne von „Ich würde gerne so und so sein wollen". Sondern wirklich so, als ob Sie die Rede, die zum Beispiel Ihre Führungskraft für Sie und über Sie hält, wirklich schreiben.

Lassen Sie sich Zeit dazu - und gleichzeitig ermuntere ich Sie, ohne großes Abwägen eher aus dem Bauch heraus das aufzuschreiben, was Ihnen spontan in den Sinn kommt. Es soll für Sie stimmig sein und sich gut anfühlen.

Es soll natürlich auch wirklich das sein, das Ihnen wichtig ist und das Sie bei einer Feier wie dieser gerne hören wollen. Noch einmal zur Verstärkung: Es geht nicht darum, WAS Sie in fünf Jahren alles erreicht und realisiert haben, es geht darum, WIE Sie agieren, WIE Sie wirken und WIE Sie von Ihrem Umfeld wahrgenommen werden. Es geht um Ihre Werthaltungen, die sich über Ihr Verhalten und Tun ausdrücken.

Wenn die Reden in Stichworten geschrieben sind, so legen Sie diese kurz beiseite und lassen Sie die Übung etwas nachwirken. Danach bitte ich Sie, das Szenario der Business-Oscar-Verleihung langsam aber sicher in den Hintergrund treten zu lassen und Ihre Aufmerksamkeit auf die Kernaussagen der Reden zu lenken. Filtern Sie nun die Werthaltungen heraus, die mehrmals vorkommen, und fügen Sie diese zu Themenfamilien zusammen. Wenn zum Beispiel Bezeichnungen wie verlässlich, verantwortungsvoll, absolut loyal und vertrauenswürdig vorkommen, so könnten sie diese zu einem Cluster zusammenfassen. Drei bis fünf Themenfamilien sind sinnvoll und handhabbar. Lassen Sie diese auf sich wirken und finden Sie Überschriften für die jeweiligen Themenfelder. Diese brauchen nicht gleich in Stein gemeißelt werden. Vorläufige „Arbeitstitel" reichen vollends aus. Bei den oben beispielhaft genannten Eigenschaften wäre vielleicht Verlässlichkeit der Überbegriff. Beobachten Sie in den kommenden Wochen Ihr Agieren im Alltag und vergleichen Sie dieses mit Ihren vorläufig formulierten Werthaltungen. Sind Sie in Ihrem tatsächlichen Tun und Verhalten schon nahe dran an dem, was Ihnen wichtig ist, oder gibt es noch größere Unterschiede? Überlegen Sie zusätzlich, wie Sie die schon gut entwickelten Werthaltungen verstärken können und was Sie tun oder lassen, damit Sie sich dort, wo es noch Entwicklungspotenzial gibt, Ihren Werthaltungen annähern. Manchmal ist es wichtig und notwendig, das Umfeld umzugestalten und anzupassen, damit Sie tatsächlich Ihren Werten gemäß handeln und agieren können.

Ihre STÄRKEN machen Sie stark

Die dritte Komponente Ihrer Kraft-Spur sind Ihre STÄRKEN. Viele von uns sind immer noch darauf gepolt, Defizite zu erkennen und diese auszumerzen. Wirklich stark werden Sie, wenn Sie sich Ihrer Stärken bewusst sind und mit diesen richtiggehend wuchern. Das sagt jede Person, die in irgendeinem Thema außergewöhnlich gut ist, das sagt die Wissenschaft, und das habe ich selbst beim Kajakfahren erlebt. Da war ich nie einer der Kräftigsten und Bulligsten. Mir gelang es aber immer schnell, Techniken zu erlernen, die mir im Wildwasser halfen, ohne viel Kraftaufwand elegante Linien zu fahren. Deshalb begab ich mich beim Spielen und Üben in Walzen oder an kniffligen Wildwasserstellen gerne in Situationen, in denen ich meine Fahrtechniken verfeinern und perfektionieren konnte. Das machte einerseits Spaß und es brachte mir schnelle Erfolge. Hätte ich mich rein darauf konzentriert, meine Muskeln zu trainieren, um kräftiger zu werden, so wäre ich als Kajakfahrer wahrscheinlich nicht wirklich besser geworden.

Damit Sie sich Ihrer Stärken bewusst werden und Sie diese klar erkennen, habe ich ebenfalls einige hilfreiche Tipps parat. Wenn es Ihnen zum Beispiel gelingt, bei spezifischen Themenstellungen in schwierigen Situationen immer wieder sehr gute Ergebnisse zu realisieren, so sind dabei sicher Stärken im Spiel. Bei Führungstagungen erlebe ich regelmäßig Führungskräfte, die gefordert sind, Präsentation zu halten. Da gibt es welche, die haben die Präsentation bis auf kleinste Details perfekt vorbereitet, sie haben ihre Pointen geübt und sind die Dramaturgie unzählige Male durchgegangen. Wenn bei der Präsentation selbst dann etws Unvorhergesehenes passiert, etwa ein Problem mit dem Beamer, so sind sie völlig von der Rolle. Andere wiederum legen in dem Moment des Problems erst so richtig los und begeistern ihre Zuhörerinnen und Zuhörer auch ohne der vorbereiteten Folien und Bilder. Da liegen mit Sicherheit Stärken zugrunde. Vielleicht die Stärke des Improvisierens oder die, eine größere Zuhörerschaft schnell für sich gewinnen zu können, unabhängig von den Rahmenbedingungen. Also dann, wenn Ihnen etwas unter schwierigen Bedingungen gut gelingt, sind Stärken mit im Spiel.

Wenn Sie Dinge schnell lernen und es Ihnen schier mühelos gelingt, sich neue Techniken oder neue Themen anzueignen, so können Sie das ebenfalls auf Stärken zurückführen. Natürlich auch dann, wenn Sie etwas gerne und mit Begeisterung machen und dabei gute Resultate erzielen. Einen weiteren Hinweis über Ihre Stärken bekommen Sie durch das Feedback von Kollegen oder von Freunden. Das kann ein Feedback in verbaler Form sein, es kann aber auch geschehen, indem Ihnen immer wieder bestimmte Tätigkeiten oder Themen zugetragen werden, wo andere sagen, Sie würden diese viel besser und schneller meistern als alle anderen. Mit Zahlen, Daten und Fakten habe ich selbst zum Beispiel nicht viel am Hut. Wenn diese dann noch in diverse Excelblätter gegossen werden sollen, dann habe ich zwei linke

Hände, wie man bei uns sagt, wenn jemand tollpatschig und umständlich agiert. Unsere Kollegin, die für uns die Buchhaltung durchführt, macht diese Tätigkeit gerne. Sie findet sie wichtig und sinnvoll und sie fühlt sich dabei richtiggehend wohl, da sie dabei sehr genau und präzise arbeiten kann. Zudem hat sie einen Blick für Kleinigkeiten und Details, die mir nie und nimmer auffallen. Es ist mehr als offensichtlich, dass unsere Kollegin in diesen Themen Stärken hat. Wobei die Stärke nicht ist, eine gute Buchhalterin zu sein, sondern die Stärke liegt vielmehr darin, einen Adlerblick für kleinste Details und Abweichungen zu haben und mit Zahlen, Gleichungen und anderen mathematischen Feinheiten souverän umgehen zu können. Sie könnte diese Stärke durchaus auch in einem anderen Berufsfeld als in der Buchhaltung zur Geltung bringen.

Damit Sie sich selbst auf die Schliche kommen und sich Ihrer Stärken bewusst werden, ist es ratsam, dass Sie Ihr Tun in den kommenden Wochen mit dem Stärken-Fokus beobachten. Beobachten Sie vor allem die Situationen und Tätigkeiten, bei denen Ihnen Dinge gut gelingen. Hinterfragen Sie diese Erfolgsmomente im Hinblick auf Ihre dahinterliegenden Stärken. Mit der Zeit wird es Ihnen immer klarer, was Ihr Stärkenprofil ausmacht. Wenn Sie an diese Sache noch strukturierter herangehen wollen, so empfehle ich Ihnen den von Donald O. Clifton entwickelten Strengthsfinder. Das ist ein fundierter Test, den Sie über www.gallupstrengthscenter.com erhalten und der Ihnen hilft, Ihre Stärken zu identifizieren.

Am Beispiel von Chris können Sie erkennen, welche Kraft entsteht, wenn jemandem die drei Komponenten Sinn, Werte und Stärken klar sind und diese stimmig zusammenpassen. Chris kenne ich schon mehr als 15 Jahre. Bisher hatte ich die Gelegenheit, ihn während drei Stationen seiner spannenden und erfolgreichen Karriere unterstützen zu können. Jedes Mal leitete er ein Unternehmen im Sektor der erneuerbaren Energien. Zuerst war er innerhalb eines großen Technikkonzerns verantwortlich für den Bereich, der Windkraftanlagen herstellte, dann war er der Geschäftsführer eines Unternehmens, das Solarstromanlagen produzierte, und nun ist er wieder beim Wind gelandet und steht dabei an der Spitze eines Unternehmens, das auf den Service von Windkraftanlagen spezialisiert ist.

In allen drei Unternehmen fand Chris jedes Mal herausfordernde Situationen vor. Entweder ging es darum, das Geschäft überhaupt erst einmal aufzubauen und lukrativ zu machen, oder die Unternehmen standen in einem sehr harten Wettbewerb mit anderen Firmen und er wurde eingesetzt, diese am Markt zu etablieren. Alle drei Unternehmen waren international tätig und wollten weiterhin weltweit wachsen. Chris holte mich jedes Mal als Coach für die Formung und Entwicklung seines erweiterten Managementteams. Auch dabei gab es viele Parallelen von einer Station zur nächsten. Chris hatte immer ein sehr gutes Verhältnis zu seinen Kollegen in der Geschäftsführung, und er legte hohen Wert auf die offene, transparente und vertrauensvolle Zusammenarbeit innerhalb der Teams. Gleichzeitig war es ihm wichtig, ja keine Mauern zu anderen Bereichen oder zu Geschäftspartnern zu errichten. Die Kunden und den Markt hatte er ebenfalls immer im Fokus. Für mich war es zudem interessant zu sehen, dass ihm Internationalität in seinen Teams ein Anliegen war, und dass er in seinen Teams immer eine hohe Anzahl an weiblichen Teammitgliedern hatte, obwohl es sich bei allen drei Unternehmen um hochspezialisierte Technikthemen drehte.

Vor einigen Wochen bat Chris mich zu einem Coachinggespräch. Er wollte mich nutzen, um einige Themen zu ordnen, die ihm im Kopf herumschwirrten. Im Zuge dieses Gesprächs teilte ich ihm meine Beobachtungen über diese oben beschriebenen Muster und Parallelen mit. Dabei fragte ich ihn, ob das reiner Zufall wäre. Seine Antwort war klar. Er meinte, Zufall sei das keineswegs. Ihm sei es immer wichtig gewesen, in einem Unternehmen zu agieren, das einen nachhaltigen Beitrag für die Umwelt und die natürlichen Ressourcen leistet. Weiters würden ihn herausfordernde und spannende Situationen immens reizen, die er gerne mit einem schlagkräftigen Team meistern möchte. Da seine Familie selbst international zusammengewürfelt ist, wollte er immer in internationalen Teams arbeiten. Das gute Arbeitsverhältnis sei ihm einerseits wichtig und anderseits hätte er den Eindruck, es liege ihm ganz gut, unterschiedlichste Persönlichkeiten aus verschiedensten Kulturen zusammenzubringen und diese zu erfolgreichen Einheiten zu formen. Der Erfolg und die Ergebnisse zeugen davon. Jedes Unternehmen wurde während seiner Zeit wirtschaftlich erfolgreicher und insgesamt innovativer. Mit einigen seiner engeren Kolleginnen und Kollegen von allen drei Unternehmen trifft er sich zudem einmal im Jahr zu einer privaten Zusammenkunft, bei der ich als Außenstehender immer den Eindruck habe, es handelt sich dabei um ein Treffen von guten Freunden. Zum Abschluss seiner Erklärung sagte Chris: „Obwohl sich einiges wie ein roter Faden durchzieht, hoffe ich nicht, dass ich starr und stur wirke. Denn ein altes Muster, auch wenn es erfolgreich war, eins zu eins auf eine neue Situation zu übertragen, das geht nicht. Es braucht immer die Offenheit, sich auf neue Gegebenheiten anzupassen."

Wenn Sie dieses Beispiel genauer betrachten, so merken Sie, da kommen Sinn, Werte und Stärken stimmig zusammen und gleichzeitig die Erkenntnis, lebendig und offen zu bleiben. Die erneuerbaren Energien und die spannenden Herausforderungen haben mit dem Sinn zu tun. Internationalität, Teamwork, Offenheit, Transparenz und Vertrauen sind ganz sicherlich Werthaltungen von ihm. Und internationale Teams zu managen, spannende wirtschaftliche Herausforderungen strukturiert anzugehen und schlagkräftige Managementteams zu formen, sind Stärken von Chris. Deshalb ist es für mich keineswegs überraschend, dass er nach 15 Jahren immer noch vor Elan und Gestaltungskraft sprüht und dass er von seinen Kolleginnen und Kollegen wiederholt das Feedback bekommt, er sei trotz seiner Dynamik ein vorbildhafter Teamplayer.

Stabil UND beweglich sein

Eine Sache, die Chris beim Gespräch stark hervorhob, ist für uns hier noch interessant. Er sagte, er hätte bei den Wechseln von einem Unternehmen zum nächsten keinerlei Probleme oder Schwierigkeiten gehabt, sich auf neue Unternehmen, neue Unternehmenskulturen und Situationen einzustellen. Ihm sei ganz klar, was für ihn sinnvoll und wichtig ist und wie er seine Stärken am besten einsetzen kann, dadurch hätte er etwas, das ihm ein hohes Maß an Sicherheit gäbe, auch wenn sich das Umfeld und die äußeren Gegebenheiten verändern. Genau deshalb empfehle ich Ihnen, Ihre Kraft-Spur zu entwickeln und dieser zu folgen. Damit schaffen Sie sich einen stabilen Kern, der es Ihnen ermöglicht, nach außen hin flexibel und anpassungsfähig zu sein.

Als ich nach drei langen Sommern von den Flüssen in Maine wieder zurück nach Europa ging, arbeitete ich einen Sommer lang in der Schweiz im Unterengadin als Raftguide. Zusammen mit zwei amerikanischen Guides und zwei österreichischen Freunden halfen wir, Rafting in unseren Gefilden populär zu machen. Am Inn flussabwärts von St. Moritz gibt es mehrere interessante und zum Teil sehr spektakuläre Schluchten. Zwei davon sind für das kommerzielle Rafting geeignet. Die eine ist die etwas leichtere Standardstrecke im Bereich von Scuol und die andere ist die technisch anspruchsvolle Giarsun Schlucht. Die Standardstrecke befuhren wir fast täglich. Sie war von der Charakteristik her durchaus vergleichbar mit den Flüssen von Maine. Ein breites Flussbett, lange gerade Abschnitte mit wuchtigem Wildwasser mit hohen Wellen und kräftigen Walzen. Technisch fordernde Passagen, bei denen es darauf ankam, präzise wie bei einem Slalom durch verwinkelte Verblockungen zu navigieren, gab es nur wenige. Für mich als Guide bedeutete dies, das Raft in der Hauptströmung zu halten und eher mit Geschwindigkeit durch Walzen und hohe Wellen durchzustechen. Geschwindigkeit gibt Sicherheit, war das Motto. Das konnte ich gut, denn ähnliches war ich vom Kennebec und dem Penobscot in Maine gewohnt. Und es machte den Gästen auch mächtig Spaß, da beim schnellen Durchfahren der Wellen das Wasser so richtig über das Boot schwappte und sie dabei völlig durchnässt wurden.

Die Giarsun war eine etwas andere Welt. Eng, viele Felsen, einige kleinere Abbrüche und eine Kurve nach der anderen. Das verlangte eine zum Teil völlig andere Fahrtechnik. Ging es bei der Standardstrecke um Speed und Power, so waren in der Giarsun technische Raffinesse, Präzision und Gefühl angesagt. Die ersten Male, als ich diese wildromantische Schlucht zum Training mit Freunden befuhr, hatte ich massive Schwierigkeiten, mich auf diese anderen Gegebenheiten einzustellen. Meine Anweisungen führten dazu, dass wir zu schnell in der Vorwärtsbewegung waren und viel zu langsam beim Drehen. Das hatte zur Folge, dass wir unzählige Male an Felsen anfuhren, manchmal die ideale Spur nicht erwischten und es so aussah, als wäre die Giarsun nicht zum Rafting geeignet.

Nach einigen Fahrten begann ich anders und langsamer an die Sache heranzugehen. Vor verwinkelten Einfahrten zu kniffligen Stellen bat ich meine Gäste sogar rückwärts zu paddeln, um das Boot abzubremsen und langsam seitlich zu versetzen. An manchen Stellen drehte ich das Boot in kleinen Kehrwassern hinter Felsen wieder flussaufwärts, um in der ruhigen Zone kurz anzuhalten und Zeit zu haben, mir einen Überblick zu verschaffen, wo und wie die nächste Stelle angefahren werden musste. Es entwickelte sich mit dem großen und trägen Raft fast ein Wildwasserfahren, das dem Kajakfahren mit den kleinen und wendigen Booten glich. Als ich diese für mich neue Herangehensweise langsam verinnerlichte, begann es wieder Spaß zu machen und die Fahrten wurden wieder eleganter. Somit war ich bereit, die Giarsun-Schlucht auch mit Gästen zu befahren.

Genau das meinte Chris der Manager, als er einerseits vom notwendigen festen Kern sprach, der Stabilität gibt, und andererseits von der ebenso wichtigen großen Offenheit, sich auf neue Situationen und Gegebenheiten einzustellen. Den festen Kern bildeten bei mir damals der Sinn, den ich aus dem Wildwasserfahren schöpfte, die Werte, die mir dabei wichtig waren und auch das Bewusstsein, dass ich Stärken hatte, die mich dazu befähigten, mit unbedarften Gästen schwieriges Wildwasser zu befahren. Die Flexibilität, mich auf ein neues und anderes Terrain einzulassen, fehlte mir in der Giarsun anfänglich. Das wurde mir aber sehr schnell und unverblümt aufgezeigt.

Für Sie als Führungskraft oder als Schlüsselperson im wirtschaftlichen Getriebe hat das ebenfalls große Bedeutung. Wenn ich Sie in dieser Disziplin dazu anrege, sich Ihrer Kraft-Spur bewusst zu werden und diese konsequent zu verfolgen, so könnte dies unter Umständen in eine falsche Richtung führen. Nämlich, dass Sie damit verbinden, das sei etwas Fixes und Starres und das sei dann auf jede Situation eins zu eins übertragbar. Das funktioniert nicht. Die Giarsun hat es mir beim Rafting verdeutlicht. Im Kern hatte sich bei mir nichts geändert. Für mich war Wildwasserfahren in der Giarsun immer noch gleich bedeutend wie beim Rafting auf der Standardstrecke, aber in meinem Herangehen an die technisch anspruchsvollere Schlucht musste ich etwas markant ändern. Und das ist hier die Botschaft: Es ist wichtig, einen stabilen Kern zu haben UND gleichzeitig offen und flexibel zu bleiben für die Bedingungen des Umfelds.

Wenn Sie für sich klar wissen, dass es Sinn macht, Führungskraft zu sein, weil Sie dabei zum Beispiel Werte wie Gestaltungswille, Leistung und Wirtschaftlichkeit verwirklichen können, und wenn Sie zudem überzeugt sind, Sie haben ein entsprechendes Set an Stärken, das Ihnen bei der Umsetzung hilft, dann ist das spitze. Sollten Sie aber davon überzeugt sein, dass die Art, wie vor einigen Jahren Führung in vielen Unternehmen entwickelt und praktiziert wurde, heute und morgen noch genauso gelebt werden kann, dann wird es Ihnen ergehen wie mir bei meinen ersten Fahrten durch die Giarsun. Sie werden an vielen Stellen anecken und anrennen und es wird weder für Sie noch für Ihr Umfeld Spaß machen und interessant sein. Damit das nicht geschieht, lade ich Sie ein, mir in den nächsten Abschnitt zu folgen, wo es um die Freiheit des Denkens geht.

Frei sein – Neue Sichtweisen zulassen

Als ich Sie im vorigen Abschnitt dazu ermutigte, Ihre eigene Kraft-Spur zu identifizieren, schlug ich Ihnen vor, das Finden und Entwickeln als Prozess zu sehen, der sich Schritt für Schritt im Laufe des Gehens entwickelt. Dafür gibt es zwei Gründe. Erstens zeigt die Erfahrung, dass es eine gewisse Zeit und erlebte Erfahrungen braucht, bis sich die wesentlichen Dinge so zeigen, dass diese für Sie schließlich klar und eindeutig sind. Zweitens ist es bei diesem Prozess wichtig, dass Sie sich nicht mit den ersten Überlegungen zu Sinn, Werten und Stärken zufriedengeben. Bei dem Heben Ihrer wertvollen Schätze lohnt es sich, ruhig etwas tiefer zu graben, um zu der Essenz zu kommen, was für Sie Sinn macht und was Ihre Werte und Ihre Stärken sind. Dafür gibt es einen einfachen Grund, der mir bei meiner Ausbildung zum Mindfulness-Trainer bewusst wurde: unsere zum Teil fixen Gedanken und die manchmal hinderlichen Grundüberzeugungen.

In der Schule, bei der Ausbildung und an der Uni lernen wir unseren Verstand logisch und analytisch zu benützen. Das ist gut und unbestritten wertvoll. Was wir aber nicht oder nur ganz selten lernen, ist über das Wesen von Gedanken nachzudenken. Das klingt zuerst kompliziert, es ist aber einfach zu erklären. Wenn Ihnen in der Schule vielleicht ein genervter Lehrer einige Male sagt, Sie seien nicht kreativ und Sie sollen doch Ihre Finger vom Zeichnen, Malen und künstlerischen Gestalten lassen und Sie dem Lehrer Glauben schenken, werden Sie schon als Kind wahrscheinlich nur sehr selten etwas zeichnen oder malen. Das hat vielleicht zur Folge, dass sogar Ihre Eltern immer wieder einmal zu Freunden oder gar zu Ihnen sagen, Sie würden gar nicht gerne kreativ gestalten und es würde Ihnen auch nicht wirklich liegen. Und so setzt sich dies fort, bis Sie schließlich selbst davon überzeugt sind, dass Sie weder zeichnen noch malen können und dass Sie am besten Ihre Finger vom künstlerischen Gestalten lassen sollten.

Die Frage ist nun: Können Sie es wirklich nicht, oder ist Ihr Denken in Bezug auf Malen und Zeichnen zu einer derart fixen Idee und Grundüberzeugung geworden, dass Sie felsenfest davon überzeugt sind, nicht malen und zeichnen zu können. Zeichnen und malen habe ich nur zur Verdeutlichung der einengenden Systematik verwendet. Im Grunde wäre es sehr schade, wenn Sie wirklich davon überzeugt wären, nicht zeichnen und malen zu können, aber es ist nicht wirklich relevant für Sie als Führungskraft.

Wenn es aber um Themen in Bezug auf Führung geht und Sie von hinderlichen Grundüberzeugungen ebenso felsenfest überzeugt sind, dann ist es kritischer. Nehmen Sie zum Beispiel eine Grundüberzeugung, die ich in manchen meiner Workshops immer noch antreffe: „Ich als Führungskraft muss meinen Mitarbeitern alles vorkauen und ganz klare Anweisungen geben, ansonsten geschieht nichts!" Tun wir einfach einmal so, Sie wären davon felsenfest überzeugt. Es ist dann ganz logisch, wie Sie in diesem Fall agieren. Sie sind sehr aktiv, treffen fast alle Entscheidungen, geben klare Anweisungen und kontrollieren ziemlich streng, ob diese befolgt werden. Wie agieren Ihre Mitarbeiter? Auch das ist klar. Sie werden abwarten, bis Sie Entscheidungen treffen, sie werden eher passiv sein, auf Ihre Anweisungen und Vorschläge warten und sie werden nur selten mit kreativen Ideen auf Sie zukommen. Die Frage ist nun: Sind Ihre Mitarbeiter wirklich so, oder wurden sie von Ihrer grundlegenden Überzeugung und Ihren darauffolgenden Handlungen derart gesteuert, dass sie passiv, abwartend und träge wurden?

Was diese gesamte Systematik noch verschlimmert, ist der Rückschluss, den Sie aus Ihren Beobachtungen ziehen. Sie sehen nämlich, Ihre Mitarbeiter sind abwartend, passiv und kommen ganz selten mit kreativen Ideen und Vorschlägen. Diese Beobachtungen verstärken Ihre anfängliche Grundüberzeugung. Dadurch werden Sie felsenfest davon überzeugt, dass es wirklich so ist, dass ohne Sie nichts läuft.

Die nachfolgende Skizze verdeutlicht diese selbsterfüllende Prophezeiung. Wie Sie die Dinge SEHEN, bestimmt Ihr HANDELN, und dieses bestimmt die ERGEBNISSE, die Sie bekommen. Und was Sie dann an den Ergebnissen sehen, bestärkt sehr oft Ihre Sichtweisen und Grundüberzeu-

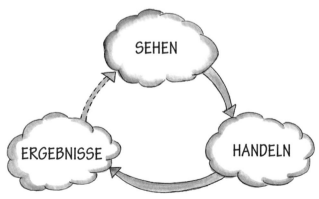

gungen. Deshalb ist es so wichtig, dass Sie immer wieder einmal, wie in der vorigen Disziplin schon dargestellt, STOP! sagen und offen und unvoreingenommen die Dinge betrachten. Dadurch wird es Ihnen möglich, neue Facetten und Perspektiven von Dingen zu sehen, die Sie ansonsten einfach nicht wahrnehmen.

Im Mindfulness-Training wird es immer und immer wieder trainiert, offen und unvoreingenommen zu sein, auch den Gedanken und Grundüberzeugungen gegenüber. Die begleitende Anleitung dazu lautet: Gedanken sind Gedanken – nicht mehr und nicht weniger. Das ist deshalb so wertvoll, da Gedanken und Sichtweisen sehr schnell zu fixen Vorstellungen und Überzeugungen werden. Diese machen es dann schwierig, unvoreingenommen und interessiert auf Neues oder Anderes zuzugehen.

Das ist es auch, warum ich Ihnen rate: Lassen Sie sich bei der Identifizierung Ihrer „Kraft-Spur" Zeit. Es braucht nämlich einen klugen Umgang mit möglicherweise hinderlichen Gedankengebilden, die Sie davon abhalten, sich selbst und Ihre wichtigen Themen wie Werte und Stärken unvoreingenommen und „neu" zu sehen. Hinderliche Grundüberzeugungen machen sich häufig über die Sprache bemerkbar. Wörter wie „ich muss, ich kann nicht, man darf nicht, es geht überhaupt nicht" weisen mitunter auf ungeschriebene Gesetze hin, die im allergrößten Fall nicht wirklich stimmen. Lassen Sie sich dadurch nicht in die Irre führen. Seien Sie aufmerksam. Bei diesen oder ähnlichen Phrasen sollte eine rote Ampel aufleuchten und Sie daran hindern, den Gedankengang unreflektiert weiterzuführen. Vor allem dann, wenn Sie auf Ihre sinnstiftenden Motive, auf Ihre Werte und auf Ihre Stärken kommen wollen.

„Frei sein, wo immer Du bist", das ist der Titel eines kleinen Büchleins. Es ist die Kurzfassung eines mehrtägigen Vortrags, den Thich Nhat Hanh, ein vietnamesischer Gelehrter und Meister in Sachen Mindfulness, in einem amerikanischen Gefängnis hielt. Stellen Sie sich vor, in einem Gefängnis, in dem es alles andere gibt als das, was wir uns normalerweise unter Freiheit vorstellen, spricht er über das Freisein. Er meint dabei nicht die äußere Freiheit, die wir in der freien Welt genießen. Vielmehr meint er die Freiheit, jeden Moment entscheiden zu können, ob Sie zum Beispiel Probleme oder Herausforderungen sehen, ob Sie die vielen kleinen Dinge wahrnehmen, die Ihnen das Leben erleichtern, oder ob Sie nur die Sachen bemerken, die nicht funktionieren. Und vor allem meint er die Freiheit, dass Sie Ihre Gedanken als Gedanken sehen können und nicht alles für wahr und fix nehmen brauchen. Das ist es, wozu ich Sie mit dieser Disziplin ebenfalls anrege: Gönnen Sie sich hin und wieder die Freiheit, sich selbst neu und unvoreingenommen zu sehen und Ihre möglicherweise einschränkenden Gedanken über sich selbst nicht als unveränderliche Wahrheiten zu sehen.

Fokussiert bleiben

Wenn Sie mit der Zeit Ihre Kraft-Spur identifiziert haben, so ist es wichtig, diese im Fokus zu behalten. Es ist ganz normal, dass es immer wieder Zeiten und Phasen gibt, wo Sie nicht ganz zu 100 Prozent auf Ihrer Spur unterwegs sind. Aber im Großen und Ganzen sollte es Ihnen gelingen, auf Ihrer Kraft-Spur zu bleiben oder zumindest zu dieser immer wieder zurück zu gelangen. Erinnern Sie sich an Chris, den Manager von Firmen im Energiesektor. Bei allen drei Stationen war er darauf bedacht, dass seine Sinn-Faktoren und seine Werte zum Tragen kommen und dass er seine Stärken zum Einsatz bringen kann. Das brachte ihm einerseits Sicherheit und andererseits Kraft. Das ist ein Paradebeispiel dafür, wie wertvoll es ist, eine Sinn-Spur zu haben und bedacht zu sein, diese nie wirklich aus den Augen zu verlieren.

Für mich ist es vergleichbar mit meinen Erfahrungen im Mindfulness-Training. Vor allem bei Übungen, bei denen es darum geht, fokussiert und konzentriert zu sein, geschieht es sehr schnell, dass sich mein Geist von allen möglichen Dingen ablenken lässt. Da sitze ich einige Momente lang still und ruhig, versuche meinen Atem zu beobachten und etwas Ruhe und Zentriertheit in meinen Kopf zu bringen, da kommen mir auch schon alle erdenklichen Themen in den Sinn, die ich nach der Übung erledigen möchte. Sobald ich das bemerke, hole ich meinen Geist wieder zurück und beginne ihn wieder mit der Atembeobachtung zu zentrieren. Einige Momente später bin ich mit meinen Gedanken schon wieder ganz woanders, bei einem Gespräch, das ich gestern führte und das für mich nicht ganz zufriedenstellend verlief. Sobald ich das wiederum bemerke, hole ich den Geist wieder zurück zur Betrachtung meines Atmens. Und so geht es weiter. Das klingt mühsam und nervig. Ist es manchmal auch. Aber der Sinn und Zweck dieser Übung ist, genau das Zurückkommen zum eigentlichen Fokus immer und immer wieder zu trainieren. Wenn Sie sich auf die Übungen, die ich Ihnen im Anschluss der Disziplinen nahelege, einlassen, so werden Sie mit der Zeit bemerken, wie die Zeitspannen, bei denen Sie den Atem im Fokus behalten können, länger werden, und das zeigt, wie Ihr mentaler Muskel, der für Fokus und Konzentration sorgt, dabei ist, stärker zu werden.

Bei aller Flexibilität, Agilität und Anpassungsfähigkeit ist es immer noch wichtig, dass Sie sich konzentrieren und fokussieren können. Die vielen verführerischen Ablenkungen und Möglichkeiten, die die neuen Medien und Technologien bieten, machen das im Grunde immer schwieriger und herausfordernder. Aber auch der ganz normale Alltag von Führungskräften sorgt nicht gerade dafür, lange Zeit bei einer Sache verweilen zu können. Verschiedenste Untersuchungen und Studien, die die Faktoren Aufmerksamkeit, Fokus und Konzentration unter die Lupe nehmen, zeigen eines ganz deutlich: Diese Fähigkeiten nehmen ab. Es geht nicht darum, die neuen Technologien zu verteufeln oder über die hektischen Rahmenbedingungen im Unternehmensalltag zu jammern. Ganz und gar nicht. Es zeigt nur auf, dass es immer wichtiger wird, etwas dafür zu tun, sich über längere Zeiten fokussieren und konzentrieren zu können. Denn, das zeigen diverse Studien ebenfalls auf: Je besser die Konzentrationsfähigkeit ist, desto besser sind die Arbeitsergebnisse.

Fokus und Konzentration sind in vielen Führungssituation unerlässlich. Sei es bei einem wichtigen Gespräch mit einer Mitarbeiterin, sei es bei einem entscheidenden Kundentermin, bei dem Sie um einen großen Auftrag ringen, sei es beim Ersinnen von neuen und innovativen Produkten und Dienstleistungen oder sei es beim Aufspüren von diffizilen Fehlern, die sich in Ihre Software eingeschlichen haben. Sie, wie viele andere Führungskräfte, haben heutzutage mit Sicherheit immer mehr Themen auf Ihrem Tisch, aber immer weniger Zeit, sich diesen Themen wirklich zu widmen. Zu versuchen, möglichst viele Themen auf einmal zu lösen, ist das beste Rezept, im Grunde überhaupt nichts wirklich zu lösen. Deshalb ist es wichtig zu lernen, sich zu fokussieren und immer wieder zu Ihrem Fokus zurückzukommen, um Ihren wichtigsten Themen ungeteilte Aufmerksamkeit zukommen zu lassen, von Moment zu Moment.

Ihre „Kraft-Spur" halten Sie im Fokus, indem Sie in für Sie sinnvollen und praktikablen Abständen regelmäßig kurz innehalten und sich Zeit zur Reflexion geben. Nehmen Sie das genauso ernst und wichtig, wie Sie Ihre Businessprojekte im Fokus behalten. Verfolgen Sie in Bezug auf Sinn, Werte und Stärken Ihre Fortschritte, Lernerfahrungen und Erkenntnisse in einer ähnlichen Art und Weise, wie Sie Ihre wichtigen Projekte im Geschäft verfolgen und im Blick behalten. Sie werden merken, wie Sie sich dadurch stärker, sicherer und stabiler fühlen.

Ihren mentalen Muskel, mit dem Sie es schaffen, im turbulenten und hektischen Führungsalltag fokussiert und konzentriert zu bleiben, trainieren Sie am besten mit Übungen aus dem Fundus des Mindfulness-Trainings. Eine dafür ist die folgende Übung FOKUS.

Mit der Übung FOKUS trainieren, wie Sie fokussiert und konzentriert bleiben

Diese Übung klingt zuerst ähnlich zu der schon in der ersten Disziplin vorgeschlagenen Übung ATEMRAUM. Dennoch ist sie von dieser verschieden. Bei der Übung ATEMRAUM geht es darum, sich zwischendurch immer wieder einmal kurzzeitig aus dem hektischen Getriebe herauszunehmen und einige Momente lang mit dem Atem in Verbindung zu kommen und darüber hinaus Verspannungen im Körper, aber auch im Geist zu lösen.

Bei der Übung FOKUS geht es darum, wie der Name schon andeutet, die Fähigkeit zu trainieren, fokussiert und konzentriert zu sein und über längere Zeit fokussiert zu bleiben. Oder zumindest nach Ablenkungen und Verwirrungen möglichst schnell und klar wieder zum eigentlichen Fokus zurückzukommen. Wenn Sie diese einfache, aber manches Mal herausfordernde Übung regelmäßig durchführen, so stärken Sie Ihre mentale Kapazität, lange bei einer Sache bleiben zu können. Einfach ist die Übung, weil Sie nichts anderes dazu benötigen als Ihren festen Entschluss, sie durchzuführen, einen ruhigen Ort und eine Möglichkeit, sich zu setzen. Herausfordernd ist sie manchmal, weil Sie über die Übung bemerken werden, wie hektisch es mitunter in Ihrem Kopf zugeht und wie schnell sich Ihr Geist von diversen Dingen ablenken lässt. Aber genau dafür ist die Übung konzipiert: zu erkennen, was in Ihrem Geist abläuft und dass Sie immer und überall die Möglichkeit haben, sich wieder von Neuem zu fokussieren.

Für die Übung, wie Sie diese auch auf dem Audiofile auf meiner Homepage angeleitet finden, benötigen Sie zehn ungestörte Minuten. Am Anfang ist es gut, wenn Sie sich dabei niedersetzen. Wenn Sie die Übung später dann auch ohne Anleitung durchführen können, so können Sie die Übung natürlich auch im Stehen, im Gehen oder beim lockeren Laufen praktizieren. Fangen Sie aber einfach und unkompliziert an.

FOKUS – die Übung

Wenn Sie die Übung ohne Anleitung durchführen, so stellen Sie sich einen Timer für zehn Minuten. Setzen Sie sich auf einen Stuhl. So, dass Sie sich nicht anlehnen und etwas aufgerichtet sitzen. Nehmen Sie im Sitzen eine gute Balance zwischen aufrechter Haltung und bequemem Sitzen ein. Überprüfen Sie zu Beginn noch etwas Ihre Haltung. Geben Sie sich ruhig ein paar Momente Zeit, im Sitzen so richtig anzukommen. Atmen Sie noch ein paar Mal etwas intensiver aus und ein und lassen Sie dann Ihren Atem so sein, wie er eben gerade ist.

Wenn es für Sie passt, schließen Sie sanft die Augen. Wenn Sie diese offen halten, so richten Sie Ihren sanften Blick vorne leicht auf einen fixen Punkt am Boden. Nehmen Sie dann Kontakt zu Ihren Füßen auf. Spüren Sie hin zu Ihren Füßen. Checken Sie nun kurz Ihre Beine bis hinauf zu Ihrem Gesäß. Manchmal gibt es da noch die eine oder andere Verspannung. Erlauben Sie diesen, etwas lockerer zu werden. Spüren Sie in weiterer Folge hin zu Ihrem Oberkörper und Ihren Schultern. Gönnen Sie auch diesen Körperpartien so halbwegs gelöst zu sein. Und scannen Sie auch noch kurz Ihr Gesicht und Ihren Kopf.

Nun bringen Sie Ihre Aufmerksamkeit und Ihren Fokus freundlich, aber sehr bewusst zu Ihrem Atem. Nehmen Sie wahr, dass es da in Ihrem Körper etwas gibt, das als Atem bezeichnet wird: das Einatmen und das Ausatmen. Spüren Sie hin, wo Sie im Moment den Atem empfinden. Im Nasen- und Mundbereich, oder im Brustkorb, oder in der Bauchgegend. Nur wahrnehmen. Dann lade ich Sie ein, Ihre Aufmerksamkeit zum Bauch und zur Nabelgegend hinzuführen. Nehmen Sie nun für den Rest der Übung Ihren Bauchbereich als den Ort, mit Sie Ihren Atem und die damit verbundenen Bewegungen beobachten.

Es geht um keine Atemübung im klassischen Sinne, bei der Sie den Atem irgendwie manipulieren. Es geht nur darum, den Atem zu beobachten und ihn als Fokuspunkt für Ihre Konzentration zu nützen. Und wie der Atem im Moment ist, so ist es in Ordnung. Ist er schnell und hektisch, so ist er schnell und hektisch. Ist er ruhig und tief, so ist er ruhig und tief. Nichts hineininterpretieren, nichts verklären, sondern einfach nur Ihre Aufmerksamkeit fokussiert beim Atmen halten.

Es wird nicht lange dauern, bis Ihre Aufmerksamkeit wandert. Zu Körperempfindungen, zu Gedanken, zu Erinnerungen, zu Sorgen oder zu was immer. Sobald Sie das bemerken, lösen Sie sich bitte von diesen Ablenkungen und kommen Sie wieder zurück zur Atembetrachtung in der Bauchgegend. Immer wieder. Geduldig. Offen und interessiert. Freundlich. Und doch klar und bewusst.

Führen Sie diese Übung so lange durch, bis Sie entweder meine Stimme am Audiofile zum Aufhören anleitet oder bis der Timer das Ende angibt. Spüren Sie noch ein paar Momente den Eindrücken und der Erfahrung der Übung nach, öffnen Sie dann ganz bewusst die Augen. Strecken und dehnen Sie sich etwas und werden Sie wieder aktiv, um sich den Aufgaben zu stellen, die als Nächstes für Sie anstehen.

3. LEAN INTO IT – mutig und agil handeln!
Die dritte Disziplin

Wenn Sie sich beim Lesen der vorangegangenen Disziplin gefragt haben sollten, warum ich zwar über Fokus schreibe, aber nichts über ambitiöse Ziele und über das konsequente Verfolgen dieser, so hat das einen ganz einfachen Hintergrund. Ich bin davon überzeugt, dass das Thema Ziele in der Welt der Umbrüche und des raschen Wandels nicht mehr die Bedeutung hat, die es früher eingenommen hatte. Viel zu oft erlebe ich Spitzensportler und Top-Führungskräfte, die klare und präzise formulierte Ziele haben, diese diszipliniert und konsequent verfolgen, dabei aber die realen Gegebenheiten aus dem Blick verlieren und nicht mehr offen sind für plötzlich auftauchende Veränderungen. Das sture Festhalten an den Zielen lässt die Akteure dann verkrampfen und behindert sie, sich wirklich weiterzuentwickeln und über sich selbst hinauszuwachsen.

Dass Sie sich ambitiöse Ziele vornehmen und diese mit mutigen und konsequenten Schritten in Angriff nehmen, ist ganz gewiss förderlich, um nicht träge und nachlässig zu werden. Es ist zudem sehr motivierend, und es tut gut, hochgesteckte Ziele zu erreichen. Gleichzeitig hebe ich hier nochmals die Bedeutung der Prozessorientierung hervor, die ich schon in einem der vorangegangenen Kapitel beschrieben und mit dem Beispiel von Marcel Hirschers erfolgreichster Saison im Skiweltcup untermauert habe. Ziele sind die eine Seite der Medaille. Die andere Seite ist der Prozess. Mit welcher Grundhaltung und mit welchem Anspruch Sie an Ihr Tun herangehen, bestimmt vielfach weit mehr über Ihr persönliches Wachstum, als das verbissene Verfolgen von einmal gesteckten Zielen.

Die von Peter Brabeck-Lethmathe, dem Verwaltungsratspräsidenten von Nestlé, beschriebene Geisteshaltung entspricht genau diesem Vorgehen. Bei einer Veranstaltung für Manager wurde er gefragt, wie sich sein Weg vom Eisverkäufer hin zum Chef eines der größten Unternehmen gestaltete, ob er diesen Weg genau geplant und abgestrebt habe, und was aus seiner Sicht ausschlaggebend für seine steile Karriere war. Sinngemäß sagte er, er hätte diesen Weg in dieser Form weder geplant noch konsequent angestrebt, sondern dieser hätte sich im Laufe des Gehens entwickelt. Aber er habe sich immer vorgenommen, in jeder Position und bei jeder Aufgabe alles so gut wie nur irgendwie möglich zu machen, ganz egal, wie klein, wie groß oder wie anstrengend die Aufgaben waren, und ganz egal, ob er sie von vornherein mochte oder nicht. Er hätte immer einen hohen Anspruch an sich und an seine Performance gelegt und das hätte ihn dazu gebracht, Unangenehmes anzupacken, Schwierigkeiten zu meistern, sich schnell neue Fertigkeiten anzueignen und immer wieder über sich selbst hinauszuwachsen.

Das ist es, worum es in dieser dritten Disziplin geht: Haben Sie einen hohen Anspruch an sich und an Ihr Tun. „Lehnen" Sie sich aktiv in Schwierigkeiten hinein, packen Sie Probleme mutig an und seien Sie agil und kreativ beim Lösen von unangenehmen Problemen. Ihr persönliches Wachstum ist dann die logische Folge. Sie werden zum einen stärker und souveräner und zum anderen interessanter für immer spannendere Aufgaben.

Auch beim Wildwasserfahren ist dieses Prinzip des „LEAN INTO IT" von großer Bedeutung.

Am schon mehrmals erwähnten Penobscot-Fluss in Maine, im Nordosten der USA, spielte sich am Startpunkt der Raftingtour jeden Morgen ein besonderes Ritual ab. Die Gäste wurden mit einem Bus bis knapp zur Einstiegstelle gefahren. Dann ging es über einen schmalen Pfad in die Schlucht hinunter. Unten angekommen, wurden sie in kleinere Gruppen auf die Raftingboote aufgeteilt. Jetzt lag es an jedem Guide, in kürzester Zeit die Gruppe in seinem Boot auf die kommenden Herausforderungen vorzubereiten. Die Kommandos wurden erklärt und in einem ruhigen Pool ausprobiert und geübt, Sicherheitsthemen besprochen und verinnerlicht und vor allem ein Kommando vielfach geübt, das jeder hoffte, nie gebrauchen zu müssen: „High Side".

Es handelt sich um ein Kommando, das beim Rafting in einer ganz bestimmten Extremsituation absolut notwendig ist. Wird ein Raft von der Strömung gegen einen Felsen oder eine Felswand gedrückt, so steigt die Seite, die sich am nächsten zum Felsen befindet, in die Höhe – die High Side. Der untere Wulst des Bootes wird, wenn man nicht blitzartig richtig agiert, binnen Sekunden von der Wucht des Wassers unter die Wasseroberfläche gedrückt. Das kann zur Folge haben, dass das Boot für längere Zeit am Felsen „klebt" und nur mit komplizierten technischen Raffinessen wieder davon gelöst werden kann. Das Boot ist der eine Risikofaktor in solchen Situationen, die Gäste der andere und viel wichtigere. Die Möglichkeiten, sich bei einer derartigen

Aktion zu verletzen, sind vielfältig. Aus dem Boot gespült zu werden und sich danach schwimmend in einem turbulenten Wildwasserabschnitt zu finden, ist dabei noch eines der geringeren Übel. Im extremsten Fall kann es passieren, dass ein Gast von der Wucht des Wassers unter das Boot gezogen wird. Durch den Auftrieb der Schwimmweste wird diese Person dann gegen die Unterseite des Bootes nach oben gedrückt und bleibt dort, hilflos und ohne Luft zu bekommen, eingeklemmt. Das bedeutet absolute Lebensgefahr.

Mit dem Kommando „High Side" will der Guide dem Ganzen entgegenwirken. Die Gäste werden deshalb beim Üben im Startpool darauf eingeschworen, sich bei dem Kommando „High Side" blitzschnell auf den jeweiligen Außenwulst des Bootes – je nachdem, welche Seite der Guide ansagt – zu setzen und dort festzuklammern. Dadurch wird der untere Wulst entlastet. Wenn alles gut geht, fließt die Strömung unter dem Boot durch und das Boot lässt sich, ohne am Felsen „kleben" zu bleiben, wieder von ihm wegbewegen.

„High Side" bedeutet aber, gegen den natürlichen Instinkt zu handeln. Normalerweise lehnt sich jeder Anfänger im Wildwasser weg vom Hindernis. Ganz automatisch und ohne zu überlegen. Bedeutet das Hindernis doch Gefahr. Die richtige Reaktion aber ist: „Lehne dich hinein!" Das ist so bei Felsen und ebenso bei starken Walzen. Nur ein „Hineinlehnen" schafft die Möglichkeit, mit diesen Hindernissen souverän umzugehen.

Rein in die „Gischt"!

Schwierigkeiten ausweichen, Umwege gehen und angenehmere Alternativen suchen, scheint auch in Führungssituationen mitunter zunächst leichter. Sehr oft ist es aber alles andere als zielführend. In Zeiten des dynamischen Wandels und der rapiden Umbrüche bleibt Führungskräften eigentlich keine andere Alternative, als sich mutig und aktiv den Herausforderungen zu stellen. Ansonsten passiert das Gleiche wie im Wildwasser: Man bleibt „hängen" und es kommt zum Stillstand, was in dem sich ständig verändernden Umfeld im Grunde einem Rückschritt gleichkommt.

Das mag für Sie vielleicht anstrengend klingen und erscheinen. Es bedeutet sicherlich Aufwand und Arbeit, vor allem innere Entwicklungsarbeit. Es erfordert Mut. Mut, Altes zu verlernen und sich Neuem zuzuwenden. Mut, sich Dingen zu stellen, wo Sie nicht gleich perfekt sein können, wo Sie sich vielleicht sogar blamieren könnten. Es erfordert ganz gewiss auch die in der ersten Disziplin beschriebene Offenheit, um verschiedenste neue Zugänge auszuprobieren, zu testen und im Verlauf des Erlernens auf zielführende Wege zu kommen. Und es verlangt sicher auch die Qualität, durchhalten zu können. Denn nicht jeder erste neue Versuch wird sofort erfolgreich sein. Sich immer wieder aufzurichten und von Neuem anzufangen, verlangt natürlich auch eine gute Portion von Frustrationstoleranz.

Aber: Es lohnt sich! Es führt dazu, dass sich Ihr Aktionsradius erweitert. Sie werden agiler und flexibler. Ihr Erfahrungsschatz wird größer, wodurch Sie mehr Handlungsalternativen haben, auf die Sie in schwierigen Momenten zugreifen können. Das alles bringt Ihnen mehr Gelassenheit und Souveränität.

Viktor Frankl, ein auch nach seinem Tod immer noch hochgeschätzter und weltweit anerkannter Arzt und Psychiater, prägte den Begriff der „Trotzmacht des Geistes". Damit beschrieb er Situationen, in denen Menschen in schwierigsten Lebenssituationen über sich hinauswuchsen und diesen trotzen konnten. Er bemühte sich bei sich selbst, diese allen Menschen innewohnende Fähigkeit immer wieder zu trainieren. Unter anderem begann er zu klettern, gerade weil er Höhenangst hatte. Nachdem er beim Bergsteigen und Klettern seine Ängste mit der Zeit in den Griff bekommen hatte, begann er noch im gesetzteren Alter mit dem Fliegen von kleinmotorigen Flugzeugen. Einfach aus dem Motiv heraus, sich konstruktiv der eigenen Flugangst zu stellen.

In einem seiner vielen Bücher beschreibt er dieses menschliche Potenzial, über sich selbst hinauswachsen zu können, folgendermaßen: „Und siehe da, es ergeht ihm (dem Menschen) dabei so wie dem Horizont, denn mit jedem Schritt, den er auf ihn zugeht, weicht der Horizont vor ihm zurück, in dem Maße, in dem er sich ihm nähert, schiebt er ihn schon vor sich her; er schiebt ihn immer mehr hinaus." Genau das ist der Effekt von „LEAN INTO IT – mutig und agil handeln!". Indem Sie sich Neuem, Ungewohntem und Herausforderndem aktiv zuwenden, schieben Sie Ihre Grenzen hinaus und Ihr Handlungsspielraum wird größer. Es ist ganz klar, dieses Hinausschieben der eigenen Grenzen erfordert Mut, aber ganz gewiss auch ein großes Maß an Durchhaltevermögen. Und es erfordert, die ersten misslungenen Versuche nicht als Scheitern zu sehen, sondern als wertvolle Lernerfahrungen, die Sie letztendlich wachsen lassen.

„Du bist heute kein einziges Mal hineingefallen. Du hast nichts gelernt." Das war eine Aussage, die ich als jugendlicher Anfänger beim Kajakfahren des Öfteren von einem meiner Mentoren hörte. Natürlich freute er sich mit uns, wenn wir beim Kajakfahren Schritt für Schritt besser wurden und nicht mehr so häufig schwammen wie am Anfang. Dennoch wusste er aus eigener Erfahrung: Wirklich gut wird im Wildwasser nur, wer sich traut, immer wieder mal an die eigenen Grenzen zu gehen. Das Hineinfallen war das Zeichen dafür, etwas außerhalb der Komfortzone ausprobiert zu haben. Dieses scheinbare Misslingen war aber kein Scheitern im eigentlichen Sinne, sondern eine gute Art zu lernen, um besser und stärker zu werden.

Dieses Prinzip zeigte sich bei uns ganz simpel. Von den sieben Jugendlichen, die von eben diesem Mentor zum Kajakfahren animiert worden waren, blieben mit mir nur zwei weitere dem Kajaksport treu. Wir drei waren es, die vor allem zu Beginn am häufigsten umkippten und schwammen und von außen betrachtet total ungeeignet für den Sport erscheinen mussten.

Mein Freund und Geschäftspartner Rainer Petek beschreibt es in seinem Buch „Das Nordwand-Prinzip" im Bezug zum Klettern und zur Unternehmensführung ähnlich: „Wenn du verlierst, verliere niemals die Lektion." Damit meint er, dass ein misslungener Kletterversuch oder ein misslungenes Projekt im Unternehmen nur dann wirklich zu einem Scheitern führt, wenn daraus keine Lehren gezogen werden.

Probleme als Geschenke sehen

Wenn wir es uns recht überlegen, so werden Führungskräfte dafür eingesetzt, um gemeinsam mit ihren Mitarbeitern und Teams Probleme zu lösen und Schwierigkeiten zu meistern. Bestehendes zu verwalten, vielleicht marginal zu optimieren, ist nicht die Uraufgabe der Manager. Dazu reichen Verwalter aus, die brav und fehlerfrei ihre Pflicht erfüllen. Um in Zeiten der hohen Ungewissheit Neues zu erschaffen und damit nachhaltig erfolgreich zu sein, braucht es Persönlichkeiten, die gelernt haben, mit unangenehmen und schwierigen Themen klug umzugehen. Das erfordert mitunter einen Wandel im grundlegenden Denken. Probleme, die fordern, werden dann nicht als Abweichungen vom normalen Geschehen gesehen, sondern sie sind der eigentliche Grund, warum Führungskräfte zur Arbeit gehen.

Sie werden sich wahrscheinlich hin und wieder denken, dass Sie auch gut ohne das eine oder andere Problem auskommen könnten. Das ist verständlich. Dennoch gebe ich Ihnen den Rat, Probleme von Grund auf anders zu sehen. Nicht als etwas Schwieriges und Dramatisches, sondern vielmehr als Herausforderung oder Chance. Als etwas, das Sie letztendlich befähigt, stärker, kreativer und lösungsorientierter zu werden. Dabei geht es nicht um eine Umfärbung der Wörter. Es geht vielmehr um eine andere Sichtweise und um ein anderes Mindset. So verrückt es klingt, aber versuchen Sie einmal, Probleme als eine Art von Geschenk zu sehen. Ein Geschenk, das Ihnen eine Trainingsmöglichkeit für innere Stärke bietet. Dazu fällt mir eine Aussage eines ehemaligen Lehrers ein. Nachdem ich seinen Unterricht in einer seiner Stunden ziemlich stark störte, meinte er am Ende der Unterrichtsstunde: „Schreib, Sie sind ein wahres Trainingsgerät für Geduld. Danke dafür." Ich denke, er hat diese Aussage damals eher ironisch gemeint. Aber im Kern trifft sie genau den Punkt, den ich Ihnen hier mit der Disziplin „LEAN INTO IT – mutig und agil handeln!" nahelegen möchte.

Die Eskimorolle gibt Sicherheit

Beim Kajakfahren gibt die gut beherrschte Eskimorolle Sicherheit und gleichzeitig ermöglicht sie Freiheit. Sie ist eine spezielle Technik zum Wiederaufrichten des Kajaks nach einer Kenterung, die dazu dient, nicht aussteigen und schwimmen zu müssen. Nach dem Erlernen dieser Rettungstechnik eröffnen sich für den Kajakfahrer neue Dimensionen.

Gibt es ein schöneres Beispiel für Resilienz? Resilienz wird häufig als das „Stehaufmännchen-Prinzip" bezeichnet. Damit ist gemeint, dass resiliente Menschen es schaffen, sich nach Rückschlägen wieder aufzurichten und wieder energiegeladen und handlungsfähig zu sein. Je schneller Ihnen das gelingt, desto resilienter, sprich stärker und souveräner sind Sie.

Bei dieser dritten Disziplin geht es nicht darum, dass Sie auf Teufel komm raus wild und stürmisch agieren oder alle Vorsicht und Sicherheit völlig außer Acht lassen. Auch im unvorhersehbaren und turbulenten Wirtschaftsumfeld sind Sicherheit vermittelnde Mittel und Unterstützungsmaßnahmen hilfreich. Dazu habe ich die WILDWASSER-STRATEGIE entwickelt. Sie dient Ihnen als mentale und emotionale „Eskimorolle" für Ihren fordernden Alltag. Die Disziplinen im Einzelnen, vor allem aber das Zusammenwirken der Disziplinen gibt Ihnen die Kraft, sich in anspruchsvollen Situationen immer wieder aufzurichten und neu auszurichten.

Genau diese Funktion erfüllte mir die Eskimorolle beim Wildwasserfahren. Da ich diese Technik zum Wiederaufrichten perfektioniert hatte und sie in jeder auch noch so turbulenten Situation anwenden konnte, gab sie mir die Sicherheit, die ich brauchte, um mich überhaupt in schwieriges Wildwasser hineinzuwagen. Das war der eine, der stärkende Aspekt für mich. Der andere war die Fähigkeit, mich mit der Eskimorolle in brenzligen Situationen wieder aufrichten zu können, um wieder in ruhigeres Gewässer zu kommen. Das war sozusagen die rettende Komponente der Rolle. Indem ich in gefährlichen Situationen, in denen ich umkippte, nicht aus dem Boot aussteigen musste und dadurch nicht als Schwimmer den Wellen und Walzen wie ein Stück Treibholz ausgeliefert war, half mir das Aufrichten mit der Eskimorolle dazu, dass ich wieder die Kontrolle über mich und das Boot bekam und sicher weiterpaddeln konnte.

Und der dritte ganz konkrete Nutzen, den ich durch das Beherrschen der Eskimorolle gewann, war: Ich wurde viel beweglicher und flexibler. Das Üben und Trainieren dieser Technik brachte es mit sich, dass ich mich zum einen körperlich besser verwinden, drehen und dehnen konnte, was mir insgesamt beim Paddeln zu mehr Beweglichkeit verhalf. Gleichzeit ergaben sich durch diese Technik ganz andere und neue Möglichkeiten, Flussabschnitte zu befahren. War ich vor dem Beherrschen des Wiederaufrichtens bemüht, nur Spuren zu fahren, wo ich mir sicher war, nicht hineinzufallen, so konnte ich mit dem Wissen, dass ich mich jederzeit wieder neu aufrichten kann, völlig befreit und locker Linien wählen, die mir vorher verwehrt waren. Das brachte eine neue Dynamik und Vielfalt in meine Art, den Sport zu betreiben. Ich wurde eben nicht nur körperlich wendiger, sondern vor allem insgesamt agiler und flexibler. Das eröffnete immer wieder neue Horizonte.

Das ist es auch, was Ihnen die WILDWASSER-STRATEGIE und die einzelnen Disziplinen bieten. Wenn Sie die Themen beherzigen und wenn Sie sich mit der einen oder anderen angebotenen Übung mental und emotional stärken, so erhalten Sie mehr innere Stabilität. Aber auch ein viel höheres Maß an mentaler Wendigkeit. Das erlaubt Ihnen, dass Sie sich immer wieder in schwieriges oder ungewohntes Terrain hineinwagen können. Denn die Disziplinen helfen Ihnen auch in schwierigen Situationen, offen, mutig und agil zu bleiben. Das gibt Ihnen Sicherheit. Zusätzlich wissen Sie, Sie haben mit den in dem Buch angebotenen Denkansätzen und Übungen etwas an der Hand, das Ihnen auch dann hilft, wenn Sie einmal bildlich gesprochen umgekippt sind. So ist zum Beispiel der souveräne Umgang mit belastenden

Emotionen wie etwa Angst, Frustration oder Ärger eines dieser Tools, die Ihnen helfen, sich nach einem „Umkippen" wieder schnell aufzurichten.

Emotionen intelligent handhaben

Wenn ich Ihnen in dieser Disziplin „LEAN INTO IT – mutig und agil handeln!" empfehle, sich aktiv in schwierige und herausfordernde Situationen hineinzubegeben, dann ist es mir bewusst, dass das für Sie nicht immer ganz einfach sein wird. Vor allem, weil es ja meist darum geht, sich mit etwas Neuem und Unbekanntem zu konfrontieren. Das ist ganz gewiss spannend, mitunter auch aufregend und mit Sicherheit immer wieder einmal Angst machend. Es ist ganz normal, dass in ungewohnten und ungewissen Momenten Emotionen mit im Spiel sind. Vor allem auch Emotionen wie etwa Sorge und Angst. Wichtig ist nur, dass Sie wissen, wie Sie mit diesen Emotionen konstruktiv umgehen und diesen nicht völlig ausgeliefert sind.

Wenn ich es recht bedenke, so sind Emotionen beim Wildwasserfahren eigentlich erst die Würze. Natürlich ist da eine ganze Palette an Gefühlen im Spiel. Von Freude, Lachen und Spaß angefangen, über Stolz und Zufriedenheit bis hin zu einem Gefühl des Verbundenseins mit der Natur, der Dynamik des Wassers, aber auch mit anderen Menschen. Das sind die angenehmen. Aber beim Wildwasserfahren gibt es immer wieder auch Momente und Situationen, in denen Emotionen wie Frustration, Ärger, Zorn und vor allem auch Angst das Geschehen bestimmen. Das sind die unangenehmen Emotionen, die trotzdem völlig normal und überhaupt nicht außergewöhnlich sind. Wenn ich mich recht entsinne, so sind sie es vor allem, die mich immer wieder dazu brachten, nicht stehen zu bleiben, sondern mich kontinuierlich weiterzuentwickeln. Vor allem, indem ich mich ihnen stellte und mich mit ihnen konstruktiv auseinandersetzte.

Angst zum Beispiel war in herausfordernden Momenten immer präsent. Zumindest war es bei mir so. Manchmal äußerte sie sich in einem indifferenten Unwohlsein. Und manchmal konnte sie fast lähmend wirken. In derartigen Situationen war mir wichtig, sie wahrzunehmen und mich mit ihr konstruktiv auseinanderzusetzen. Dabei atmete ich einige Male ganz bewusst durch, um die Anspannung zu lösen. Dann konzentrierte ich mich ein paar Atemzüge lang nur auf das Ein- und Ausatmen und ließ Gedanken einfach Gedanken sein. Ich ließ sie wie die Strömung im Fluss einfach dahinfließen. Danach konzentrierte ich mich auf die Linie, die ich vor mir hatte und die ich mir im Vorfeld eingeprägt hatte. Sobald mir diese Linie ganz klar vor meinem inneren geistigen Auge war und ich ein gutes Gefühl dafür hatte, startete ich los. Immer dann, wenn mir diese Art der „inneren Arbeit" gelang, konnte ich das in der Angst liegende positive Potenzial nutzen, wurde aufmerksamer und fokussierter und dadurch sehr leistungsstark.

Ähnliches konnte ich vor kurzem im Zuge einer Learning Journey in der Gegend von Boulder in Colorado hautnah erfahren. Boulder befindet sich unweit von Denver und wird in den USA als das Silicon Valley der Rocky Mountains bezeichnet. Das war auch der Grund, warum es meinen Geschäftspartner Rainer und mich dorthin zog. Wir besuchten einige innovative Unternehmen, um herauszufinden, wie diese die Themen Digitalisierung und Innovation handhaben. Unter anderen lernten wir John etwas näher kennen. John ist der Geschäftsführer eines Teilbereiches einer größeren Unternehmensgruppe. Seine Einheit produziert spezielle Walzen und Lager für große Maschinen. Als wir ihn besuchten, steckte er gerade mitten in einer sehr spannenden Transformation.

Er berichtete uns von einem ziemlich mutigen und innovativen Projekt. Seine Unternehmenseinheit ist eigentlich erfolgreich, aber immer noch konventionell und traditionell ausgerichtet und organisiert. Eine typische Fabrik, in der ohne viele Roboter und andere moderne Werkzeuge mit Metall und Aluminium gearbeitet wird. Einige Versuche, die Produktion und auch die Produkte zu digitalisieren, scheiterten bisher oder brachten bei weitem nicht die gewünschten Innovationen. Nach einem Treffen mit Kollegen aus den Geschäftsführungen der gesamten Unternehmensgruppe entschloss er sich zu einem völlig neuen und unkonventionellen Vorgehen, um seine Einheit in Richtung Digitalisierung zu transformieren. Er zog einige seiner fähigsten Spezialisten aus laufenden Projekten ab und formte mit ihnen, ungeachtet der Aufschreie einiger Kollegen, ein kleines Innovationsteam. Dieses bekam den Auftrag, einen Prototypen für ein neues digitalisiertes Geschäftsmodell zu entwickeln. Er selbst ging ebenfalls in dieses Team und übertrug das Managen des Tagesgeschäfts seinem Stellvertreter. Zudem engagierte er einige junge und kreative Spezialisten von außerhalb des Unternehmens und bat diese, aktiv an der Entwicklung des Prototypen mitzuarbeiten. Als Kreativraum organisierte er einen großen Bürocontainer und ließ diesen an einem für alle sichtbaren Platz am Firmengelände aufstellen. Und von Anfang an teilte er im gesamten Unternehmen mit, dass dieses

Team vorerst keinen Business Case vorlegen musste und dass es völlig frei und unkonventionell agieren konnte.

Als wir ihn besuchten, war dieses Unterfangen voll im Laufen. Es gab schon erste kleinere Erfolge, aber der große Durchbruch war noch nicht gelungen. Auf meine Frage, wie es ihm bei der ganzen Sache selbst gehe, meinte er, er habe hin und wieder ziemlich weiche Knie und es gäbe auch Nächte, in denen er aus Sorge nicht zum Schlafen kommt. Aber dann, so John, besinnt er sich auf seine Werte und auf das, was ihm als Geschäftsführer wichtig ist. Dabei spricht er von Verantwortung für das Unternehmen und für die Menschen, die in dem Unternehmen arbeiten, von Innovation und Unternehmergeist und auch von Zukunftsfitness und ständiger Erneuerung. Immer dann, wenn er sich diese „Mission", wie er es nannte, bewusst macht, bestärkt es ihn, diesen eingeschlagenen Weg konsequent beizubehalten.

Sie denken, dieses Beispiel sei weither geholt. Mitnichten. In den vergangenen Wochen führte ich einige Gespräche mit Leiterinnen und Leitern von Unternehmen in Deutschland und Österreich, die mir von ziemlich ähnlichen Ideen und Vorhaben berichteten. Meines Erachtens zeigen diese Entwicklungen zwei wichtige Punkte auf. Erstens: Wir leben in einer Zeit, die voll von Umbrüchen ist. In dieser Zeit sind unkonventionelle und hochinnovative Maßnahmen erforderlich, die ganz sicher Mut und Courage erfordern. Zweitens haben derartige Maßnahmen immer einen ungewissen Ausgang. Sie lassen sich nicht genau berechnen und vorhersagen. Sie sind abschätzbar, und es ist möglich, gewisse Risiken zu minimieren, aber sie sind letzten Endes ungewiss. Das erzeugt Sorgen, Unsicherheit und manchmal auch Angst. Deshalb ist es für Sie wichtig, die Fähigkeit zu trainieren und zu festigen, wie Sie mit Emotionen dieser Art klug umgehen können und was Ihnen hilft, zum Beispiel Ihre Angst vorm Scheitern in Lösungsenergie zu transformieren.

Das hilft Ihnen nicht nur wie oben beschrieben bei der Handhabung von wirklich disruptiven Themen und Projekten, sondern auch bei eher normalen Angelegenheiten, wie zum Beispiel beim Übertragen von Aufgaben. In Gesprächen mit jungen Menschen höre ich in letzter Zeit des Öfteren, wie frustrierend das Mikromanagement ihrer Vorgesetzten für sie ist. Sie bekommen Aufgaben und Tätigkeiten übertragen und haben den Eindruck, sie könnten diese auch selbstständig und in guter Qualität erledigen. Aber Führungskräfte mischen sich dann gerne in kleinste Details ein und wollen, dass die jungen Mitarbeiter die Aufgaben genauso erledigen, wie sie es selbst machen würden. Das bewegt viele junge und vor allem kreative Geister. Immer öfters höre ich, wie sie nach neuen und völlig anderen Formen des Arbeitens suchen, denn sie wollen sich diese altbackene und aus ihrer Sicht unwürdige Form des Zusammenarbeitens nicht mehr antun. Und das in einer Zeit, wo fast alle Unternehmen händeringend nach jungen und talentierten Mitarbeitern suchen. Hinter dem für die jungen Mitarbeiter frustrierenden Verhalten von Führungskräften steckt meiner Ansicht nach sehr oft die Sorge um Kontrollverlust. Sobald Führungskräfte Aufgaben aus der Hand geben, haben sie nicht mehr die Kontrolle. Das bereitet ihnen Sorge, die sich dann in dem Mikromanagement ausdrückt.

Wenn Sie selbst mit Ihren jungen Mitarbeitern in eine solche Konstellation gelangen, braucht Sie das aber jetzt nicht mehr beunruhigen. Indem Sie sich darin üben, konstruktiv mit Emotionen wie Sorge oder Angst umzugehen, erarbeiten Sie sich ganz andere Möglichkeiten, mit derartigen Situationen umzugehen. Erstens nehmen Sie durch die gesteigerte Präsenz viel früher wahr, dass da so etwas ist wie Unbehagen oder Sorge. Indem Sie hoffentlich die Übung ATEMRAUM zu einem Ritual für das Innehalten in hektischen Momenten werden haben lassen, gewinnen Sie eine souveräne innere Distanz und können diese nutzen, nicht automatisiert zu reagieren. Dadurch finden Sie andere und bessere Lösungen, wie Sie Gewissheit erlangen, dass Aufgaben, die Sie jungen Mitarbeitern übertragen, die gewünschten oder erforderten Ergebnisse bringen. Das gibt Ihnen mehr Zuversicht und fördert bei den jungen Mitarbeitern Vertrauen und Motivation. Das ist die Stärke und Souveränität, von der wir hier sprechen.

Den emotionalen Tanz auf wilden Wellen trainieren

Seit einigen Jahren gibt es in der Wildwasserszene eine neue Disziplin – das Wildwasserrodeo. In dieser Disziplin werden internationale Wettbewerbe durchgeführt, es gibt sogar Weltmeisterschaften. Wellen und Walzen zu nutzen, um mit dem Wildwasser zu spielen – diese Ausprägung des Paddelns gibt es schon ewig. Neu ist nur die Vermarktung. Meine Kajakfreunde und ich haben das immer sehr gerne gemacht und konnten manchmal gar nicht genug davon bekommen. In Maine arbeitete ich vorwiegend auf zwei Flüssen, dem Penobscot und dem Kennebec. An beiden Flüssen gab es hervorragende Wildwasserstellen, die richtiggehend zum Tanz auf den wilden Wellen einluden. Obwohl unsere Arbeitstage als Raftguides manchmal ziemlich lange waren, versuchten wir jede Möglichkeit zu nutzen, am Abend noch zu einer Welle oder zu einer Walze zu gelangen. Dort hielten wir uns dann so lange auf, wie es das Tageslicht zuließ. Wir surften, vollführten die verschiedensten Drehungen, Überschläge und Kunstfiguren und hatten einfach Spaß, die Dynamik des Wildwassers hautnah zu spüren.

Manchmal waren die Walzen bockig und hart und es wirbelte uns wild hin und her. Der Tanz wurde dann richtiggehend zum Rock 'n' Roll Zu anderen Zeiten gaben sich die Wellen zahm, sodass wir mühelos auf ihnen dahinsurfen konnten. Neben dem hohen Spaßfaktor waren diese Spielereien exzellente Trainings, um Boot, Paddel, Wasser, den eigenen Körper und das Eskimotieren gut zu beherrschen. Vor allem aber waren diese Trainingseinheiten sehr wirksam, um den Umgang mit unseren Emotionen zu schulen. Begaben wir uns dabei doch ganz bewusst in fordernde Situationen, bei denen nicht nur die gute Paddeltechnik entscheidend war, sondern auch der souveräne Umgang mit Emotionen wie Angst, Furcht oder Frustration.

Trotz allem Training gab es natürlich auch Momente, wo die Wellen und Walzen alles andere als Tanz und Spiel für mich bereithielten. Einen dieser Momente erlebte ich in den bereits beschriebenen Lammeröfen im Salzburger Land.

*D*er Wasserstand war „sportlich". Die Fahrt durch den Großteil der Schlucht im oberen vierten Schwierigkeitsgrad war dennoch gut und problemlos verlaufen. Wir hatten nur mehr den Ausgangsschwall vor uns. Da läuft das gesamte Wasser links in einem zuerst sehr engen Kanal entlang einer Felswand. Mitten drinnen ist eine je nach Wasserstand leichte bis kräftige Walze. Danach schießt die gesamte Strömung geradewegs auf eine weitere Felswand zu, wird von dieser nach rechts abgelenkt und fließt dann etwas langsamer in den ruhigen Ausgangspool.

Bei der Fahrt, die ich hier beschreibe, hielt mich die Walze in der Mitte des Schwalls aufgrund ihrer Intensität zurück. Das war eigentlich kein großes Problem, war ich es doch gewohnt, mich in Walzen dieser Art entsprechend zu verhalten. Ich begann sie also „auszureiten", wie unter Kajakfahrern der Versuch, aus einer Walze zu surfen, bezeichnet wird. Ich versuchte es mehrere Male, doch jedes Mal zog mich die Walze wieder zurück. Dann versuchte ich es mit Überschlägen und anderen Techniken. Alles vergebens.

Das Ganze wurde allmählich mehr Krampf als Tanz. Als mir schließlich die Kraft ausging und ich keine Möglichkeit mehr sah, im Boot sitzend aus den Fängen der Walze zu kommen, öffnete ich die Spritzdecke, zwängte mich aus dem engen Kajak hinaus und ließ mich seitlich in die Walze kippen. Damit hoffte ich, aus dieser herausgespült zu werden. Es wirbelte mich noch ein paar Mal hin und her und ich kam mir vor wie in einer auf Schleudergang eingeschalteten Waschmaschine. Dann zog mich die Wucht des Wassers nach unten. Es wurde dunkelgrün bis fast schwarz und schließlich, als mir die Luft auszugehen drohte, merkte ich, wie ich durch den Auftrieb meiner Schwimmweste ganz langsam wieder in hellere Regionen auftauchte, bis ich endlich wieder an die Oberfläche kam. Ich befand mich zirka 50 Meter weiter flussabwärts in der Mitte des Pools am Ende der Lammeröfen. Mein Boot wurde noch einige Male in der Walze herumgewirbelt. Als es schließlich voll mit Wasser gefüllt und deshalb sehr schwer war, wurde es ebenfalls mit der Strömung nach unten gezogen und es tauchte unweit von meiner Auftauchstelle im Ausgangspool wieder auf. Gott sei Dank hatte ich vor der Befahrung die mit Luft gefüllten Auftriebskörper im Boot noch aufgepumpt.

Mit Emotionen scheint es ähnlich zu sein wie mit den Walzen beim Kajakfahren. Manchmal sind sie angenehm, dann wieder unangenehm. Wenn in Gesprächen mit Führungskräften das Thema Emotionen zur Sprache kommt, bemerke ich eine gewisse Ratlosigkeit oder zumindest Vorsicht. Viele haben schon Situationen erlebt, in denen sie sich gewünscht hätten, die Emotionen wären nicht so bestimmend gewesen. Die von uns als positiv bezeichneten Emotionen, wie etwa Freude, Heiterkeit, Optimismus, Entspanntheit und Zuversicht sind ja noch willkommen. Aber Emotionen, die wir als negativ oder destruktiv bezeichnen, wie etwa Wut, Trauer, Frustration, Zorn, Zweifel oder Begierde, sind manchmal wirklich herausfordernd. Manche wissen einfach nicht, wie sie mit Emotionen umgehen sollen – nicht mit ihren eigenen und schon gar nicht mit denen ihrer Mitarbeiter und Kollegen.

In Situationen, in denen es uns gelingt, mit Emotionen vernünftig und intelligent umzugehen, geht es uns wie beim gewollten Tanz auf wilden Wellen. Es ist nicht immer einfach, manchmal schleudert es uns hin und her, aber wir bleiben auf der Welle und haben die Situation trotz aller Dynamik noch ganz gut im Griff. Im Business gibt es aber auch immer wieder Ereignisse, die uns emotional alles abverlangen. Und gerade dann, wenn wir nicht mehr sicher und souverän im Boot sitzen, sondern vielmehr zum Spielball der Dynamiken und Strömungen werden, ist es hilfreich, gelernt zu haben, unsere Emotionen intelligent und klug handzuhaben.

Für Sie als Managerin und Manager sind meines Erachtens zwei Aspekte im Umgang mit Emotionen bedeutend. Der eine Aspekt ist, wie es Ihnen gelingt, für sich selbst und für Ihr Umfeld eine positive und emotional aufbauende Atmosphäre zu schaffen. Sie haben es sicher schon unzählige Male erlebt, wie es sich viel leichter arbeitet, wenn Sie freudig, entspannt und zuversichtlich sind. So geht es vielen Menschen. Deshalb ist es wichtig: Je mehr Sie mit Ihrem Team erreichen und schaffen wollen, desto wichtiger ist es, für ein förderliches und konstruktives Klima zu sorgen. Nicht im Sinne von Theaterspiel und überzogenem positiven Denken. Sondern im Sinne einer ehrlichen, vertrauenswürdigen und offenen Stimmung, die Freude, Spaß, Heiterkeit, Gelöstheit und Verbundenheit zulässt und fördert. Vor allem, wenn Sie für jüngere und kreativere Menschen attraktiv sein möchten. Die Ideen und Übungen, die Sie in weiterer Folge noch erhalten, helfen Ihnen bildhaft gesagt, Ihr eigenes inneres Wetter sonnig und heiter zu gestalten. Damit versprühen Sie dann eine gute und produktive Stimmung in Ihrem Umfeld. Warum das so wichtig ist, hat mir eine Begebenheit während eines Workshops vor Kurzem wieder deutlich aufgezeigt.

In diesem Workshop brachte ich ein paar Bilder und Erfahrungen von innovativen Unternehmen ein. Es ging um Attraktivität als Arbeitgeber, aber auch darum, wie Führungskräfte es zuwege bringen, ein aufbauendes und Kreativität förderndes Arbeitsklima zu gestalten. Eines der Bilder von einem Besuch bei einem erfolgreichen Start-Up zeigte fünf Mitarbeiter dieses Unternehmens in einer Art Lounge sitzend. Sie lachten und schienen sich über etwas Interessantes locker und ungezwungen zu unterhalten. Ich sagte den Teilnehmern meines Workshops, dass die Partystimmung trüge, weil die fünf Mitarbeiter dieses junge Unternehmens gerade dabei waren, eine neue, sehr interessante Produktidee zu entwerfen. Da meinte einer der Teilnehmer: „Wenn sich diese Situation bei uns im Unternehmen so abspielen würde, dann würde uns unsere Führungskraft mit Sicherheit verwarnen." Er unterstrich seine Feststellung noch, indem er sagte, dass es bei ihnen nicht möglich sei, während der Arbeitszeit gemütlich zusammenzukommen, Kaffee zu trinken und sich in einer gelösten und lockeren Atmosphäre über vielleicht auch schräge und unkonventionelle Themen zu unterhalten. Arbeiten, das hieße bei ihnen schuften. Mir wurde dadurch bewusst, wie viel hier noch zu tun war. In vielen Köpfen geistern immer noch tief verwurzelte alte Überzeugungen herum, wie etwa: Arbeit ist Arbeit und Spaß ist Spaß. Dass eine gute, aufbauende und Spaß machende Stimmung nicht behindernd ist, sondern gute Leistungen und innovative Ideen erst zutage bringt, das scheint in so manchem Chefbüro noch nicht bekannt zu sein.

Der zweite wichtige Aspekt für Sie im Zusammenhang mit Emotionen ist, wie Sie es schaffen, mit den manchmal belastenden Ausprägungen wie etwa Sorge, Frustration, Ärger, Trauer oder auch etwa mit Angst konstruktiv umzugehen. Wenn Sie kein Wunderwuzzi sind, so kennen Sie diese Emotionen ganz sicher sehr gut. Und wahrscheinlich haben Sie schon des Öfteren erfahren, wie unangenehm und zum Teil nervenaufreibend diese sind. Da es nicht möglich ist, Emotionen dieser Art wegzuzaubern, und da es, wie Sie in der ersten Disziplin schon sehen konnten, weder sinnvoll ist, sie zu negieren oder sie wegzudrängen, bleibt Ihnen nichts anderes übrig, als sich ihnen zu stellen und konstruktiv mit ihnen umzugehen.

Auch im Mindfulness-Training nimmt die Arbeit mit Emotionen einen wichtigen Platz ein. Dabei wird gelernt, Emotionen genauso zu begegnen wie allen anderen Phänomen. Nämlich offen und interessiert, so wertfrei wie nur irgendwie möglich und vor allem mit einer annehmenden und freundlichen Haltung. Das klingt sehr einfach. Aber sogar Menschen, die ihren Geist über lange Zeit mit Mindfulness trainieren, wissen, dass es immer wieder einmal emotional aufgeladene Situationen gibt, die alles andere als leicht handzuhaben sind. Deshalb wird der souveräne Umgang mit Emotionen im Mindfulness-Training erst nach einer gewissen Trainingsroutine geübt. Denn es ist von Vorteil, wenn schon gelernt wurde, den eigenen Geist auch in hektischen Momenten stabil und ruhig halten zu können. Das ist auch der Grund, warum die Thematik Emotionen in der WILDWASSER-STRATEGIE erst in der dritten Disziplin bearbeitet wird. Die ersten beiden Disziplinen und die darin beschriebenen Tipps und Übungen sind eine Grundlage für den intelligenten und souveränen Umgang mit Emotionen.

So sind etwa das bewusste STOP! und die Übung ATEMRAUM ideal, wenn es turbulent zugeht und Sie in Gefahr sind, von negativen Emotionen weggeschwemmt zu werden. Erinnern Sie sich an den Vorgang, den ich in der zweiten Disziplin beschrieb, wie Sie sich von Zeit zu Zeit mit Ihren

Werten und mit dem, was Ihnen in Ihrem Tun Sinn gibt, also mit „Ihrer Linie", verbinden? Das ist zum Beispiel hervorragend dafür geeignet, sich selbst immer wieder einmal in einen positiven und aufbauenden Zustand zu versetzen. Das kann für Sie wirken wie eine emotionale Immuntherapie, die Ihre geistige und emotionale Widerstandskraft gesund hält. In den beiden nächsten Disziplinen erfahren Sie weitere Ideen und Möglichkeiten, wie Sie sich selbst und damit auch Ihr Umfeld auf eine intelligente und wirksame Weise emotional stärken und weiterentwickeln können.

Emotionen: eine differenzierte Sicht

Ein Blickwinkel in Sachen Emotionen ist mir noch wichtig. Nämlich der, dass Emotionen eine differenziertere Sicht verlangen. Wie das? Wir haben es gerne simpel. Deshalb stempeln wir, umgangssprachlich ausgedrückt, manche Emotionen als gut und manche als schlecht ab. Ganz so einfach will ich es Ihnen hier nicht machen. Vielmehr geht es um einen reifen und wirklich intelligenten Umgang mit Emotionen.

Wut zum Beispiel kann sehr schnell destruktiv und zerstörend werden. Wenn Sie wiederholte Provokationen eines Kollegen aus einer benachbarten Abteilung auf die Palme bringen, die Kontrolle über sich verlieren lassen und Sie wild gestikulierend herumschreien, dann kann sich das sehr negativ auf das positive Klima auswirken, das Sie sich monatelang aufzubauen bemühten. Eine etwas abgeschwächte Form davon, die Empörung, kann Sie hingegen dazu veranlassen, aufzustehen und aktiven Widerstand gegen Ungerechtigkeit und Misswirtschaft zu leisten. Aber Sie bleiben dabei überlegt und besonnen. Durch Wut verlieren Sie die Kontrolle über sich, durch Empörung können Sie es schaffen, Ihr Denken, Fühlen und Handeln im Griff zu halten.

Wenn Frustration oder Zorn ausufern, so kann es leicht geschehen, dass Sie Mitarbeiter übertrieben stark kritisieren oder vor Kollegen bloßstellen. Wenn Sie damit aber souverän umgehen, können diese Beharrlichkeit in Ihnen wecken und Sie treiben damit Ihre Mitarbeiter zu besserer Leistung und höherer Qualität an. Also Vorsicht bei vorschnellen Bewertungen und Vorverurteilungen. Manchmal entscheiden feine Nuancen und Kleinigkeiten. Und ob etwas förderlich oder hinderlich ist, hängt völlig von der spezifischen Situation und deren Gegebenheiten ab.

Wenn etwas Schmerzliches geschehen ist, so ist es durchaus angebracht, Trauer oder Schmerz zuzulassen. Wenn Sie aber in Trauer und Schmerz verharren und in eine Starre abdriften, kann dies hinderlich oder gar krankhaft werden. Liebe und Freude sind sicherlich förderliche und aufbauende Emotionen. Wenn Sie aber gierig danach werden und immer mehr davon wollen, kann sich daraus ebenfalls ein destruktives Verhalten entwickeln. Übertriebene Eifersucht, gestörtes Essverhalten, überzogene Kauflust bis hin zum Suchtverhalten sind mögliche Auswirkungen.

Mindfulness bietet für den gesunden Umgang mit Emotionen eine wertvolle Hilfestellung. Durch die Schulung der Aufmerksamkeit, auch Kleinigkeiten gegenüber, erhöhen Sie Ihre Kompetenz, frühzeitig zu erkennen, wann Sie auf dem Weg zu mehr Souveränität und innerer Freiheit sind oder wann Sie im Begriff sind, von einer schwierigen Situation überrollt zu werden. Das ist vergleichbar mit dem Ereignis einer Lawine. Geht es um einen einzelnen „Schneeball", lässt sich die Situation ganz leicht handhaben. Sobald der Schneeball immer größer und schließlich zu einer Lawine mit einer hohen Zerstörungsenergie wird, wird es kritisch. Die Lawine reißt vieles mit sich, das sich ihr in den Weg stellt. Ähnlich ist es bei Emotionen. Je früher Sie diese bemerken, desto leichter können Sie mit ihnen intelligent umgehen. Deshalb rate ich Ihnen, schulen Sie Ihren „Aufmerksamkeitsmuskel" mit den in diesem Buch angebotenen Übungen. Dadurch steigern Sie die Fähigkeit, in kritischen Momenten besonnen zu bleiben und souverän mit herausfordernden und emotional aufgeladenen Situationen umzugehen.

Zum Abschluss dieses Abschnitts biete ich Ihnen deshalb eine weitere Übungsform aus dem Kanon der Mindfulness-Übungen an. Es handelt sich um eine kurze Abfolge von ein paar wenigen Dehnungs-, Kräftigungs- und Haltungsübungen. Im ersten Moment schaut es so aus, als ob es dabei „nur" um körperliche Betätigung geht. Die Grundintention dieser Übungsform ist aber eine andere. Es geht um das gesunde In-Beziehung-Treten mit manchmal vielleicht etwas unangenehmen Empfindungen. Also auch bei dieser Übung werden Körperempfindungen genützt, um den Geist zu trainieren. Es geht dabei um Fragen wie: Sind Sie offen für derartiges Üben? Können Sie fokussiert bei der Sache bleiben? Nehmen Sie Körperempfindungen überhaupt wahr? Wie gehen Sie mit dem eigenen inneren Kritiker um? Wie schaffen Sie es, mit unangenehmen und fordernden Erfahrungen konstruktiv in Beziehung zu treten?

Umfangreiche wissenschaftliche Untersuchungen zeigen es ganz deutlich: Unser Gehirn, das Organ unseres Geistes, ist zu einem großen Maße bis ins höchste Alter form- und gestaltbar. Frappierend ist, dass Übungen wie die hier gleich beschriebenen, mit einer achtsamen und bewussten Haltung ausgeführt, einen sehr positiven Einfluss auf uns haben. Sie sorgen nicht nur für ein angenehmeres körperliches Wohlbefinden, sondern vor allem für eine erhöhte geistige Vitalität und Agilität.

Die nachfolgenden Bewegungsübungen sind ein Vorschlag. Sollten Sie ein eigenes tägliches Bewegungsritual haben, so können Sie auch dieses zum Üben vom „LEAN INTO IT – mutig und agil handeln!" nützen. Wichtig ist die innere Haltung dabei. Seien sie präsent und ganz bei der Sache. Versuchen Sie interessiert und neugierig zu beobachten. Bleiben Sie allem gegenüber offen und annehmend. Und vor allem: Kultivieren Sie dabei eine milde und freundliche Art, für sich selbst zu sorgen.

Wichtig bei den Körper- und Bewegungsübungen ist vor allem, auf sich selbst zu achten. Sollte die eine oder andere Übung für Sie im Moment nicht passen oder aus körperlichen Beeinträchtigungen nicht machbar sein, so wandeln Sie diese Übung einfach so ab, dass sie für Sie passt. Oder Sie führen überhaupt eine andere Übung aus. Und: Es geht um keinen Spitzensport! Nehmen Sie sich ruhig das Motto „weniger ist mehr" zu Herzen.

Nun zu den Übungen:

DEHNEN – HALTEN – KRÄFTIGEN

Die folgenden einfachen Bewegungsübungen üben Sie am besten im Stehen. Sie können sie fast überall ohne großen Zeit- und Organisationsaufwand durchführen. Lockere Kleidung genügt. Wenn es die Situation zulässt, üben Sie barfuß, so haben Sie direkten Kontakt zum Boden.

Stellen Sie sich aufrecht hin, die Füße stehen hüftbreit nebeneinander, der Oberkörper ist aufgerichtet, aber locker. Lassen Sie die Arme seitlich locker hängen, entspannen Sie Ihre Muskeln im Nacken- und Schulterbereich, Ihr Kopf ist aufrecht und Ihr Blick nach vorne gerichtet.

Richten Sie Ihre Aufmerksamkeit nach innen und scannen Sie langsam den Körper von unten nach oben durch. Was nehmen Sie wahr in den Füßen, in den Unterschenkeln, in den Knien, in den Oberschenkeln, im Becken, im unteren Oberkörper, im Brustkorb, in den Schultern und Armen, im Nacken und im Kopfbereich? Nehmen Sie aufmerksam wahr. Wenn Sie markante Verspannungen spüren, versuchen Sie diese mit ein paar bewussten Atemzügen etwas zu lockern. Werden die angespannten Bereiche trotzdem nicht lockerer und weicher, so ist es eben so. Nehmen Sie nun Kontakt zum Atem auf. Werden Sie sich Ihres Atems bewusst und spüren Sie, wie Sie im Bauchbereich das Ein- und Ausatmen wahrnehmen können. Bleiben Sie ein paar Atemzüge lang einfach nur atmend stehen.

NACH OBEN STRECKEN

Heben Sie nun langsam die leicht gestreckten Arme seitlich nach oben. In Zeitlupe. Langsam und aufmerksam. Nehmen Sie dabei die kleinen und feinen Bewegungen in den Schultern und den Armen wahr. Führen Sie die Arme und Hände bis in die Senkrechte nach oben. Drehen Sie dann die Handinnenflächen zueinander und schließen Sie die Hände, sodass sich die Handinnenflächen mit einem sanften Druck berühren.

Halten Sie diese Position ein paar Minuten. Lassen Sie den Atem trotz der leichten Anspannung im Körper locker und normal weiterfließen. So gut es eben geht. Beobachten Sie, ob und wie sich der Atem mit der Zeit leicht ändert. Achten Sie darauf, in Ihren Schultern locker zu bleiben. Begleiten Sie die Haltung mit einer interessierten Aufmerksamkeit, nehmen Sie aber nur wahr: den Atem, die Anspannungen, die Veränderungen, die Gedanken.

Wenn es für Sie an der Zeit ist, die Haltung aufzulösen, so lösen Sie die Handinnenflächen voneinander und lassen Ihre Arme seitlich wieder ganz langsam nach unten gleiten, bis sie wieder locker und leicht seitlich am Körper anliegen. Nehmen Sie auch jetzt Ihren Atem wahr. Vor allem in den Momenten des Übergangs von Anspannung zu Entspannung. Bleiben Sie so ein paar Atemzüge lang stehen.

ZUR SEITE DEHNEN

Bringen Sie nun Ihre Arme wieder seitlich nach oben in die Senkrechte. Drehen Sie die Handinnenflächen wieder zueinander. Lassen Sie dieses Mal aber einen leichten Abstand zwischen den Händen, so, als ob Sie einen kleinen Ball in den Händen halten würden. Stehen Sie aufrecht, leicht nach oben gestreckt und gleichzeitig locker.

Neigen Sie nun Ihre Hände, die leicht gestreckten Arme, die Schultern und den oberen Teil des Oberkörpers nach links zur Seite. Soweit es für Sie angenehm ist. Und bleiben Sie dann in dieser Position wieder einige Atemzüge lang. Beobachtend. Atmend. Aufmerksam. Versuchen Sie, die aufkommenden Körperempfindungen so gut wie möglich wahrzunehmen. Sie brauchen nichts zu ändern. Nehmen Sie nur wahr.

Lösen Sie nun diese „Mondsichel-Position" auf, indem Sie sich wieder zur Mitte zurückneigen. Lassen Sie die Hände und Arme noch sanft nach oben gestreckt und neigen Sie sich langsam und bewusst zur rechten Seite. Wieder nur so weit, wie es für Sie angenehm ist. Bleiben Sie auch in dieser Position einige Atemzüge lang. Wenn Ihnen Ihr Körper Signale sendet, dass es an der Zeit ist, die Haltung aufzulösen, kommen Sie wieder zur Mittelposition zurück, lassen Sie dann die Arme links und rechts seitlich nach unten gleiten, bis sie wieder leicht am Körper anliegen, und spüren Sie den Körperempfindungen ein paar Atemzüge lang einfach nach.

KATZENBUCKEL

Neigen Sie nun Ihren Kopf und Oberkörper leicht nach vorne. Mit Ihren Händen stützen Sie sich oberhalb Ihrer Knie an den unteren Oberschenkeln ab. Führen Sie nun Ihren Kopf und Ihr Kinn sanft in Richtung Ihres Brustbeins, sodass im Nacken und im oberen Rücken eine leichte Dehnung spürbar wird.

Bleiben Sie einige Atemzüge lang in dieser Position. Atmen Sie und nehmen Sie aufmerksam wahr. Wie fühlt sich diese Dehnung im oberen Rücken an? Bleibt sie gleich, ändert sie sich? Welche Körperempfindungen sind jetzt wahrnehmbar?

Gehen Sie nun langsam in eine Gegenbewegung über. Die Hände bleiben im Kniebereich. Der Kopf wird leicht vom Brustbein weg nach vorne geführt. So weit, dass der Blick nach vorne gerichtet ist. Bauch und Brustkorb werden nach unten gewölbt, sodass der Rücken gerade und waagrecht ist. Achten Sie darauf, nicht in eine Hohlkreuzposition zu kommen. Atmen Sie auch jetzt wieder bewusst und nehmen Sie aufmerksam Ihre Körperempfindungen wahr. Spielen Sie ruhig etwas mit den unangenehmen Empfindungen, sollten Sie welche bemerken.

Sie können diese beiden Haltungen durchaus ein paar Mal ganz langsam wiederholen. Vom Katzenbuckel in die Brückenposition und wieder zurück. Langsam, behutsam und vor allem aufmerksam und annehmend. Am Schluss lösen Sie die Übung auf, indem Sie aus dem Katzenbuckel heraus die Hände von den Beinen lösen, den Oberkörper langsam aufrichten und den Kopf wieder in die normale Lage bringen. Bleiben Sie noch ein paar Atemzüge lang stehen und spüren Sie auch dieser Bewegungsfolge nach.

Diese drei Bewegungsfolgen sind Beispiele, die Sie hoffentlich anregen, selbst die eine oder andere Dehnungs- oder Haltungsübung zu einer Übung für Mindfulness umzuwandeln. Da können Sie alle klassischen Dehnungsübungen im Stehen, Sitzen und Liegen dafür verwenden. Wichtig ist nur, keinen Sport und keinen Wettbewerb mit sich und mit anderen daraus entstehen zu lassen.

Wie schon bei den vorherigen Disziplinen am Schluss angemerkt, finden Sie auf meiner Website auch für diese Form des „Trainings" ein Audio-File mit einer kurzen Abfolge von Bewegungsübungen in der Art wie hier beschrieben.

Und wenn Sie zusätzliches Interesse haben, sich mit dieser Form des mentalen Trainings etwas intensiver zu beschäftigen, so gibt es dazu auch ein sehr gutes Buch, das ich Ihnen empfehlen kann: Frank Boccio: Achtsamkeits-Yoga.

4. THINK WE – miteinander einfach stärker!
Die vierte Disziplin

Wolf fragt leicht genervt in die Runde: „Und jetzt? Das war's wohl, oder?", und blickt mich mit einem enttäuschten Blick an. Unser Raft befindet sich im Trockenen auf einer Schotterbank kurz vor dem Beginn der Schulser Schlucht. Die meisten von uns sitzen auf einem der Wülste des Bootes. Werner steht mit angespannter Miene neben dem Boot und blickt ungläubig auf den braungefärbten Inn und schüttelt von Zeit zu Zeit leicht seinen Kopf. Die Stimmung ist geladen und angespannt. Nicht nur bei uns. Auch bei den sieben anderen Teams, die sich mit Ihren Booten ganz in unserer Nähe auf der gleichen Schotterbank befinden. Immer wieder blickt einer der Sportler auf den nun Hochwasser führenden Fluss und vereinzelt ist auch der eine oder andere Fluch zu vernehmen. Niemand hat einen Blick für etwas anderes als für den immer noch ansteigenden Wasserspiegel. Der herrliche Sommertag mitten im Juni, die faszinierende Bergwelt links und rechts vom Fluss oder die wenigen romantischen Häuser von Schuls im Unterengadin, die vom Fluss aus zu sehen sind, sind alles Nebensache. Und es scheint, dass alles, was bis hierher an Tollem geschehen ist, wie von einem Moment auf den anderen von den reißenden und tobenden Fluten des Inns weggespült wurde.

Was ist geschehen? Wir sind bei der ersten Rafting-Weltmeisterschaft in der Schweiz. Es ist der Tag des Finales, ein Samstag, und es steht noch ein Wettlauf an, der alles entscheidende Abfahrtslauf. Die Veranstaltung ist nun eine Woche alt. Sie startete für die mehr als 30 angetretenen Teams mit freien Trainingsläufen an den beiden ersten Tagen. Danach folgten die

Qualifikationsläufe und die ersten Ausscheidungsfahrten. Für das heutige Finale sind nurmehr acht Teams übrig geblieben. Wir sind eines davon. Das ist für uns ein riesiger und vor der Weltmeisterschaft überhaupt nicht zu erwartender Erfolg. Und trotzdem herrscht nun vor dem finalen Durchgang eine leichte Ratlosigkeit.

Die gesamte Woche war geprägt von einem gleichbleibenden mittelhohen Wasserstand. Es war gut so, denn alle Teams hatten die gleichen fairen Bedingungen. Das war nur möglich, da die Veranstalter mit den Kraftwerksbetreibern der Kraftwerke, die sich auf der Strecke zwischen St.Moritz und Schuls befinden, eine Vereinbarung getroffen hatten, die gesamte Woche eine gleichbleibende Wassermenge durchzulassen. Das Wetter war aber während der ganzen Woche sehr warm und die Hitze brachte die Gletscher am Oberlauf des Inns stark zum Schmelzen. Das hatte zur Folge, dass sich die Staubecken der Kraftwerke mit Schmelzwasser auffüllten. An dem besagten Samstag mussten die Kraftwerksbetreiber die Schleusen öffnen, und der Inn führte auf einmal Hochwasser.

Genau zu der Zeit, als wir beginnen, uns auf die letzte Fahrt durch die Schulser Schlucht vorzubereiten, trifft der Schwall des Hochwassers ein, verfärbt den Inn von milchgrau zu dunkelbraun und lässt den Wasserspiegel um etwa einen Meter ansteigen, was für diesen Abschnitt sehr hoch ist. Deshalb sind wir jetzt zusammen mit den anderen Teams auf der Schotterbank oberhalb des Starts zum Abfahrtslauf versammelt und warten darauf, wie die Veranstalter entscheiden. Es geht darum, ob der finale Lauf noch durchgeführt wird oder ob die WM ohne ihn zu Ende geht. Für uns wäre das schade, denn gerade in der Abfahrt sind wir die gesamte Woche sehr gut gefahren. Deshalb rechnen wir uns vor diesem letzten Bewerb noch Chancen aus, zumindest auf das Podest zu kommen. Jetzt liegen wir an der 5. Stelle und unser Ehrgeiz ist geweckt. Uns schwebt zumindest der 3. Platz vor. Und nun sitzen wir hier, sind betrübt und warten, wie die Entscheidung sein wird. Dabei ist die gesamte Woche für uns bis hierher überaus erfolgreich verlaufen.

Einige Monate vor der Weltmeisterschaft wurde ich von dem Veranstalter kontaktiert. Sie luden mich ein, ein österreichisches Team zu stellen. Das freute mich sehr und ich begann kurz nach dem Telefonanruf, das Team zu organisieren. Dabei stand ich zuallererst vor einer Richtungsentscheidung. Für mich gab es zwei Varianten, das Team zu formen. Die eine war die klassische Rafting-Variante. Dabei sitzt ein erfahrener Raftguide hinten im Boot, steuert, gibt Anweisungen, und die übrigen Teammitglieder führen die Anweisungen aus. Mir war klar, dass viele der anderen Nationen ihre Teams so formen würden. Ein Guide als Denker und Lenker und fünf durchtrainierte Spitzensportler vom Kajak- oder Kanusport als Antrieb. Diese mussten vom Rafting nicht viel verstehen. Hauptsache, sie waren voll bepackt mit Muskeln und erzeugten genügend Speed.

Die zweite Variante, für die ich mich letztendlich entschied, entspringt einem völlig anderen Denkansatz. Ich wollte sechs erfahrene und bestens ausgebildete Raftguides im Boot haben. Erstens, weil ich nicht alle Entscheidungen alleine treffen wollte. Zweitens, weil ich mir dachte, es wird während der gesamten Woche sicher Situationen geben, in denen es klüger ist, wenn sechs erfahrene Guides gemeinsam denken und Lösungen finden. Und drittens wollte ich in der Woche in der Schweiz zusätzlich zur guten Leistung auch eine gute Zeit erleben. Und dafür war es mir wichtig, mit bekannten Guides im Boot zu sitzen, wo ich von vornherein wusste, dass ich mich mit ihnen gut verstehen würde. Den körperlichen Nachteil gegenüber den vor Kraft sprühenden Spitzensportlern nahm ich bewusst in Kauf.

Die Weltmeisterschaft bestand aus drei Disziplinen. Dem Sprint, bei dem eine Strecke von ungefähr 500 Metern auf leichtem Wildwasser so schnell wie möglich zu absolvieren war. Hier waren wir ganz klar benachteiligt. Das zeigte sich schon bei den ersten Testfahrten und das blieb auch so die gesamte Woche über. Die zweite Disziplin war der Slalom. Sie kennen das vielleicht vom Kajaksport. Da werden Tore in künstlich geformte Kanäle hineingehängt, die wie beim Slalom im Skisport zu bewältigen sind. Wer am schnellsten den Parcours und noch dazu mit den wenigsten Torberührungen durchfährt, der gewinnt. So war es auch am Inn. Auf einer Streckenlänge von etwa 750 Metern im mittleren Schwierigkeitsgrad waren Tore positioniert, die möglichst ohne Berührung so schnell wie möglich zu durchfahren waren. Der Slalom lag uns viel besser. Da zeigte sich, dass unsere Art des Fahrens, bei der jeder aktiv mitdachte und auch selbstständig von jeder Position im Boot mitsteuerte, viel besser war, als wenn alle auf die Kommandos eines Guides warteten und diese blindlings befolgten.

Bei den ersten Trainingsfahrten waren wir noch etwas langsam und machten relativ viele Fehler, da wir uns erst aufeinander einstimmen und einschwingen mussten. Aber mit jeder Fahrt agierten wir harmonischer, was sich auch in besseren Zeiten und weniger Torfehlern zeigte. Bei der dritten Disziplin, dem Abfahrtslauf, führte die 1,5 Kilometer lange Strecke durch einen mittelschweren bis schweren Flussabschnitt. In den schwierigen Wellen, Walzen und verblockten Passagen war unser „Mehrhirndenken", wie wir unsere Art der Teamarbeit nannten, ebenfalls von Vorteil. Aber wegen unseres körperlichen Nachteils mussten wir bei jeder Fahrt aufgrund der Länge des Abschnitts völlig an unsere körperlichen Grenzen gehen. Deshalb wussten wir anfänglich nicht, ob wir diese Intensität eine ganze Woche lang aushalten würden.

Obwohl wir in den Trainingsläufen und bei der Qualifikation merkten, dass wir eine gute Chance haben könnten, weiterzukommen, waren wir letztendlich überrascht, dass wir es trotz der geballten Ansammlung von Muskelpaketen in den anderen Booten bis ins Finale der letzten acht Teams schafften. Am Vormittag des Finaltages wurden der Sprint und der Slalom gefahren. Für den Nachmittag war der finale Abfahrtslauf angesetzt. Nach dem Sprint waren wir an achter und letzter Stelle. Mit einem sehr guten Slalomlauf hatten wir uns an die 5. Position vorgearbeitet. Und dann das Hochwasser. Nachdem die Veranstalter drei Testboote die Abfahrtsstrecke befahren ließen, entschieden sie, dass es gerade noch verantwortbar sei, die letzte Konkurrenz durchzuführen. Es kam die Entscheidung, dass gefahren wird, und wir hatten noch eine halbe Stunde, um uns dafür vorzubereiten. Dazu steckten wir unsere Köpfe zusammen und beratschlagten uns.

Werner sagt zu uns: „Im ersten Teil haben wir eine super Chance". Er fährt sofort weiter, uns seine Gedanken mitzuteilen: „Da ist der Fluss sicher völlig anders, als wir ihn die gesamte Woche erlebten. Die Linien können nicht mehr so gefahren werden, wie sie von jedem Team einstudiert wurden. Es braucht ein situatives Denken und Agieren. Das können wir und das liegt uns!" Wolf pflichtet ihm bei, gibt aber zu bedenken, dass der Abschnitt Up Against The Wall kurz vorm Ziel äußerst gefährlich sein wird und wir mit unserer körperlichen „Schwäche" keine Chance haben werden, wirklich schnell durch die starken Walzen und Turbulenzen zu pushen. Er befürchtet sogar, dass die Walzen so stark sind, dass es unser Boot umkippen könnte und wir nur als Schwimmer über die Ziellinie getrieben werden. Wir beratschlagen noch etwas hin und her und wollen uns schon fast damit abfinden, diese riskante letzte Wildwasserstelle Up Against The Wall sehr vorsichtig und mit einer auf Sicherheit bedachten Linie zu befahren. Ganz nach dem Motto: Umkippen und Schwimmen – nie und nimmer. Die Platzierung wird zur Nebensache.

Da meldet sich Andi zu Wort: „Hey Jungs. Ich habe mir während der gesamten Woche gedacht, dass bei einem höheren Wasserstand Up Against The Wall in einer Spur auf der rechten Seite des Flusses umfahren werden kann." Er beschreibt seine Beobachtungen kurz noch etwas näher und meint dann, dass wir dadurch wahrscheinlich nur die allerletzte große Walze dieser Stelle leicht touchieren werden, aber allen anderen völlig ausweichen können. Diese Variante ist uns anderen die gesamte Woche nicht wirklich aufgefallen, da sie bei dem niedrigeren Wasserstand nicht möglich war. Aber Andi ist derart überzeugt von seiner Variante, dass er uns alle mitreißt, und wir entscheiden uns, sie bei der Wettfahrt in Angriff zu nehmen.

Kurz stecken wir unsere Hände zusammen, mobilisieren unsere Kräfte wieder mit unserem über die Woche wiederholt praktizierten Motivationsschrei, packen unser Boot, setzen es in das Kehrwasser oberhalb des Starts ins Wasser und jeder setzt sich auf seine Position. Ich rufe noch einmal kurz: „Jungs, wie die gesamte Woche! Jeder denkt aktiv mit. Und jeder steuert aktiv. Wir machen das MITEINANDER!" Bevor ich uns vom Ufer wegstoße, weise ich uns alle noch auf eine wichtige Sache hin: „Andi! Du übernimmst bei Up Against The Wall kurz den Lead. Sobald wir auf Spur sind, wieder alle gemeinsam! Ist das allen klar?" Nachdem alle mit einem lauten Yes, Sir! antworten, stoße ich uns ab, wir richten unser Boot in die Fahrtrichtung aus und beginnen zu paddeln. Als wir die Startlinie überfahren und die Zeitnehmung auslösen, haben wir schon gut Fahrt aufgenommen.

Der erste Teil der Strecke ist wie vermutet. Die Strömung ist viel schneller, als wir es von den Tagen zuvor gewohnt sind. Manche Stellen sind sogar etwas leichter, da die Walzen durch den höheren Wasserstand etwas abgeschwächt wurden. Manche Stellen sind vollkommen anders zu befahren, als wir sie die gesamte Woche zuvor gefahren sind. Da zeigt sich der Vorteil unserer Fahrweise wieder deutlich. Jeder denkt mit. Sobald jemandem etwas Neues auffällt, macht er darauf aufmerksam und wir entscheiden blitzschnell, welche Spur wir fahren. Wir kommunizieren lauter als an den Tagen zuvor. Wahrscheinlich auch wegen der höheren Anspannung, sind wir doch im Finale der ersten Weltmeisterschaft und fahren nun diese schwierige Strecke unter wirklich herausfordernden Bedingungen.

Die ersten zwei Drittel der Strecke gelingen uns sehr gut. Dennoch merke ich, wie es anstrengend wird. Meine Muskeln in den Armen und im Oberkörper machen sich bemerkbar. Langsam komme ich außer Atem. Aber wir spornen uns gegenseitig an, bestärken uns mit aufmunternden Zusprüchen, und es läuft extrem gut. Vor uns ist eine leichte Rechtsbiegung im Fluss und dann sehen wir, wie die gesamte Strömung nach links auf die Felswand zuschießt, die dieser imposanten Wildwasserstelle den Namen gibt. Von der Felswand wird das Wasser wieder in den Fluss zurückgedrängt und erzeugt dabei drei riesige Walzen. Auf der rechten Seite des Flusses sehe ich nun die enge Passage, die Andi als unsere Alternative vorschlug, damit wir nicht links durch die furchteinflößenden Walzen fahren müssen.

Ich schreie sehr laut: „Andi!" Er übernimmt kurz die Führung, gibt ein paar Anweisungen, und wir paddeln auf unsere Alternativroute zu. Sobald wir die Spurrinne erreichen, wird die Strömung für ein paar Momente langsamer. Ich befürchte, dass sich unter der Wasseroberfläche einige Felsen befinden, die uns aufhalten könnten. Aber das Boot bewegt sich gut weiter. Nach einer Linkskurve geht es über zwei, drei kleinere Stufen wieder zurück Richtung Hauptströmung. Dort wartet schon die letzte große Walze dieser spektakulären Wildwasserstelle. Kurz davor drehen wir unser Boot scharf nach rechts, touchieren die Walze nur am Rand, und dann geht es noch etwa 50 Meter mit allem, was wir noch an Kraft aufbieten, können ins Ziel. Mit letzter Kraft paddeln wir ans Ufer und lassen dann unserer Freude über eine extrem gute Fahrt freien Lauf. In diesem Moment ist es uns egal, welche Platzierung wir erreichen. Wir sind einfach nur glücklich und stolz auf die extrem gute und coole Fahrt.

Als sich dann herausstellt, dass wir Zweiter sind und uns als Vizeweltmeister bezeichnen können, leuchten unsere Augen und die Freude ist umso größer. Dieses Ergebnis wäre nicht möglich gewesen, hätten wir nicht von Anfang bis zum Schluss wirklich MITEINANDER gedacht und gehandelt. Es zeigte sich, dass einige der anderen Teams zum Teil massive Schwierigkeiten beim Abfahrtslauf hatten. Sie wussten mit den völlig neuen Verhältnissen nicht so flexibel und agil umzugehen, wie es uns durch unser „Mehrhirndenken" gelungen war.

Miteinander denken und handeln – ohne Wenn und Aber

Ich denke, Sie sehen klar, worum es in dieser Disziplin „THINK WE – miteinander einfach stärker!" geht: Miteinander ist mehr möglich. Für die Einzelnen ebenso wie für ein Team oder für eine gesamte Organisation. Ich bin überzeugt, wir hätten mit einem klassischen Ansatz, bei dem ein Guide denkt und lenkt und die anderen ausführen und so stark wie möglich paddeln, keine Chance gehabt, nur annähernd ein so gutes Ergebnis zu erzielen.

Der Vorteil unseres Ansatzes zeigte sich vor allem in den Situationen und Phasen, bei denen es schwierig oder in denen die Herausforderung vielschichtig wurde. Da waren wir den anderen überlegen, denn: Mehr Augen sehen mehr, mehr Ohren hören mehr und mehr Hirne können auch mehr und anderes denken. Das ist keine Raketenwissenschaft und überhaupt nichts Neues. Dennoch hat sich dieses Denken und Handeln leider immer noch nicht so richtig durchgesetzt. Es gibt zwar viele Lippenbekenntnisse und viele Slogans auf Plakaten und Firmenveranstaltungen, die das Miteinander, den Teamgeist und das Teamwork beschwören, aber in der Realität sieht es dazu nicht immer so rosig aus.

Meine Kollegen und ich sind zurzeit viel in Projekten involviert, in denen es darum geht, Unternehmen für die digitale Transformation fit zu machen. Zu Beginn dieser Projekte arbeiten wir mit den handelnden Akteuren daran, Klarheit zu schaffen, was Digitalisierung für sie und das jeweilige Unternehmen bedeuten kann, wo es vernünftig ist zu starten und wie die ersten Schritte aussehen können. Sobald es darum geht, die ersten Schritte auch wirklich zu setzen, kommen meistens die ersten blockierenden Argumente und Bedenken auf. Vor kurzem etwa hat eine junge und sehr engagierte Mitarbeiterin eines traditionellen Produktionsbetriebes leicht frustriert gemeint: „Das geht bei uns nicht, denn da müssten wir ja mit den Kollegen und Kolleginnen aus anderen Abteilungen und sogar mit einem externen Geschäftspartner viel enger zusammenarbeiten."

Diese und ähnliche Argumente hören wir immer wieder. Und es ist sicher nicht von ungefähr, dass viele Berater und Experten, die sich mit Digitalisierung eingehend beschäftigen, lautstark verkünden, dass ein digitaler Transformationsprozess nur teilweise mit neuen Technologien und intelligenten Maschinen zu tun hat. Der andere Teil, so ist die einhellige Meinung, betrifft die Unternehmenskultur. Vor allem die Themen Führung und Zusammenarbeit sind dabei im Rampenlicht. Es ist sicherlich auch nicht von ungefähr, dass sich junge, talentierte und engagierte Menschen immer öfters von den traditionell geführten Unternehmen abwenden. Beate, eine dieser „jungen Wilden" hat es letztens bei einem Workshop wieder einmal so ausgedrückt: „Wir tun uns das nicht mehr an. Die alten und verkrusteten Strukturen und die überholte Art und Weise wie dort geführt und zusammengearbeitet wird, das ist völlig unattraktiv für uns."

Ihnen rate ich deshalb, die Grundhaltung „Think We und Act We" zu verinnerlichen und in Ihr gesamtes Tun ohne Wenn und Aber zu integrieren. Sie lesen dieses Buch, in dem ich Ihnen Tipps und Empfehlungen zum Thema Selbstführung ans Herz lege. Da ist es sehr verführerisch, dass Sie sich auf die Aspekte konzentrieren, die vordergründig zuerst auf Ihre eigene Persönlichkeit ausgerichtet sind. Wenn Sie die Facette der sozialen Interaktion und des Miteinanders aber vernachlässigen, so wird es schwer für Sie werden, all Ihre Potenziale wirklich zu nützen und außergewöhnliche Resultate zu erzielen. Nehmen Sie nur das oben skizzierte Beispiel von der Rafting-WM. Für mich war es überaus erleichternd, dass ich nicht in jeder Situation und bei jedem auftretenden Thema oder Problem alleine denken und alleine entscheiden musste. Das ersparte mir viel Kraft, die ich fürs Paddeln selbst nutzen konnte und auch dafür, zu sehen, wie das Team zusammenspielt. Ich bin mir sicher: Vizeweltmeister wäre ich (natürlich zusammen mit den anderen) ohne dem kompromisslosen Denken und Handeln im Sinne von Miteinander nie geworden. Seien Sie sich sicher: Je mehr Sie sich auf ein MITEINANDER einlassen, desto mehr werden alle Beteiligten davon profitieren. Allen voran Sie selbst. Das könnten Sie auch als einen intelligenten Egoismus bezeichnen. Indem Sie sich einer Sache und anderen verschreiben, indem Sie andere Menschen stärker machen und mit diesen innovative Projekte realisieren, gewinnen letztendlich wiederum Sie selbst. Also, wenn schon egoistisch, dann wenigstens intelligent.

Viktor Frankl, der renommierte österreichische Arzt und Psychiater, den ich früher schon einmal erwähnte, brachte zu diesem Thema in seinen Vorträgen gerne ein Beispiel aus der Medizin. Er meinte, dass ein Auge, das nur sich selbst sieht, ein krankes Auge ist. Beim grünen Star soll das zum Beispiel der Fall sein. Über eine derartige „Erkrankung" hat mir neulich eine Top-Managerin aus ihrem Unternehmen berichtet. Sie leitet einen wichtigen Bereich eines international tätigen Konzerns. Innerhalb dieses Bereiches wurde vor einigen Jahren ein interessantes Projekt aufgesetzt, das a la longue einen wichtigen Beitrag zur Markenpflege des Unternehmens leisten soll. Da es sich um ein modernes und sehr innovatives Unterfangen handelte, beschloss sie gemeinsam mit einigen Kollegen, diesem Projekt eine für den Konzern unübliche Organisationsform zu geben. Es sollte von drei jungen Führungskräften als Team geleitet und geführt werden. Jeder der drei verantwortete ein eigenes Team und gleichzeitig waren sie für die Gesamtleistung verantwortlich. Insgesamt ist das kleine Unternehmen im Unternehmen bis jetzt zu einer Mitarbeiterzahl von ungefähr 350 Personen angewachsen.

Schon nach wenigen Monaten merkte meine Gesprächspartnerin, dass sich die drei jungen und leistungsbereiten Führungskräfte schwer taten, wirklich zusammenzuarbeiten. Bei Gesprächen mit ihr bekundeten sie ihre Bereitschaft. Im Tun zeigte sich aber etwas ganz anderes. So entstanden zwischen den Bereichen mit der Zeit richtiggehend Barrieren, die Teams auf der Arbeitsebene hatten einen Konflikt nach dem anderen und bei Einzelgesprächen mit der Managerin, ihrer Führungskraft, verleumdeten und beschuldigten sie sich gegenseitig. Zuerst gab sie ihnen einen Coach zur Seite. Dies schien nach einiger Zeit ganz gut zu fruchten. Die drei traten vermehrt als Team auf und kommunizierten auch stärker im Sinne des gemeinsamen Ganzen. Nachdem sich dadurch das Klima in dem gesamten Projekt verbesserte, zog die Managerin den Coach ab. Sie war der Überzeugung, die drei jungen Führungskräfte müssten doch gelernt haben, wie klug und sinnvoll es ist, miteinander zu agieren und nicht gegeneinander. Leider machten sich nach nicht allzu langer Zeit wieder die Muster und das Verhalten von früher bemerkbar. Dieses Gegeneinander wurde schließlich so stark, dass talentierte und engagierte Mitarbeiterinnen und Mitarbeiter das Unternehmen verließen, das Kundenfeedback wurde immer schlechter und die wirtschaftlichen Ergebnisse wurden desaströs. Jetzt ist sie dabei, die Reißleine zu ziehen. Höchstwahrscheinlich wird eine neue Führungskraft eingesetzt, die die alleinige Verantwortung für das gesamte Projekt haben wird, und wie es mit den jetzigen drei Führungskräften weitergeht, ist noch nicht fix.

Wenn Sie das genau betrachten, so sehen Sie, dass alle Beteiligten dabei verloren haben. Die Managerin selbst, da sie von ihren Kollegen immer wieder für das schlechte Abschneiden des Projekts kritisiert wurde. Die drei Kollegen mit Sicherheit. Ihre Machtkämpfe gingen nach hinten los. Es kostete sie immens viele Nerven und letztendlich stehen ihre Jobs auf dem Prüfstand. Die Mitarbeiter litten, weil sie ständig in einem Konfliktklima arbeiten mussten. Die Kunden wurden unzufriedener, da sie merkten, da passt etwas nicht, und was sie für ihr Geld bekamen, entsprach nicht den Versprechungen im Vorfeld. Und schließlich verlor auch das gesamte Projekt. Es kostete viel und der Return-On-Invest war bei weitem nicht das, was sich das Management erwartete.

Zum Abschluss meines Gesprächs mit der Managerin fragte ich sie, ob sie nun der Meinung sei, eine Unternehmung dieser Art wäre nicht von drei Personen zu leiten. Da sagte sie ganz klar, dass sie immer noch davon überzeugt sei, es wäre die bessere Art, derart innovative Projekte mit einem kleinen Führungsteam auszustatten. Woran es ihrer Meinung nach bei diesem Projekt fehlte, war das richtige Mindset der drei eingesetzten Führungskräfte. Aus ihrer Sicht waren alle drei so verbissen darauf, Chef zu sein und sie konnten diese Haltung nicht loslassen, um sich ein produktiveres und sinnvolleres Mindset anzueignen.

Mehrhirndenken

Mit der WILDWASSER-STRATEGIE haben Sie nun eine Methodik, wie es Ihnen gelingt, ein für die heutigen Zeiten sinnvolles und attraktives Mindset zu formen und zu festigen. Natürlich geht das nicht so wie beim Kauf eines neuen Mantels: einfach einen neuen Mantel überziehen und schon sehen Sie schicker aus. Es wäre schön, wenn das bei eingefahrenen Mustern des Denkens, Fühlens und Wahrnehmens auch so leicht ginge. Im mentalen und emotionalen Bereich braucht es schon ein bisschen mehr Aufwand. Aber die Impulse dieses Buches und vor allem die unterschiedlichsten Übungen, wovon Sie noch einige mehr in der fünften Disziplin erhalten, helfen Ihnen, sich selbst zu führen, um für die Herausforderungen des digitalen Zeitalters gut gewappnet zu sein.

Alleine schon die in den vorangegangenen Abschnitten beschriebenen Tools wie PRÄSENZ und das STOP! zwischen Reiz und Reaktion können Ihnen bei dem Thema Zusammenarbeit eine überaus wertvolle Hilfe sein. Wenn Sie zum Beispiel in einer Situation, in der ein Mitarbeiter zu Ihnen kommt und eine Frage zu einem komplexeren Thema stellt, zuerst kurz innehalten und in sich hineinhören, was jetzt eine vernünftige Reaktion Ihrerseits ist. Ist es vernünftig, schnell zu antworten, oder ist es klüger, das Thema auf eine bessere Gelegenheit zu vertagen, oder sollten Sie mittels

Fragen dem Mitarbeiter helfen, selbst auf weitere Ideen zur Lösung zu kommen? Wenn Sie sich als eine Führungskraft sehen, die, übertrieben gesagt, auf jede Frage ein Antwort geben soll, dann haben Sie vielleicht das Thema kurzfristig vom Tisch, aber der Mitarbeiter hat dabei nicht wirklich etwas gelernt.

Sehen Sie sich aber als eine Führungskraft, deren Aufgabe es ist, Menschen zu entwickeln, unterschiedlichste Persönlichkeiten zur Zusammenarbeit zu bewegen und Rahmenbedingungen aufzustellen, die ein modernes und innovatives Arbeiten ermöglichen, dann wird Ihre Antwort auf die gleiche Frage ganz anders aussehen. Sie werden dem Mitarbeiter die Möglichkeit geben, selbst oder gemeinsam mit Kolleginnen und Kollegen auf Lösungen zu kommen. Oder Sie werden ihn ganz simpel zuerst einmal fragen, was er sich von Ihnen in diesem Fall konkret erwartet, eine Antwort, einen Tipp oder ein Sparring.

An diesem Beispiel möchte ich Ihnen nochmals aufzeigen, wie wichtig all die Themen der vorangegangenen Disziplinen sind. Mit dem NOW kommen Sie sich selbst auf die Schliche, welche Muster und Sichtweisen Sie antreiben oder steuern. Das STOP! und Innehalten gibt Ihnen die Möglichkeit, nicht auf alles gleich und impulsiv reagieren zu müssen. Der FOKUS auf Ihre Linie bietet die Chance, in wiederholten Reflexionen schließlich auf die eigene Spur draufzukommen, die Sie hinterlassen wollen. Und das LEAN INTO IT hilft Ihnen dabei, alte und fest verwurzelte Verhaltensweisen loszulassen und mit Mut und Zuversicht neu zu denken und zu handeln.

Das von mir nun schon ein paar Mal angesprochene „Mehrhirndenken" ist eine dieser neuen Formen des Denkens und Agierens. Es ist aus meiner Sicht für die heutigen Gegebenheiten unerlässlich, um wirklich stark und souverän zu sein. Damit es funktioniert, braucht es eine neue Grundhaltung. Wenn Sie sich als Führungskraft so verstehen, dass Sie dazu da sind, geeignete Bedingungen für Leistung zu gestalten, also einen Boden aufzubereiten und dann auch noch wie ein Gärtner den Wachstumsprozess zu unterstützen, dann haben Sie gute Voraussetzungen für ein wirkliches Miteinander in Gestaltungsprozessen. Das geeignete Werkzeug für Sie ist dann der Dialog.

Der Dialog wird häufig als Kommunikationsform gesehen. Das ist nicht falsch, aber es ist zu kurz gegriffen. Wirklicher Dialog ist weit mehr als gut und vernünftig miteinander zu reden. Im Kern ist es die perfekte Form, um miteinander Neues zu erdenken und zu ersinnen, schwierige Themen aus unterschiedlichsten Perspektiven zu betrachten und fundierte Grundlagen für tragfähige Entscheidungen zu gewinnen. Also ein wirkliches miteinander Denken, Lernen und Gestalten. Dialog kommt aus dem Griechischen und bedeutet in etwa, gemeinsam den Sinn ins Fließen bringen. Dialog steht diametral im Gegensatz zur bekannten Diskussion. Das zeigt sich schon im Wortstamm. Diskussion kommt aus dem Lateinischen und bedeutet zerschlagen, zerstückeln und zerteilen. Und so ist es auch im Tun selbst. Bei einer zünftigen Diskussion wird gestritten, jedes Argument des anderen zerlegt und mit heftigen Worten dagegen argumentiert. Sehr oft bleibt bei einer Diskussion nur ein Gewinner übrig, wenn überhaupt.

Gute Dialoge spielen sich in einer völlig anderen Atmosphäre ab. Da geht es darum, zu ergründen und zu erkunden. Was meint die Kollegin mit diesem Thema? Wie sieht sie das? So habe ich das noch nie gesehen. Oh, völlig interessant, auf diese Idee wäre ich selbst nie gekommen. Diese und ähnliche Feststellungen bestimmen Dialoge. Themen und Ideen werden gemeinsam weiterentwickelt. Schräge Ideen werden ganz einfach einmal stehen gelassen. Die Idee eines Kollegen spornt andere an, neue und andere Ideen in den Prozess einzubringen. Das ist die Atmosphäre und die Art und Weise, die es für Innovation und für das Erschaffen von Neuem braucht.

Wenn es Ihnen gelingt, derartig produktive Dialoge zu führen, dann wird Ihre Rolle als Führungskraft eher moderierend sein. Sie sorgen für den Prozess und das entsprechende Klima. Sie passen auf, dass sich alle einbringen können, dass Ideen nicht vorschnell abgewertet werden und dass verschiedenste Ideen miteinander verbunden werden. Sie ermutigen zu außergewöhnlichen Vorschlägen und haben im Blick, wenn das Team in alten und unproduktiven Themen verhaftet bleibt. Sie selbst sind dabei vielleicht etwas im Hintergrund, machen aber das Team stärker, was letztendlich Ihnen wieder zugute kommt.

Für Sie ist es noch wichtig zu wissen, dass gute Dialoge zwei markante und voneinander getrennte Phasen haben. Es ist eine Aufgabe von Ihnen als Moderator, die teilnehmenden Personen darauf aufmerksam zu machen, in welcher Phase sich der Dialog befindet. Dazu braucht es selbst Präsenz und Klarheit. Die erste Phase eines Dialogs ist das Öffnen. Dabei ist es wichtig, das Themenfeld zu öffnen, unterschiedlichste Argumente und Sichtweisen einzubringen und das gemeinsame Denken in Gang zu setzen. Bei der zweiten Phase geht es um das Schließen. Dabei werden die entwickelten und vorgebrachten Ideen und Vorschläge bewertet und verdichtet. Das führt schließlich zu konkreten Schritten, Entscheidungen oder Maßnahmen. Werden die beiden Phasen vermischt, oder sind manche Teilnehmerinnen und Teilnehmer schon beim Fixieren von konkreten Schritten, während andere noch im kreativen Denkmodus sind, so führt es zu Spannungen.

Ist das nicht sofort etwas zum Ausprobieren und zum Vertiefen für Sie? Nehmen Sie doch eines Ihrer Themen, die Sie auf Ihrer Prioritätenliste haben, und laden zu einem produktiven Dialog ein. Das kann mit Ihrem Team sein oder nur mit einem Teil davon. Sie können auch externe Kolleginnen und Kollegen dafür gewinnen, oder noch mutiger, sogar jemanden aus dem Kreis Ihrer Kunden. Bringen Sie das Thema ein, erklären Sie, warum Ihnen das Thema wichtig ist und wie Sie den Dialog gestalten wollen. Und dann drauf los. Noch ein kleiner, aber wichtiger Tipp. Achten Sie darauf, dass die Ideen und Vorschläge visualisiert werden. Nutzen Sie dafür ein Whiteboard, ein Flip-Chart oder irgendetwas in dieser Art. Um Themen zu vertiefen oder diese weiterzudenken, ist es gut, diese im Raum visualisiert zu haben.

Selbst stärker durch das Unterstützen anderer

In dieser Disziplin ging es mir bisher darum, Ihnen die Vorzüge vom von mir als Mehrhirndenken bezeichneten Miteinander schmackhaft zu machen. Dabei wies ich Sie darauf hin, dass diese Form des gemeinsamen Denkens und Gestaltens ein völlig anderes Mindset von Ihnen als Führungskraft verlangt, und ich habe Ihnen ein Tool mit auf den Weg gegeben, das Ihnen hilft, auf eine produktive und sinnstiftende Art gute Ergebnisse zu erzielen. Nun hebe ich eine weitere essenzielle Komponente für das Miteinander hervor. Diese habe ich in allen drei meiner Erfahrungswelten, dem Businesscoaching von Führungskräften und Teams, dem Kajakfahren und beim Mindfulness-Training schon unzählige Male als besonders wertvoll erfahren. Beim Coaching und Kajakfahren steht diese Komponente für Themen wie Unterstützung, Vertrauen und Einfühlungsvermögen. Im Mindfulness-Training wird sie mit „Compassion", Mitgefühl, bezeichnet. Die grundlegende Intention ist die gleiche und die Wirkung ebenfalls. Nämlich: Sich in die beteiligten Personen hineindenken zu können und diese in ihrer Eigenart stark und souverän zu machen. Als Erstes erzähle ich Ihnen, wie ich diese Form des Miteinanders beim Kajakfahren erlebte.

*E*inen großen Teil meiner Zeit als extremer Kajakfahrer verbrachte ich mit meinem damaligen Freund Franz. Er war es, der mir zu einem meiner Geburtstage symbolisch einen Fluss schenkte. Eines Tages im Frühjahr kurz nach der Schneeschmelze kam er bei mir vorbei und meinte, er hätte einen neuen Fluss in der Nähe von Salzburg entdeckt. Den Schwarzenbach bei Bad Reichenhall. Dieser Fluss sei noch nicht oft befahren worden, da er nicht regelmäßig genügend Wasser führt und zudem schwierig ist. Er beschrieb mir kurz, was er über einen Bekannten vom Schwarzenbach in Erfahrung gebracht hatte. Bei seiner Schilderung wimmelte es nur so von Wasserfällen, Klammabschnitten und spektakulären Wildwasserstellen. Zum Abschluss meinte er, er würde mir den Fluss sozusagen schenken, indem wir ihn am nächsten Tag, an meinem Geburtstag, für uns zum ersten Mal befahren. Mit einem leicht mulmigen Gefühl im Bauch sagte ich zu. Eine Befahrung eines derart spannend klingenden Flusses bekommt man ja nicht alle Tage „geschenkt".

Am darauffolgenden Tag geht es nach Bayern zum Schwarzenbach. Die Ausstiegstelle ist bald gefunden. Dort ziehen wir unsere Flussklamotten an und lassen die trockene Kleidung für danach in einer Tasche am Flussufer. Mit unserem Auto und den beiden Booten am Dach fahren wir dann die Alpenstraße parallel zum Fluss in Richtung Einstiegstelle. Vom Fluss selbst sehen wir nicht viel, da er sich in einem tiefen Tal weit unterhalb der Straße seinen Weg gebahnt hat. Als Franz beim Autofahren schließlich den zweiten Gang einlegen muss, weil die Straße immer steiler wird, schauen wir uns nur kurz in die Augen und ein jeder weiß, was der andere denkt: „Wenn der Fluss nur annähernd so steil ist wie die Straße, dann erwartet uns eine spannende Sache!"

Und so ist es. Spannend und euphorisierend. Die ersten 200 Meter geht es langsam los, von Kehrwasser zu Kehrwasser hüpfend kommen wir in einen guten Flow. Mit der Zeit nimmt das Gefälle zu und die Strömung wird schneller. Da kommen wir auch schon zum ersten Wasserfall. Wir steigen kurz aus unseren Booten und betrachten den Fall von oben. Er ist so in etwa fünf Meter hoch, leicht anzufahren, und im Pool unterhalb des Wasserfalls schaut es von unserem Standpunkt so aus, dass keine gefährlichen Felsen verborgen sind. Es gibt aber keine Möglichkeit, nach unten zu klettern und uns vernünftig abzusichern, sollten Probleme bei der Befahrung auftauchen. So beschließen wir, nebeneinander zu fahren. Franz auf der linken Seite und ich rechts. Sollte einer von uns ein Problem haben, so kann ihm der andere dann unterhalb des Wasserfalls zu Hilfe kommen. Wir fahren an und katapultieren uns mit ein paar wuchtigen Paddelschlägen über die Abbruchkante hinaus und schießen in das darunter befindliche Tosbecken des Wasserfalls. Alles läuft glatt und wie geschmiert. Dieser erste Sprung gibt uns die Zuversicht, den gesamten Fluss gut befahren zu können.

Kurz geht es etwas lieblicher weiter, bis wir wieder zu einem Wasserfall kommen. Dieser befindet sich in einer Kurve, beginnt zuerst mit einer Felsrutsche und geht dann in einen etwa acht Meter hohen senkrechten Abfall über. Auch dieses Mal gibt es keine Möglichkeit zum Tosbecken hinunterzuklettern und uns dort gegenseitig zu sichern. Es ist aber auch nicht möglich, den Wasserfall nebeneinander zu befahren, da die Strömung zu schmal für zwei Boote ist. Deshalb beschließen wir, nacheinander zu fahren, Franz zuerst und dann in einem kurzen Abstand ich. Wir vereinbaren: Sobald Franz unten gelandet ist und die Möglichkeit hat, einen Pfiff abzugeben, wird er pfeifen und ich folge dann nach. Wiederum läuft alles super ab. In dieser Tonart geht es den gesamten Fluss weiter nach unten bis zur Ausstiegstelle.

Wir bewältigen noch einige kleinere Wasserfälle und technisch anspruchsvolle Abschnitte. Bei manchen können wir sichern. Da stellt sich einer von uns mit seinem Rettungsseil bei gefährlichen Stellen ans Ufer und macht sich bereit zu helfen, falls der Fahrende in Schwierigkeiten kommen sollte. Ein paar vereinbarte Signale helfen uns zu kommunizieren, auch dann, wenn wir uns mitunter nicht sehen oder uns nicht mit Worten verständigen können. Die gesamte Befahrung dauert um einiges länger, als wir ursprünglich dachten. Das ständige Anhalten und Scouten der für uns aus dem Boot nicht einsehbaren Wildwasserstellen erfordert ziemlich viel Geduld und Ausdauer. Aber die gesamte erste Befahrung des Schwarzenbaches verläuft äußerst zufriedenstellend für uns beide.

Danach beim Geburtstagsbier sprechen wir über unsere Erfahrungen in der Schlucht. Da meinen wir beide unisono, dass jedem von uns das Wissen, dass der andere da ist und im Falle des Falles eingreifen würde, eine immense innere Kraft gibt. Franz bemerkt zudem, dass er den Eindruck hat, ich hätte bei so mancher Stelle ohne Absprache genau gewusst, wo er gerne Hilfe oder Unterstützung hat, so als wäre ich bei ihm im Boot gesessen und hätte gespürt, wo er sich leicht unsicher fühlte oder wo er einen kleinen Tipp brauchte. Mir erging es genauso. Das vertrauensvolle sich in den Dienst des Anderen stellen machte uns viel stärker, als wären wir alleine unterwegs gewesen. In gewissem Sinne ist es paradox: Indem wir uns nicht auf uns selbst *konzentrieren, uns für Momente schier vergessen und das Wohlergehen des Anderen im Blick haben, werden wir selbst stärker.*

Genau das ist es, was ich Ihnen für Ihre Weiterentwicklung als weiteren wichtigen Tipp mitgebe. Lassen Sie sich ruhig voll und ganz darauf ein, andere Menschen zu unterstützen und zu fördern. Über das Wachstum, das Sie damit bei Ihren Mitarbeitern oder Kollegen bewirken, werden Sie selbst stärker, zufriedener und erfolgreicher. Dafür ist es aber entscheidend, wie stark Sie sich auf diejenigen einstellen können, denen Sie Unterstützung bieten. Erst dann, wenn Sie sich in die andere Person hineindenken können, wenn Sie erfahren, was diese Person wirklich braucht und was ihr nützt, können Sie jemandem wirklich ein Entwicklungspartner sein. Solange Sie vorwiegend an sich denken und die anderen als Mittel zum Zweck Ihres eigenen Weiterkommens sehen, solange wird diese Systematik nicht funktionieren.

Ich bin mir ziemlich sicher, dass die junge Generation von talentierten Leuten genau das meint, wenn sie davon sprechen, ihnen würde die veraltete Form des Führens zum Hals heraushängen. Höchstwahrscheinlich erfahren sie nur selten wirkliche und bedingungslose Unterstützung. Vieles von der Führungsarbeit ist leider immer noch häufig darauf ausgerichtet, die jungen Mitarbeiterinnen und Mitarbeiter auf die Gegebenheiten des Unternehmens oder auf die Anliegen der Führungskräfte „einzuordnen", wie der umgangssprachliche Ausdruck dafür ist. Was den jungen Talenten wichtig ist, welche Potenziale und Stärken sie mitbringen, welche Ideen sie haben, das Unternehmen zukunftsfit zu halten, das wird sehr oft gar nicht richtig wahrgenommen und schon gar nicht geschätzt, gefördert und genützt.

Das muss nicht so bleiben. Das sollte nicht so bleiben. Und das kann sich bei Ihnen ganz anders gestalten. Sie erfahren hier in dem Buch, wie wichtig es ist, Stärke und Souveränität völlig anders zu denken, als es vor einigen Jahrzehnten der Fall war. All die Denkanstöße und praktikablen Werkzeuge, die Sie bis hierher schon erhielten, wie auch diejenigen, die noch folgen, unterstützen Sie, sich in eine völlig neue und zukunftsorientierte Richtung zu bewegen.

Bevor ich Ihnen eine weitere sehr wertvolle Übung genau für diese vorhin beschriebene unterstützende Haltung empfehle, mache ich Sie noch kurz aufmerksam, worauf Sie achten sollten, wenn Sie sich vornehmen, mit

Ihren Mitarbeitern oder Kollegen einfühlsamer zu sein. Im dritten Kapitel habe ich Ihnen kurz erklärt, was sich hinter dem Begriff Mindfulness verbirgt, wo er ursprünglich herkommt und wie er bei uns salonfähig wurde. Interessant ist, das in den letzten Jahren im Fahrwasser von Mindfulness das Thema Compassion, Mitgefühl, stark an Bedeutung gewann. Sowohl ernst zu nehmende Neurowissenschaftler wie auch bestens ausgebildete Mindfulness-Trainerinnen und Trainer legen immer stärkeres Augenmerk auf diesen Aspekt. Im wirtschaftlichen Kontext wurde in den vergangenen Jahren ein ähnliches Konzept propagiert, das der Empathie. Dieses Thema wurde vor allem durch die fundierten Arbeiten von Daniel Goleman im Zusammenhang mit der von ihm vertretenen „Emotionalen Intelligenz" von Führungskräften immer populärer. Dabei geht es im Kern darum, sich voll und ganz in die Situation von anderen Menschen hineindenken und hineinfühlen zu können. Von der grundlegenden Intention ist das sehr wichtig, dennoch gilt es dabei achtsam zu sein, damit die Sache nicht nach hinten losgeht.

Falsch verstandene Empathie könnte im extremen Fall letztendlich dazu führen, dass Sie sich so in das Leiden oder in die Schwierigkeiten von Menschen hineinbegeben, dass Sie mit der Zeit selbst zu leiden beginnen und sich völlig in Mitleid suhlen. Das ist nicht der Sinn der Sache. Nehmen Sie zum Beispiel an, Sie haben eine Mitarbeiterin im Team, die unzufrieden ist mit der unfairen Gehaltsschere und der damit verbundenen Ungerechtigkeit zwischen Mann und Frau im Unternehmen. Wenn Sie Empathie als Mitleid sehen, würden Sie sich in die Kollegin hineinfühlen und überlegen, wie das für Sie selbst wäre, wären Sie in ihrer Situation. Wenn Sie nicht acht geben, könnte es passieren, dass Sie selbst unzufrieden werden, sich unwohl und genervt fühlen und die Sache als unfair wahrnehmen. Sie verbrüdern sich mit der Kollegin, schimpfen über die Ungerechtigkeit im Unternehmen und in der Welt im allgemeinen. Beim Kaffeetratsch suchen Sie weitere Verbündete und aus dem Thema entwickelt sich richtiggehend eine negative Spirale, die sie alle zusammen in einen emotionalen Sumpf hineinzieht. Dadurch wird es sehr schwierig, sich für das Thema auf eine vernünftige und zielführende Art und Weise einzusetzen und konstruktive Lösungen zu finden.

Wenn Sie in der gleichen Situation eine gehörige Portion Mitgefühl - und nicht Mitleid - wirken lassen, so ist die Chance, dass sich daraus etwas viel Positiveres entwickelt, viel größer. Sie werden sich ebenfalls in die Situation der ungerecht behandelten Kollegin versetzen. Aber anstatt ins Jammern und in die Schwarzmalerei einzustimmen, beginnen Sie wahrscheinlich sofort, dieser Person zu wünschen, ihre Situation möge sich verbessern und sie möge mehr Gerechtigkeit erfahren. Anstatt Frust und Zorn wird bei Ihnen möglicherweise der Wille zu wirklicher Unterstützung wach und stark. In weiterer Folge stellen Sie sich ihr als aktiver und produktiver Gesprächspartner zur Verfügung, hören intensiver zu und werden insgesamt verständnisvoller und lösungsorientierter sein. Gleichzeitig sind Sie motiviert, zur Personalabteilung oder zur Geschäftsführung zu gehen, bringen dieses Thema dort zur Sprache, und es eröffnen sich durch Ihre konstruktiv vorgebrachten Vorschläge viel leichter neue Wege, um das Thema voranzubringen.

Meine Erfahrung im Mindfulness-Training zeigt, Menschen gelingt es leichter mit anderen Menschen mitfühlend zu sein, wenn sie gelernt haben, mit sich selbst freundlich und mitfühlend umzugehen. Deshalb werden Teilnehmerinnen und Teilnehmer in den Trainings angeleitet, sich zuerst selbst mit Wohlwollen und Respekt zu begegnen. Dabei handelt es sich ebenfalls um etwas völlig anderes als darum, in Selbstmitleid zu versinken. Wenn das gut gelingt, steigt die Fähigkeit, anderen diese Qualitäten zu vermitteln. Da zeigt sich die Wahrheit der Feststellung: Die Person, die eine Führungskraft zuallererst führen muss, ist sie selbst.

Diese letzten Aussagen sind überhaupt kein Widerspruch zu dem Punkt, den ich einige Zeilen weiter oben beschrieb, bei dem ich Ihnen empfahl, sich selbst „zu vergessen" und andere Menschen in den Fokus Ihrer Aufmerksamkeit zu stellen. Sich selbst Mitgefühl zu geben und sich selbst zu führen, haben nichts mit Egoismus und Egozentrik zu tun. Ganz im Gegenteil, es ist die beste Voraussetzung, wie Sie sich auf eine gesunde Art und Weise anderen Menschen widmen können.

Hier gebe ich Ihnen noch einen kleinen Tipp, was es bedeutet, wohlwollend und mitfühlend mit sich selbst umzugehen. Sie können sich vorstellen, Sie behandeln und sprechen mit sich selbst, wie mit Ihrer besten Freundin oder Ihrem besten Freund. Die werden Sie mit Sicherheit positiv anspornen, wenn Sie sich einmal etwas nicht so richtig zutrauen. Oder Sie werden sie vielleicht sogar in die Arme nehmen und Sie trösten, wenn einmal etwas nicht so gut klappte. Das ist es, wozu ich Ihnen rate: Behandeln Sie sich so freundlich und wohlwollend, wie Sie eben Ihre allerbeste Freundin oder Ihren allerbesten Kumpel behandeln. Der innere Kritiker oder die innere

Kritikerin dürfen sich ruhig hin und wieder melden, aber erlauben Sie sich im Großen und Ganzen, unterstützend und aufbauend mit sich selbst umzugehen. Daraus entstehen wahre Stärke und ein gesundes Selbstbewusstsein. Aus dieser Stärke können Sie dann ganz leicht und souverän den Fokus auf das Wohlergehen und auf die Weiterentwicklung von anderen Personen richten.

UNTERSTÜTZENDES ZUHÖREN – eine wertvolle Übung

In meinen Führungsworkshops geht es im Zusammenhang mit dem Miteinander auch um das Thema Kommunikation. Ich habe es hier im Buch ganz bewusst nicht hervorgehoben, da es ein derart breites Thema ist, das ein eigenes Buch füllen würde. Zudem gibt es dazu schon eine Vielzahl von guten Büchern und hervorragenden Arbeiten.

Was aber für das stärkende Miteinander eine sehr hilfreiche Haltung und gleichzeitig ein sehr wertvolles Werkzeug ist, ist das UNTERSTÜTZENDE ZUHÖREN.

Um das zu trainieren, nütze ich bei meinen Workshops folgendes Szenario. Ich bitte die Teilnehmerinnen und Teilnehmer, zu zweit zusammenzugehen und sich gegenüber hinzusetzen. Dann lade ich sie ein, sich gegenseitig für jeweils drei Minuten irgendetwas Alltägliches zu erzählen. Irgendeine, vielleicht sogar belanglose Gegebenheit, die an dem Tag vorgefallen ist. Zuerst erzählt die Person A und B hört zu. Danach wird gewechselt und Person B erzählt, während A zuhört. Die Zuhörer dürfen nur zuhören, nichts sagen und nichts fragen.

In der ersten Sequenz bitte ich die Zuhörenden, sitzen zu bleiben, aber alles zu tun, um der anderen Person zu signalisieren, dass das Erzählte vollkommen langweilig ist. Es ist immer sehr erstaunlich, welche Schauspieltalente sich dabei offenbaren. Die einen schauen ständig auf die Uhr, andere checken am Handy ihre Mails, wieder andere schauen beim Fenster hinaus, während andere beginnen, sich ihre Haare zu kämmen oder die Fingernägel zu betrachten. Das Spannende ist, es dauert keine drei Minuten, bis die sprechenden Personen aufgeben. Es ist ihnen einfach nicht möglich, bei der Sache zu bleiben oder einen sinnvollen Gedanken zu fassen. Natürlich wird dann die Richtung gewechselt, damit sich die zuerst sprechenden Personen bei ihren unaufmerksamen Zuhörern revanchieren können.

Danach gehen wir über zur zweiten Sequenz. Vom Prozedere wird wieder das Gleiche gemacht. A spricht und B hört zu. Aber jetzt werden die Zuhörerinnen und Zuhörer aufgefordert, vollkommen interessiert und unterstützend bei der sprechenden Person und dem Erzählten zu sein. Als Beobachter sehe ich, wie sich etwas völlig anderes daraus entwickelt. Die Zuhörenden halten intensiven Augenkontakt, nicken zustimmend, schmunzeln leicht, wenn sie etwas Witziges hören, reagieren unterstützend mit unterschiedlichen Gesten, öffnen sich von der Körpersprache her ihrem Gegenüber und so weiter. Und die Sprechenden erzählen, sehr oft die gleiche Sache wie zuvor, aber lebendig, schmücken ihre Erfahrungen aus, erklären, was dieses Thema mit ihnen zu tun hat und bringen völlig neue Facetten und Aspekte des Themas ein. Für mich wird es meistens schwierig, das Gespräch nach drei Minuten abzubrechen. Es entwickelt sich trotz der oft banalen und ganz alltäglichen Themen eine überaus interessante und spannende Atmosphäre. Natürlich lasse ich danach die Richtung ebenfalls wieder wechseln. Damit alle in den Genuss des unterstützenden und interessierten Zuhörens kommen.

Wenn ich danach die Erfahrungen mit den Gruppen reflektiere und diese mit Situationen aus dem Führungsalltag verknüpfe, so kommen zur ersten Sequenz, dem aktiven Nicht-Zuhören, Aussagen wie: Das ist bei uns ganz normal, unsere Meetings laufen häufig genauso ab, meine Führungskraft agiert wie mein Gegenüber hier, sie ist völlig abwesend, wenn ich ihr etwas für mich Wichtiges sagen möchte, und so weiter und so fort.

Wenn ich dann die zweite Sequenz, die des aktiven und unterstützenden Zuhörens, thematisiere, da geraten die Teilnehmerinnen und Teilnehmer meistens ins Schwärmen. Sie erzählen, wie interessant das Gespräch wurde und dass sie es gerne noch fortgesetzt hätten. Eine Erkenntnis, die fast bei jeder Gruppe zutage tritt, ist die Aussage: Es hat sich gezeigt, wenn wir wollen, dass die sprechende Person etwas Interessantes und Wertvolles erzählt, dann liegt es an uns, den zuhörenden Personen. Je unterstützender und interessierter wir sind, desto besser werden das Gespräch und die Ergebnisse.

Wenn Sie sich das recht überlegen, so heißt das in weiterer Folge: Wenn Sie von Ihren Mitarbeiterinnen und Mitarbeitern qualitativ hochwertige Ergebnisse erhalten wollen, so hängt das sehr stark von Ihnen selbst ab. Von Ihrer Art und Weise der Aufmerksamkeit, von Ihrer Präsenz und Ihrer inneren Haltung. Je interessierter, aufmerksamer und unterstützender

Sie mit Ihren Mitarbeitern interagieren, je mehr Sie den Mitarbeiterinnen und Mitarbeitern helfen, damit diese mit ihren Stärken wuchern und ihre Potenziale entfalten können, desto besser werden die Resultate sein, die Sie gemeinsam mit Ihrem Team erhalten. Unter Mindfulness-Trainerinnen und Trainern kursiert eine Art Weisheitsspruch zu diesem Thema: „Bedingungslose Präsenz ist das größte Geschenk, das du einem Menschen schenken kannst!"

Nun empfehle ich Ihnen die Übung UNTERSTÜTZENDES ZUHÖREN. Nicht mit dem Szenario, wie ich es beschrieb. Das diente nur, um Ihnen die Thematik griffig zu vermitteln. Ihnen rate ich, diese Art des Zuhörens gleich in der Realität anzuwenden, ohne Testlauf und ohne viel vorher zu üben.

UNTERSTÜTZENDES ZUHÖREN – Die Übung

Sie haben ja sicher demnächst ein Gespräch mit einem Ihrer Kollegen oder mit einer Mitarbeiterin. Nehmen Sie sich vor, bei diesem Gespräch mit voller Aufmerksamkeit ganz präsent dabei zu sein. Legen Sie sämtliche ablenkenden Dinge zur Seite und lassen Sie sich voll und ganz auf Ihre Gesprächspartnerin oder den Gesprächspartner ein. Hören Sie mit allen Sinnen zu. Unterstützen Sie Ihr Gegenüber so, als würden Sie ihr oder ihm helfen, verborgene Schätze zu heben. Halten Sie sich zurück, Ratschläge zu geben oder von sich selbst zu erzählen, seien Sie einfach nur voll und ganz anwesend und unterstützend für die andere Person. Sie können natürlich Fragen stellen oder Bemerkungen einbringen. Disziplinieren Sie sich aber, wirklich bei der anderen Person zu bleiben.

Geben Sie sich nach dem Gespräch ein paar Minuten Zeit für sich selbst und lassen Sie das Gespräch kurz Revue passieren. Ich könnte mir vorstellen, dass Sie selbst völlig erstaunt sein werden, in welch gute Richtung sich das Gespräch entwickelte.

Ratsam ist es, diese Übung zuerst mit für Sie leichteren Gesprächspartnern zu üben. Wenn Sie einmal etwas Routine darin haben, dann können

Sie durchaus auch schwierigeren Gesprächspartnern unterstützend zuhören.

Als Zweites rate ich Ihnen, lassen Sie diese Übung zu einer Gewohnheit für Sie werden. So wird sie mit der Zeit dann keine Übung mehr, sondern gelebte Realität. Anfänglich kann es sein, dass das Ganze etwas gekünstelt wirkt. Je häufiger Sie aber auf diese Weise Ihre Gespräche führen, desto schneller wird diese zu Ihrem Stil.

5. KEEP IT UP – auftanken und ausrichten!
Die fünfte Disziplin

Jede der vier vorangegangenen Disziplinen stellt eine wichtige Dimension dar, wie Sie in turbulenten Phasen stark und souverän, kurz gesagt oben bleiben. Dass es sich dabei nicht um Stärke und Souveränität im Sinne von Macht, Ego und Dominanz handelt, habe ich Ihnen in dem Kapitel Ihr Equipment schon dargestellt. Diese Zeit ist endgültig vorbei. Zumindest in unseren Breitengraden und in Unternehmen, die innovativ und attraktiv sein wollen. Stärke und Souveränität zeigen sich vielmehr in einem achtsamen und respektvollen Umgang mit sich selbst, mit anderen und natürlich ebenfalls mit den Ressourcen. Sich selbst zurücknehmen können und andere ermutigen, über sich selbst hinauszuwachsen, ist heute angesagt. Als stark und souverän gelten Sie heutzutage auch dann, wenn Sie es schaffen, die unterschiedlichsten Anforderungen gut auszubalancieren. Anforderungen etwa, die sich aus der hohen Dynamik des Marktes ergeben, aber auch aus dem Inneren Ihres Unternehmens. Das sind etwa das Fördern von Vielfalt und Diversität oder die Ansprüche der Mitarbeiter in Sachen Arbeitszeiten, Arbeitsumfeld und Work-Life-Balance. Natürlich drücken sich Stärke und Souveränität auch aus, wenn Sie trotz Ungewissheit und Unsicherheit einen kühlen Kopf bewahren, zuversichtlich in die Zukunft gehen und andere Menschen befähigen, Neues zu wagen.

Die fünfte Disziplin der WILDWASSER-STRATEGIE zielt nun darauf ab, den Schwung, den Sie durch die ersten vier Disziplinen aufgenommen haben, aufrecht zu erhalten und ihn womöglich noch zu intensivieren. Denn, wie schon einmal dargestellt, ist es eine Sache, einen gut ausgeprägten Level an Stärke und Souveränität zu erreichen. Es ist aber eine andere Sache, diesen Level zu halten und ihn konsequent auszubauen. Dazu braucht es Training. Das ist wie bei allem, das Sie lernen, festigen und weiterentwickeln wollen. Training und Übung sind entscheidend. Je regelmäßiger trainiert und geübt wird, desto besser. Weniger Intensität, also in kleinen Happen, dafür aber täglich, ist die sinnvolle Vorgehensweise. Hilfreich ist es zudem, wenn Sie den Alltag zur Trainingszone machen. Es braucht nicht immer die großen und separaten Trainingszeiten und Einheiten. Der Alltag bietet Ihnen unzählige Möglichkeiten zum Üben und Praktizieren. Ganz nach dem Motto: „Das mentale Fitness-Studio ist immer und überall."

Unterstützend dabei ist, wenn Sie es schaffen, sich ein paar wenige positiv wirkende Gewohnheiten anzueignen. Sozusagen als ritualisierte Tankstellen für Ihre innere Stärke und Souveränität. Was derartige aufbauende und stärkende Angewohnheiten sind, erfahren Sie hier in weiterer Folge. Zuvor erkläre ich Ihnen noch, wie hilfreich dieses Vorgehen beim Wildwasserfahren war.

Der Begriff „Tankstelle" lässt bei mir sehr positive Erinnerungen wach werden. Beim Kajakfahren, aber auch beim Rafting sind Kehrwasser derartige Tankstellen zum Auftanken und Ausrichten. Kehrwasser, das sind Zonen im Fluss, die sich hinter angeströmten Felsen oder an der Innenseite von Kurven bilden. Manchmal ist die Strömung in ihnen ruhig, manchmal fließt das Wasser sogar leicht flussaufwärts. Deshalb der Begriff Kehrwasser. Für Bootfahrer haben sie mehrere Funktionen. Befinden sich Kehrwasser in der Mitte des Flusses hinter Felsen, so können diese gut genützt werden, um die Fahrtrichtung leicht und mithilfe der Wasserströmung ändern zu können. Wenn ein Kajakfahrer diese Technik gut beherrscht, so sieht das von außen betrachtet spielerisch und fast wie ein eleganter Tanz aus. Ich bin in derartige kleine Kehrwasser auch gerne hineingefahren, um mich immer wieder einmal kurz aus der wilden und turbulenten Strömung herauszunehmen und um innezuhalten. Da befand ich mich dann mitten im Fluss, die Strömung zischte links und rechts an mir vorbei, das Tosen des Flusses war zumeist sehr laut, ich aber hatte meine kleine Ruhezone inmitten des Getöses. Diese nutzte ich dazu, ein paar Mal durchzuatmen, den Blick nach vorne zu richten, um mir einen Überblick über die weitere Strecke zu verschaffen.

Größere Kehrwasser befinden sich hinter massiven Felsblöcken oder an der Innenseite von Flussbiegungen. Diese haben für Bootfahrer eine ähnliche Funktion wie die kleinen, werden aber meist von mehreren Sportlern angefahren. In ihnen entspannen sie sich kurzzeitig, atmen durch und richten sich wieder auf die kommenden Stromschnellen aus. Dort findet auch die Kommunikation unter den Bootfahrern während der Befahrung statt. Dabei zeigt sich, welches Klima in der Gruppe vorherrscht. Manches Mal hörte ich, wie Bootfahrer laut fluchten und schimpften. Dabei kritisierten sie sich und warfen sich selbst vor, wie schwach oder ungenau sie die eine oder andere Stelle gefahren sind. Oder sie beschwerten sich über den zu hohen oder zu niedrigen Wasserstand, über das träge Boot oder über das kalte Wasser. Es schien oft so, als gäbe es sogar in den schönsten Flüssen immer einen Grund für eine miese Stimmung.

Mit den Kollegen und Freunden, mit denen ich unterwegs war, nutzten wir die größeren Kehrwasser ganz bewusst zum Auftanken. Ganz egal, ob wir in meinem damaligen kleinen Kernteam bei Kajaktouren unterwegs waren oder bei einer kommerziellen Raftingtour. Im Kehrwasser spielte sich immer eine Art von aufbauendem und stärkendem Ritual ab. Wir klopften uns bildlich gesagt gegenseitig auf die Schultern, tauschten uns über positive Einzelheiten aus und brachten unsere Freude über gut gefahrene Linien hin und wieder mit begeisterten Freudenschreien zum Ausdruck. Natürlich hatten wir auch Tage, an denen die Dinge nicht so liefen, wie wir es gerne gehabt hätten, oder an denen es sogar zu riskanten und gefährlichen Situationen kam. Dennoch bauten wir uns in derartigen Momenten ebenfalls auf, als uns noch kleiner zu machen, wie wir uns in diesen Momenten sowieso schon fühlten. So blieben mir die Kehrwasser als „Power-Tankstellen" bis heute sehr positiv in Erinnerung.

Müde und ausgelaugt: Das muss nicht sein!

Wenn es sich einrichten lässt, führe ich Workshops gerne bei uns in den Salzburger Bergen durch. Neulich hatte ich wieder die Möglichkeit dazu. Es ging um die Strategie eines Geschäftsbereichs. Um das Team aufzurütteln und um etwas Abstand zum Tagesgeschehen zu bekommen, führte ich in aller Früh eine leichte Wanderung auf eine kleine Anhöhe durch. Im Zuge des Abstiegs hielten wir bei einer urigen Almhütte und ließen uns von den Wirtsleuten ein schmackhaftes Almfrühstück servieren. Sie müssen wissen:

Die Hütte ist mehr als 400 Jahre alt und Maria und Hans, die Wirtsleute, gemeinsam an die 180 Jahre.

Während des Frühstücks begannen die Teilnehmer auf einmal von ganz persönlichen Themen zu erzählen. Der eine berichtete von einem guten Freund, der nach einer abendlichen Kundenveranstaltung am Heimweg übermüdet im Auto bei 180 km/h auf der Autobahn einschlief, einen Unfall verursachte und dabei stark verletzt wurde. Eine andere schilderte den Fall eines Kollegen, der mit noch nicht einmal 50 Jahren einen Schlaganfall erlitt und lernen musste, mit einer leichten halbseitigen Lähmung umzugehen. Und ein dritter brachte eine Geschichte von einem Kollegen ein, dessen Frau sich ganz überraschend scheiden ließ, da er anscheinend mehr mit dem Unternehmen als mit ihr verheiratet war.

Es schien so, als ob das Klima der gemütlichen Almhütte und die beiden zufriedenen alten Bauersleute ein Ventil für persönliche Sorgen und Themen öffneten. Auf einmal fragte einer der Teilnehmer: „Ist es bei uns anders?" Er blickte fragend in die Runde und es folgte ein ziemlich langes Schweigen. Nach einer Zeit der Stille versuchte ich die Stimmung aufzunehmen und einen Dialog darüber in Gang zu setzen. Es war aber sehr schnell klar, dass es nicht gewünscht war, diesem kurzen Aufflackern von persönlich belastenden Themen einen breiteren Raum zu geben. Da kam mir ein Teil des Gedichts „Der Panther" von Rainer Maria Rilke aus dem Band „Neue Gedichte" in den Sinn: „Nur manchmal schiebt der Vorhang der Pupille sich lautlos auf. Dann geht ein Bild hinein, geht durch der Glieder angespannte Stille – und hört im Herzen auf zu sein." Ich fand es schade, dass sich die Teilnehmer nicht wirklich darauf einließen, sich miteinander Gedanken zu machen, wie sie besser für sich sorgen können. So als wollten sie unbedingt weg von diesem Thema, drängten sie, möglichst rasch in das Tal zu kommen, um an ihren wichtigen strategischen Themen weiterzuarbeiten.

Ich habe es leider schon vielfach erlebt, dass anfänglich euphorisch und begeistert wirkende Menschen mit der Zeit von der vielen Arbeit, den fordernden Aufgaben, den aufwendigen bürokratischen Abläufen, den Machtspielen und den unzähligen Veränderungsprozessen richtiggehend wie von einer riesigen Welle überrollt wurden. Sie funktionieren meist immer noch irgendwie, aber leider weit weg von wirklicher Spannkraft und von tänzerischer Eleganz. Hin und wieder blinkt manchmal bei dem einen oder der anderen ein kleiner Funke an Begeisterung und Interesse auf. Bei der nächsten Schwierigkeit wird dieser Funke aber schnell wieder ausgelöscht. Das ist keine gute Voraussetzung für die Herausforderungen der digitalen Transformation. Und es ist zudem sehr schade für die betroffenen Menschen.

Aus diesem Grund rate ich Ihnen: Verabsäumen Sie die Gelegenheiten nicht, sich regelmäßig zu stärken. Machen Sie es wie wir in den Kehrwassern. Schaffen Sie sich Phasen und Momente, in denen Sie sich entspannen, auftanken und ausrichten können. Alleine, aber auch gemeinsam mit Kollegen und mit Ihrem Team. Schieben Sie diese wichtige Komponente nicht auf die lange Bank. Sobald nämlich Müdigkeit eintritt, passiert es sehr rasch, dass Sie auch die Kraft verlieren, sich ab und zu aus dem Hamsterrad des ständigen Agierens herauszunehmen und sich hin und wieder etwas Gutes zu tun. Diese fünfte Disziplin ist eben genau dafür vorgesehen. Mit ihr zeige ich Ihnen einige weitere Möglichkeiten, wie Sie sich ganzheitlich fit und mental frisch halten. Das eigens dafür entwickelte POWER WHEEL ist das konkrete Toolkit dafür.

Das POWER WHEEL ist das Schwungrad für Ihre kontinuierliche Selbsterneuerung. Im Gegensatz zum viel zitierten Hamsterrad ist es ein aufbauendes und stärkendes Rad. In ihm sind die Kernthemen der ersten vier Disziplinen voll repräsentiert. So ist zum Beispiel das Präsent-Sein im gegenwärtigen Moment, das ich Ihnen in der ersten Disziplin nahelegte, ein wichtiger Teil jeder der vorgeschlagenen Übungen. Genauso ist es mit den anderen Disziplinen. Alle Empfehlungen sind daraufhin ausgerichtet, einzelne Disziplinen zu stärken oder das Zusammenwirken mehrerer Disziplinen zu fördern. Alles mit dem Ziel: Sie sollen stark und souverän in unsicheren Zeiten bleiben. Im Jargon der Kajakfahrer ausgedrückt, geht es darum, dass Sie auf den Wellen des Wandels und der Umbrüche „oben bleiben" und diese gut und sicher „ausreiten".

Das POWER WHEEL besteht aus vier Feldern: KÖRPER, GEIST, EMOTIONEN und BEZIEHUNGEN. Es handelt sich dabei um grundlegende Ressourcen, aus denen Sie Kraft und Stabilität schöpfen können. Im Umkehrschluss bedeutet es: Vernachlässigen Sie eine dieser Ressourcen über eine längere Zeit, so verkümmert sie, und Sie werden es zu spüren bekommen. Anfänglich mitunter nicht offensichtlich und nicht wirklich greifbar. Aber früher oder später ganz klar. Vielleicht indem Sie müde, ausgelaugt und gereizt werden. Vielleicht indem Ihre Konzentration nachlässt, Sie wichtige Themen vergessen oder Chancen übersehen. Vielleicht äußert sich das Ungleichgewicht in Ihrem Umfeld, indem es immer häufiger zu Streit und zu Konflikten kommt, oder indem Ihre Freundschaften und Beziehungen immer oberflächlicher werden. Wichtig ist also, dass Sie diese Ressourcen kultivieren, wie eine aufmerksame Gärtnerin ihren Garten. Damit sie wirklich Ressourcen bleiben und nicht zu Ursachen für Krampf, Kampf und Krankheit mutieren.

Die vier Felder sind nur der Einfachheit halber getrennt. In Wirklichkeit hängen alle vier eng miteinander zusammen. Die Felder stärken und bedingen sich gegenseitig. In Workshops werde ich in diesem Zusammenhang häufig gefragt, ob es wichtig ist, die vier Felder des POWER WHEELs gleichwertig zu entwickeln. Also sozusagen, ob in jedes Feld 25 Prozent der Aufmerksamkeit und des Aufwands fließen sollen. Nein. Es geht um keine mathematische Ausgewogenheit. Aus meiner Erfahrung ist nur wichtig, dass keines der Felder über eine längere Zeit brach liegen bleibt.

Bei der Beschreibung der Übungsmöglichkeiten innerhalb der vier Felder gebe ich Ihnen einige generelle Ideen mit auf den Weg und gleichzeitig stelle ich Ihnen je Feld ein paar wenige ausgewählte Übungen im Detail vor. Dabei konzentriere ich mich auf solche, die ich in meiner Zeit als aktiver Bootfahrer schätzen lernte und die in meinen Mindfulness-Trainings bei vielen Menschen bislang hervorragend wirkten. Zudem erinnere ich Sie, achtsam mit sich selbst umzugehen. Dafür ist es gut, wenn Sie immer wieder einmal in sich hineinspüren, um zu bemerken, ob Ihnen eine Übung gut tut oder nicht. Gleichzeitig möchte ich Ihnen Mut machen, sich nicht von ersten kleineren Anzeichen eines Unbehagens vom Üben abhalten zu lassen. Manchmal braucht es eine gewisse Zeit, bis sich die Dinge einspielen. Vor allem dann, wenn die Übungen völlig neu und ungewohnt für Sie sind. Deshalb empfehle ich Ihnen, ganz im Geist der WILDWASSER-STRATEGIE und der ersten vier Disziplinen an die Sache heranzugehen. Offen und interessiert. Fokussiert. Mutig und agil. Im Miteinander einfach stärker. Und vor allem im Sinne des Auftankens und Ausrichtens.

Noch ein wichtiger Tipp bevor ich Ihnen die einzelnen Felder des Schwungrades erkläre. Ich bin bestrebt, Sie nicht mit einer Vielzahl an Möglichkeiten und Übungen zu verwirren. Dennoch kann es sein, dass Sie beim Lesen den Eindruck gewinnen, das Angebot ist zu viel des Guten. Deshalb rate ich Ihnen: Sehen Sie die Möglichkeiten wie bunte Früchte in einem gefüllten Obstkorb. Nehmen Sie sich im übertragenen Sinn jeweils nur EINE „Obstsorte" (Übung) pro Feld heraus und experimentieren Sie mit dieser für einige Wochen. Danach können Sie sie ja in den Korb zurücklegen und eine andere Sorte probieren.

KÖRPER: Das erste Feld des POWER WHEELs

Dieses hat für mich drei essenzielle Unterbereiche: *Bewegung, Entspannung und Ernährung.*

Bewegung

Hier rate ich Ihnen, das Herz-Kreislauf-System zu stärken, das Körpergewicht auf einem gesunden Maß zu halten, die Muskeln (vor allem im Rumpfbereich) zu kräftigen und die Beweglichkeit zu erhalten. Viele Ärzte und Sportwissenschaftler empfehlen dazu regelmäßige Ausdauerbewegung, etwas zusätzliches Krafttraining und die eine oder andere Dehnungseinheit.

Bei der Übung *DEHNEN-HALTEN-KRÄFTIGEN* zum Abschluss der Disziplin „LEAN INTO IT – mutig und agil handeln!" habe ich Ihnen schon gezeigt, wie im Mindfulness-Training Körperübungen mit mentalen Prozessen kombiniert werden. Einerseits geht es darum, den Körper gesund

und fit zu halten, und gleichzeitig zielen alle Übungen daraufhin ab, unsere geistigen Fähigkeiten weiterzuentwickeln. Die gleiche Haltung empfehle ich Ihnen auch bei der Durchführung von klassischen Ausdaueraktivitäten wie zum Beispiel beim Laufen, Walken, Schwimmen, Radfahren, Langlaufen, Rudern oder Bergsteigen. Lassen Sie hin und wieder die Uhr oder Ihr Tracking-Device zu Hause und seien Sie im Sinne der in der ersten Disziplin beschriebenen Präsenz ganz beim Tun. Lassen Sie sämtliche Verlockungen, sich mit jemanden oder mit früheren Zeiten zu messen, beiseite und seien Sie einfach voll und ganz bei der Aktivität selbst. Sie werden bemerken, es ist erstens gar nicht so einfach, und zweitens fallen ihnen vielleicht an sich, an der Umgebung oder an anderen Menschen Dinge auf, die sie sonst mit dem Tunnel- und Leistungsblick nicht wahrnehmen. Damit tun Sie Ihrem Körper etwas Gutes und Sie trainieren zusätzlich Ihre Fähigkeit, im gegenwärtigen Moment präsent, offen und interessiert zu sein.

Eine aus meiner Sicht vernünftige Daumenregel für Ausdaueraktivitäten drückt sich in folgender Formel aus: 3 x 30 x 130 = gesund! Damit ist gemeint: Bewegen Sie sich dreimal in der Woche mindestens 30 Minuten mit einer Herzfrequenz von etwa 130 Pulsschlägen pro Minute. Das deutet an, es ist besser für Sie, mehrere kürzere Einheiten pro Woche einzulegen als nur eine längere und es ist vernünftig, die Pulsfrequenz auf einem mittleren Niveau zu halten.

Typisch im mentalen Training auf der Basis von Mindfulness sind Bewegungsformen wie Yoga, Chi Gong oder Tai Chi. Diese Bewegungsformen kräftigen Körper und Geist. Wann immer Sie die Möglichkeit haben, in diese Materie einmal einzutauchen, sollten Sie diese Gelegenheit wahrnehmen. Wozu ich Ihnen bei Yoga aber rate, ist eine Trainerin oder einen Trainer zu wählen, die großen Wert auf eine achtsame und sorgsame Grundhaltung legen. Zum Teil ist Yoga zu einer Spitzenleistungs-Verrenkungs-Zeremonie verkommen, bei der nur wieder einzig und allein die Leistung im Vordergrund steht. Das geht vollkommen am ursprünglichen Sinn von Yoga vorbei. Und es bewirkt außer dem Ertragen von Schmerzen keinerlei positiven Effekt für Ihre mentale Weiterentwicklung.

Bauen Sie *Bewegung* in Ihren Alltag ein! Das ist ein weiterer Tipp für Sie. Wenn ich mit Menschen über Bewegung spreche, dann kommen sofort alle möglichen Sportarten zur Sprache. Es tauchen aber häufig auch verschiedenste Gründe auf, warum es nicht möglich ist, den einen oder anderen Sport regelmäßig auszuüben. Vom vollgestopften Terminkalender angefangen bis hin zur Betreuung von pflegebedürftigen Angehörigen. Alles verständlich. Deshalb rate ich Ihnen: Überlegen Sie doch mal, welche Möglichkeiten Sie haben, sich in ihren alltäglichen Abläufen und Routinen Bewegungszeiten zu schaffen. Stufen steigen und den Fahrstuhl einfach mal ohne Sie fahren lassen, ist so eine Sache. Das Fahrrad öfters nutzen. Besprechungen bei einem lockeren Spaziergang abhalten. Wenn Sie einmal anfangen, darüber nachzudenken, fallen Ihnen sicher weitere Möglichkeiten ein.

Dabei empfehle ich Ihnen, die Aktivität selbst wieder mit einer achtsamen und offenen Haltung zu kombinieren. Im Mindfulness-Training gibt es zum Beispiel die Übung „Achtsames Gehen". Dabei geht es nicht darum, eine bestimmte Strecke oder Distanz zurückzulegen. Vielmehr wird beim langsamen Gehen geübt, bei jedem Schritt vollkommen präsent zu sein. Das führt mit der Zeit dazu, die vielen Gedanken, die normalerweise im Kopf herumschwirren, etwas langsamer und weniger heftig werden zu lassen. Wäre das nicht eine Idee, die Sie praktizieren können, wenn Sie von einem Meeting zum nächsten gehen? Ein paar Schritte nichts anderes tun, als nur zu gehen. Die Geschwindigkeit kurzzeitig etwas drosseln. Den Kontakt zum Boden wahrnehmen, Körperempfindungen spüren und alles andere einfach einmal sein lassen, wie es ist. Probieren Sie es. Niemand merkt, dass Sie dabei Ihren mentalen Aufmerksamkeits-Muskel trainieren. Aber es könnte durchaus sein, dass Sie mit der Zeit feststellen, wie Sie bei dem neuen Meeting mit einem anderen Energielevel einsteigen als bisher gewohnt.

Entspannung ist der zweite wichtige Unterbereich in dem Feld KÖRPER

Jeder modern trainierende Spitzensportler weiß, zu einem guten Trainingsaufbau gehören die Entspannungsphasen und Regenerationszeiten genauso dazu, wie die Phasen des intensiven Trainings. Wer das nicht beherzigt, kommt beim Sport in den Zustand des Übertrainings und verliert wie der überspannte Bogen die Spannkraft und Leistungsfähigkeit.

In Gesprächen mit Führungskräften stellt sich immer wieder heraus, dass das vorhin beschriebene Thema Bewegung bei vielen gerade noch Berücksichtigung findet. Spreche ich aber den Faktor Entspannung an, dann ernte ich meist fragende Blicke. Dabei bin ich mir ziemlich sicher, zwischen den Anforderungen von Spitzensportlern und denen vieler Menschen in verantwortungsvollen Positionen bestehen keine großen Unterschiede. Klar, bei den Sportlern ist die körperliche Komponente viel massiver. Aber was die emotionalen und mentalen Spannungszustände betrifft, denke ich, gibt es wenig bis keine Unterschiede. Wenn Sie in leitender Funktion eines Unternehmens nicht sogar stärker gefordert sind.

Deshalb empfehle ich Ihnen, Entspannung ernst zu nehmen. Hierbei gibt es ebenso wieder unterschiedlichste Zugänge und Möglichkeiten. Ideen dafür sind etwa Entspannungsübungen wie progressive Muskelentspannung oder autogenes Training, für ausreichend Schlaf sorgen, einem Hobby in Ruhe nachgehen, lockere Spaziergänge unternehmen, gemütlich in einem Buch lesen, ein angenehmes und aufbauendes Gespräch führen oder einfach einmal nichts tun.

Förderlich dabei ist, gerade in diesen wenigen und sehr raren Zeiten, das Handy auszuschalten, den Fernseher nicht aufzudrehen und sonst keine Ablenkungen zuzulassen. Sie werden natürlich hier wiederum bemerken, dass das zwar leicht gesagt ist, aber in der Realität fordernd ist. Ohne die modernen Medien und Möglichkeiten zu verteufeln, ist es dennoch zu beobachten, dass viele von uns jeden freien Moment aufs Handy blicken, im Netz surfen oder in einem der sozialen Medien Beiträge posten. Eine halbe Stunde ohne diese tollen Errungenschaften ruft manchmal schon leichte Entzugserscheinungen hervor. Deshalb: Schaffen Sie sich „Offline-Zeiten" und nützen Sie diese für Ruhe und Entspannung. Somit erwischen Sie zwei Fliegen in einem Zug: Sie entspannen sich und gleichzeitig trainieren Sie Ihre geistige Fähigkeit, nicht immer gleich auf jeden Reiz impulsiv und ohne zu überlegen aufzuspringen.

Die Fähigkeit, in angespannten Situationen „entspannt" zu bleiben, kann richtiggehend Wunder bewirken. Wenn es Ihnen gelingt, kann Ihnen das zum Beispiel in einer Situation, in der Sie kritisiert werden, von großem Vorteil sein. Wenn Sie es schaffen, sich dabei ruhig zu halten und nicht gleich in den Angriff oder in die Rechtfertigung überzugehen, dann haben Sie einen großen Vorteil. Sie eröffnen sich und Ihrem Gegenüber die Möglichkeit, die Situation genauer zu betrachten. Mitunter erkennen Sie beide, dass es sich um ein Missverständnis handelt oder dass etwas ganz anderes hinter dem irritierenden Thema liegt als ursprünglich gedacht. Dadurch gelingt es Ihnen beiden, eine vernünftige Lösung zu finden. Somit haben Sie sich und Ihrem Gesprächspartner einen Streit erspart, Nerven geschont und zusätzlich noch eine Lösung gefunden. Das nenne ich Stärke und Souveränität. Und das alles, weil Sie sich angewöhnt haben, mit der WILDWASSER-STRATEGIE Ihre geistigen und emotionalen Muskeln zu kräftigen.

Im Mindfulness-Training gibt es eine wertvolle Übung, die bei regelmäßiger Anwendung zu einer richtiggehenden Tiefenentspannung führen kann. Es handelt sich um den BODY-SCAN, den ich Ihnen ans Herz lege. Dabei scannen Sie langsam und so bewusst und aufmerksam wie möglich den Körper von den Zehenspitzen bis zum Scheitel. Zone für Zone. Sinn und Zweck der Übung ist, Ihren Geist immer wieder von Neuem auf den jeweiligen Moment zu richten. So wie in der ersten Disziplin beschrieben: Von Moment zu Moment offen und interessiert sein und alle Empfindungen wahrnehmen, ohne zu werten. Bei den ersten Versuchen werden Sie bemerken, wie unruhig Ihr Geist ist. Allein die Aufmerksamkeit, über einige Momente bei einer Körperpartie zu halten, scheint sehr schwierig. Gedanken, Probleme, Pläne und vieles mehr ziehen die Aufmerksamkeit immer wieder weg von dem, was eigentlich anliegt: Ihren Körper langsam und bewusst von einer Körperzone zur nächsten zu scannen. Das kann ziemlich nervig sein. Am Anfang ist es meist gar nicht so richtig entspannend. Wenn Sie sich von den anfänglichen Mühen aber nicht abschrecken lassen und den BODY-SCAN über zwei, drei Wochen regelmäßig durchführen, bemerken Sie mit der Zeit, wie sich Ihr Geist durch das Üben beruhigt und wie dadurch Ihr Körper in einen gelösteren Zustand kommt.

Hier ist ein kurze Anleitung zum BODY-SCAN. Das Audio-File finden Sie wieder auf meiner Homepage: *www.herbertschreib.com.*

Der BODY-SCAN – eine kurze Anleitung

Geben Sie sich am Anfang in etwa 10–15 Minuten Zeit. Zeit nur für sich. Sperren Sie alle Ablenkungen weg. Es ist gut, den Scan im Liegen durchzuführen. Auf einer Matte, einem Teppich oder einer nicht allzu bequemen Couch. Warum anfänglich nicht im Bett? Viele von uns haben ein Schlafdefizit. Es zeigt sich, wenn wir uns dann aufs Bett oder auf eine weiche Couch legen, so ist die Verführung zum Einschlafen sehr groß. Und eigentlich wollen wir bei dem Scan ja „aufwachen" und von Moment zu Moment so präsent wie möglich sein.

Legen Sie sich am Rücken der Länge nach hin. Machen Sie es sich bequem. Hände links und rechts seitlich vom Körper auf die Unterlage ablegen. Die Füße leicht nach außen kippen lassen. Erlauben Sie Ihrem Körper ruhig noch etwas mehr in die Unterlage zu sinken und Gewicht an die Unterlage abzugeben.

Nehmen Sie nun Kontakt zu Ihrem Atem auf. Den Atem nicht verändern, sondern nur beobachten. Ein paar Atemzüge lang. Bringen Sie dann Ihre Aufmerksamkeit zu Ihren Füßen. Spüren Sie hin zu Ihren Füßen. Den Fußsohlen, den Zehen, den Fersen. Nur wahrnehmen. Vielleicht Wärme, vielleicht Kühle. Oder den Kontakt zum Boden. Oder ein Kribbeln. Was immer es ist, es ist egal. Es geht einzig und allein im Moment nur darum, Körperempfindungen in Ihren Füßen wahrzunehmen.

Dann geht die Reise weiter zu Ihren Knöcheln und zu Ihren Unterschenkeln. Vorne die Schienbeingegend, hinten die Wadenmuskeln. Hier ebenfalls einfach nur wahrnehmen. Anspannung, Entspannung, Weiche, Härte, ein Ziehen, Jucken, was immer. Sobald Sie merken, Ihre Aufmerksamkeit ist ganz woanders, kurz innehalten und dann die Aufmerksamkeit bewusst und freundlich wieder zu den Unterschenkeln zurücklenken.

Diesen Vorgang führen Sie nun den ganzen Körper bis nach oben zum Kopf und Ihrem Scheitel durch. Knie, Oberschenkel, Gesäß und Becken, Bauch, unterer Rücken, Brustkorb, oberer Rücken, Schulterpartie, Hals, Gesicht, Kopf und schließlich die Scheitelgegend. Lassen Sie sich Zeit dabei. Kommen Sie immer wieder mit Ihrer Aufmerksamkeit zu der jeweiligen Körperpartie. Offen und interessiert. So als ob Sie jedes Mal diese Körperpartie zum allerersten Mal wahrnehmen würden.

Zum Abschluss nehmen Sie nochmals Kontakt zu Ihrem Atem auf. Beobachten Sie einige Atemzüge nur das Ein- und Ausatmen. Werden Sie dann etwas aktiver. Hören Sie auf Geräusche im Raum oder außerhalb. Beginnen Sie sich dann etwas zu strecken und zu dehnen. Bewegen Sie Ihre Zehen und Füße, und langsam aber sicher setzen Sie sich auf und gehen dann wieder über zu dem, was immer als Nächstes ansteht.

Noch eine Anmerkung zum Abschluss: Es geht nicht darum, irgendetwas Spezifisches zu ergründen oder zu bemerken. Es geht einzig und allein darum, unseren Geist zu schulen, von Moment zu Moment aufmerksam zu sein. Das ist eine Schlüssel-Qualität, die Ihnen in Ihrem beruflichen Umfeld, aber auch weit darüber hinaus neue Horizonte und neue Möglichkeiten eröffnet. Der BODY-SCAN ist ein „Trainingstool" dafür. Zudem bringt er mit der Zeit einfach eine tiefe Entspannung mit sich.

Ernährung

Diese dritte Komponente aus dem Feld KÖRPER bringe ich hauptsächlich aus einem Grund hier ins Spiel: Nutzen Sie Essen als exzellente Möglichkeit, Ihre Aufmerksamkeit zu trainieren.

Über Ernährung gibt es ganze Buchhandlungen voll mit Büchern. Zum Teil werden einzelne Ernährungstipps wie dogmatische Religionen behandelt. Da mache ich hier nicht mit und das erspare ich Ihnen. Dass Qualität wichtiger als Quantität ist, dass ausreichendes Trinken von Wasser gut tut und dass ab und zu der kurzzeitige Verzicht auf Liebgewonnenes Sinn macht, wissen Sie sicher. Was aber in vielen Ernährungsschulen zum Teil völlig außer Acht gelassen wird, ist, WIE wir essen. Essen wir einfach nebenbei, hastig und schnell, überfliegen dabei einen Bericht, der im nächsten Meeting besprochen wird, scrollen kurz über die letzten Postings im Facebook und rufen noch schnell unseren Partner oder unsere Partnerin an, um uns zu einem leckeren Abendessen zu verabreden, oder sind wir zumindest für kurze Momente voll und ganz beim Essen?

Ich nehme mich von dieser Unart des Multitaskings beim Essen gar nicht aus. Ich finde es einfach nur schade. Schade, weil dadurch wertvolle Momente und Möglichkeiten nicht sinnvoll genützt werden. Die Möglichkeit zum Beispiel, die eigenen Sinne zu schärfen für Kleinigkeiten und Nuancen. Oder sich über die Vielfalt und das immense Angebot an verschiedensten Speisen zu erfreuen. Die Chance, beim Essen kurzzeitig mit sich selbst in Kontakt zu kommen und dem nachzuspüren, was gut tut und was nicht, verstreicht ebenso wie die Möglichkeit, ein paar Momente lange wieder einmal einfach nichts anderes zu tun als eine Sache, nämlich zu essen.

Bei intensiven, oft wochenlangen Mindfulness-Trainings, auch Retreats genannt, ist das achtsame Essen ein wichtiger Bestandteil. Jedes Essen ist eine intensive mentale Trainingseinheit, genauso wie das meditative Sitzen und Fokussieren auf den Atem oder wie Bewegungsübungen mit einer präsenten und offenen Grundhaltung. Da ich aus eigener Erfahrung weiß, dass diese bedächtige Form des Essens im normalen Alltag in seiner intensiven Ausprägung utopisch ist, schlage ich Ihnen das erst gar nicht vor. Wozu ich Ihnen aber rate, ist zumindest einen kurzen Moment bei jedem Essen voll präsent zu sein. Sie können zum Beispiel zu Beginn, noch bevor Sie den ersten Bissen zu sich nehmen, ein paar Atemzüge bewusst atmen, damit etwas zur Ruhe kommen, dann zuerst einmal nur schauen, oder nur riechen oder in sich hineinspüren. Nehmen Sie wahr, was Sie sehen, welche Düfte Sie riechen oder welche Körperempfindungen Sie in Erwartung des Essens bemerken. Das dauert nicht lange und niemand muss es bemerken. Aber Sie werden sehen, es wird für Sie einen Unterschied machen wie der von Tag und Nacht. Einerseits, indem Sie die Speisen viel bewusster wahrnehmen und einfach viel mehr davon haben. Andererseits, weil Sie mit dieser kurzen und sehr wirkungsvollen Achtsamkeitsübung Ihre Fähigkeit kultivieren, aufmerksamer zu sein, auf Kleinigkeiten zu achten und die Vielfalt besser wahrzunehmen. Das zahlt sich auf alle Fälle aus. Nicht nur für ein gesteigertes Wohlbefinden beim Essen, sondern für Sie insgesamt. Sowohl im Arbeitsalltag wie auch in allen anderen Lebensbereichen.

GEIST: Das zweite Feld des POWER WHEELs

Dabei hebe ich wieder drei Unterthemen hervor: *Fokus, Agilität* und *Sinn*.

Fokus

Ihre geistige Verfassung ist essenziell. Letztendlich entscheidet sie, wie Sie bei wichtigen Arbeiten und Themen agieren, ob Sie in hektischen Momenten ruhig bleiben oder völlig ausflippen, ob Sie sich mutige Ziele setzen und diese konsequent verfolgen, oder ob Sie ständig durch immer neue Ideen davon abgebracht werden. Ihre geistige Verfassung ist es auch, die bestimmt, ob Sie mit Veränderungen flexibel umgehen oder stur und starr an Bestehendem festhalten oder ob es Ihnen leichtfällt, sich mit anderen Menschen zu verbinden. Diese Tatsache haben Sie sicher schon unzählige Male selbst erfahren: Je klarer, besonnener und offener Sie im Kopf sind, desto leichter gelingt es Ihnen, Ziele zu realisieren, andere Menschen zu begeistern und nach Rückschlägen wieder aufzustehen und mit neuem Mut weiterzugehen.

Das ist nichts völlig Neues und auch nichts Bahnbrechendes. Neu ist auch nicht mehr, was uns die Neurowissenschaften in Bezug auf die Formung und die Kultivierung unseres Gehirns seit Jahren mitteilen. Nämlich: Unser Gehirn, das als das Organ des Geistes bezeichnet wird, ist bis in das höchste Alter formbar. Neuroplastizität ist der Fachbegriff dafür. Ich habe darüber schon im dritten Kapitel in dem Abschnitt „Ein mentaler Schatz aus dem Fluss des Lebens" geschrieben, denn ist es mir wichtig, Ihnen dieses Potenzial Ihres Gehirns noch einmal ins Bewusstsein zu rufen. Ich finde es überaus motivierend, dass es möglich ist, unseren Geist so zu trainieren, wie Sportler ihre Muskeln trainieren. Und ich finde es sehr wichtig, dies auch zu tun.

Viele Menschen pflegen regelmäßig ihr Äußeres. Manche mehr, manche vielleicht etwas weniger. Aber es ist für jeden so halbwegs zivilisierten Menschen ganz normal, sich regelmäßig zu duschen, täglich die Zähne zu putzen, sich zu frisieren, zu schminken, zu rasieren und was weiß ich noch alles zu machen, um ein adrettes und kultiviertes Erscheinungsbild abzugeben. Genauso normal sollte es sein, regelmäßig für die eigene positive geistige Verfassung zu sorgen. Soweit ist es noch nicht. Aber Sie sind am besten Weg dazu. Denn: Die Übungen aus dem Bereich des Mindfulness-Trainings sind hervorragend geeignet dafür. Das bestätigen Übende immer und immer wieder und das beweisen unterschiedlichste wissenschaftliche Studien. Deshalb werde ich nicht müde, Ihnen diese Übungen nahezubringen. Und ich hoffe, ich kann Sie dazu ermuntern, zumindest eine oder zwei dieser Übungen regelmäßig anzuwenden.

Wenn Sie sämtliche Übungen, die ich Ihnen bisher vorschlug, genau betrachten, so fällt Ihnen sicherlich auf, dass im Grunde alle auf die Kultivierung Ihres Geistes ausgerichtet sind. Auch wenn sie vordergründig den Körper oder wie gerade vorhin das Essen im Fokus haben, so zielen sie letztendlich darauf, Ihren Geist zu schulen. Der ATEMRAUM genauso wie die Übung FOKUS, so auch das achtsame Bewegen oder der zur Entspannung vorgeschlagene BODY-SCAN. Das ist ja auch einer der Vorteile des Mindfulness-Ansatzes. Mit ihm haben Sie die Möglichkeit, mehrere Fliegen mit einem Schlag zu erwischen. Sie können gleichzeitig Ihren Körper kräftigen und beweglich halten, oder sich entspannen und dabei auch noch Ihren Geist trainieren. Das ist genauso, wie ich es in früheren Zeiten beim Kajakfahren praktizierte. Einerseits trainierte ich meinen Körper über das Kajakfahren selbst, zudem befand ich mich in einem Umfeld, das für mich absolut aufbauend und stimulierend war, und schulte gleichzeitig meinen Geist, bei der Sache zu sein und trotzdem offen und beweglich zu bleiben.

Fokus ist eine wichtige Komponente des menschlichen Geistes. Sie ist unabdingbar für Sie: Um gute Leistungen erbringen zu können, ist es wichtig, dass Sie sich fokussieren und konzentrieren können. Zu einem großen Teil habe ich Ihnen schon in der zweiten Disziplin die Bedeutung von Fokus erklärt. Zusätzlich sind alle bisher vorgeschlagenen Übungen dazu da, Ihre Konzentrationsfähigkeit zu stärken. Das geschieht ganz einfach, indem Sie Ihre Aufmerksamkeit beim Üben immer wieder auf den gegenwärtigen Moment richten. Da ich mich nicht wiederholen und Sie nicht langweilen möchte, halte ich mich hier zum Thema Fokus kurz und schlage Ihnen nur eine Übung vor. Das Beste, was Sie dazu machen können, ist die Übung FOKUS regelmäßig durchzuführen. Dabei schulen Sie Ihre Aufmerksamkeit, immer wieder zu Ihrem Atem zu kommen. Bei der Übung wandert Ihre Aufmerksamkeit wahrscheinlich wiederholt zu irgendwelchen anderen Themen und Ablenkungen ab. Das ist normal und unvermeidlich. Sie üben aber, die Aufmerksamkeit immer wieder zurück zum Beobachten Ihres Atmens zu bringen. Geduldig und konsequent. Das ist das beste Work-Out für Ihre Fähigkeit, sich über längere Zeit konzentrieren zu können, ohne dabei zu ermüden. Probieren Sie es aus. Am Ende der zweiten Disziplin ist die Übung kurz beschrieben und die Anleitungen auf dem Audio-File auf meiner Homepage unterstützen Sie dabei. Ich bin sicher, Sie werden relativ bald erste positive Auswirkungen dieser Übung in Meetings, bei Gesprächen oder bei wichtigen Arbeiten wahrnehmen.

Agilität

Zusätzlich zum Fokus ist Ihre geistige Agilität wichtig für Ihre mentale Fitness. Dabei handelt es sich um einen gesunden Gegenpol zum fokussierten Geist. Damit Ihr Blickwinkel über das Fokussieren nicht zu eng oder zu rigide wird, ist es wichtig, Ihrem Geist zusätzlich die Möglichkeit zu bieten, sich zu öffnen und beweglich und flexibel zu sein. Das zu üben geht am besten mit den schon vorgestellten Übungen BODY-SCAN oder mit DEHNEN-HALTEN-KRÄFTIGEN. Sie bringen bei beiden Übungen zwar Ihre Aufmerksamkeit auch immer wieder in den gegenwärtigen Moment. Aber im Unterschied zur Übung FOKUS bleiben Sie nicht bei der Beobachtung einer einzigen Wahrnehmung (des Atmens), sondern wandern zum Beispiel Schritt für Schritt zu einem anderen Körperteil. Dadurch schulen Sie Ihren Geist, präsent zu sein und gleichzeitig nirgends fixiert zu bleiben, sondern sich bewusst und offen auf weitere Erfahrungen einzulassen. Diese Fähigkeit ist es, die Sie in innovativen Zeiten im Business mehr als dringend benötigen. Ich bin mir sicher, wenn Sie Ihren Geist mittels einer der beiden Übungen offen und beweglich halten, wird es Ihnen im Geschäftsalltag immer leichter fallen, sich auf Neues einzulassen und abrupte Änderungen besser zu handhaben.

Sinn

Das Feld menschlicher GEIST im POWER WHEEL hat noch eine dritte wichtige Komponente, den Sinn. In der zweiten Disziplin „FIND YOUR LINE – fokussiert bleiben!" habe ich darüber schon ausführlich berichtet. Das Thema Sinn ist deshalb so bedeutend, weil Ihre Spannkraft, Ihre Begeisterung, aber auch Ihr Durchhaltevermögen und Ihre Frustrationstoleranz ganz eng damit verknüpft sind. Je mehr Sie sich auf Ihrer „Kraft-Spur" befinden, bei der Sinn eine wichtige Komponente ist, desto lebendiger sind Sie, aber auch desto robuster sind Sie bei auftretenden Schwierigkeiten. In der zweiten Disziplin erhielten Sie dazu den Vorschlag, sich mit der Übung „Der Business-Oscar" bewusst zu machen, was Ihnen letztendlich wirklich wichtig und wertvoll ist.

Diese Übung ist aber nur eine Möglichkeit, sich der eigenen Werte und der eigenen Mission zu nähern. Es gibt noch eine Vielzahl an interessanten, kreativen und sehr hilfreichen Aktivitäten, damit Sie entdecken, was für Sie Sinn mancht. Hier gebe ich Ihnen noch ein paar Anregungen, was andere Menschen dazu machen:

- Die Kraft der Natur nützen. Zeit in den Bergen, an Flüssen, an Seen, am Meer oder in der Wüste verbringen.

- In die Stille gehen. Time-Outs. Retreats. Kloster auf Zeit. Spaziergänge in Ruhe.

- Beschäftigung mit Weisheitsliteratur. Biographien faszinierender Persönlichkeiten lesen. Das eine oder andere Gedicht ergründen. Oder selbst schreiben.

- Musik, die Ihnen gut tut, bewusst hören. Selbst musizieren.

- Kreativ sein. Zeichnen, malen, gestalten. Kunst genießen.

- Aufbauende Gespräche führen. Freundschaften pflegen.

- Sich sozial engagieren. Sich in den Dienst einer Sache oder eines Menschen stellen.

Sie sehen, es gibt viele Möglichkeiten. Wichtig ist, dass Sie die Ihrige finden, die Ihnen hilft, sich immer wieder einmal Ihrer Werte bewusst zu werden. Wichtig ist jedenfalls auch, dass Sie diese Reflexion mit einer achtsamen Haltung angehen, ohne vorschnell auftauchende Einsichten und Gedanken abzuwerten. Was ich Ihnen in diesem Zusammenhang ebenfalls rate, ist diese Reflexion mit Hilfe einer kompetenten Person durchzuführen. Das kann jemand sein, der oder die als professioneller Coach arbeitet. Das kann aber auch jemand aus Ihrem Freundeskreis sein. Ich lerne immer mehr Unternehmen kennen, die ihren Führungskräften diese Form der Selbstreflexion und der persönlichen Weiterentwicklung wertschätzend nahelegen.

Bei all den Ideen, die ich Ihnen hier vermittelt habe, wie Sie sich immer wieder darauf besinnen, was für Sie sinnvoll und kraftspendend ist, ist es wichtig, auf die eigene innere Stimme zu hören und dieser zu vertrauen.

Denn: Es gibt nur einen Menschen, der genau weiß, was Ihnen gut tut und was nicht – das sind Sie selbst.

EMOTIONEN: Das dritte Feld des POWER WHEELs

Zwei Aspekte will ich Ihnen dazu näher ringen. Erstens, wie es Ihnen gelingt, für sich selbst und Ihr Umfeld eine aufbauende, positive und begeisternde Stimmung zu schaffen – also Ihr eigener Schönwetter-Macher zu sein. Und zweitens, was Sie in emotional belastenden und unangenehmen Momenten tun können, damit es nicht so bleibt und Sie wieder in einen konstruktiven Modus kommen. Also wie Sie emotionale Resilienz erlangen.

Bevor ich diese zwei Aspekte mit Ihnen gemeinsam beleuchte, rate ich Ihnen eines zu allererst: Eignen Sie sich ein buntes Emotions-Vokabular an. Auf die Frage, wie es jemanden geht, kommt meist eine der beiden Antworten: gut oder schlecht. Was bedeutet es aber, wenn jemand meint, ihr oder ihm gehe es gut? Ist diese Person fröhlich, freudig, fasziniert, begeistert, erleichtert, locker, lustig, glücklich, vergnügt, schwungvoll oder zuversichtlich? Und bei schlecht gibt es ebenfalls eine Vielzahl an Möglichkeiten, diesen Zustand auszudrücken, wie etwa: irritiert, mutlos, schlapp, enttäuscht, ärgerlich, einsam, verstört, sorgenvoll, unzufrieden, sauer oder angespannt. Bei einem erweiterten Emotions-Vokabular geht es keinesfalls um Gefühlsduselei. Die Sprache selbst ist ebenfalls nicht das wirkliche Thema dabei. Sondern etwas viel Entscheidenderes.

Es geht um die Schulung Ihrer Wahrnehmung. Können Sie aus Gesprächen heraushören, wie es Ihrem Gegenüber wirklich geht, so haben Sie viel bessere Möglichkeiten, mit den Botschaften umzugehen. Nicht im Sinne von Manipulation, sondern im Sinne eines unterstützenden, wertschätzenden und mitfühlenden Miteinanders. Ein breiteres und bunteres Vokabular hilft Ihnen, Nuancen der Stimmungswelt besser zu erfassen und diese besser einordnen zu können. Es ist einfach etwas anderes, ob Sie bei einem Mitarbeiter oder einem Kollegen feststellen, dass dieser nicht gut drauf oder schlecht gelaunt ist, oder ob er Sorgen hat, nervös ist und Zukunftsängste ihn plagen, oder ob seine schlechte Laune, Müdigkeit und Niedergeschlagenheit bedeutet. Ihre Wahrnehmung wird Ihre Kommunikation mit dem Mitarbeiter beeinflussen. Je klarer Sie bemerken, was es ist, desto leichter wird es für Sie, darauf entsprechend zu reagieren.

In dem Feld EMOTIONEN geht es, wie oben schon angedeutet, darum, wie Sie es schaffen, Ihr eigener Schönwetter-Macher zu sein. Sprich, wie Sie engagiert, erfrischt, gut gelaunt, lebendig, lustig, vergnügt, zuversichtlich, optimistisch und dergleichen sind und diese heitere Stimmung in Ihrem Umfeld erzeugen können. Und natürlich auch darum, wie Sie Ihre Emotionale Resilienz stärken und wieder konstruktiv werden, wenn Sie sich einmal miserabel, durcheinander, erschlagen, unruhig, verwirrt, streitlustig, genervt, zögerlich oder zornig fühlen.

Für beide Facetten sind alle vorangegangenen Empfehlungen überaus hilfreich. Wenn Sie sich körperlich wohl fühlen, wenn Sie regelmäßig für Entspannung sorgen, wenn es Ihnen gelingt, Ihrer „Kraft-Spur" zu folgen und wenn Sie mit dem mentalen Werkzeug STOP! emotional angespannte Situationen entschärfen können, dann tun Sie schon viel für Ihre gute Laune. Zudem ist bewiesen, dass achtsames Üben im Gehirn sehr positive Veränderungen bewirkt. So werden Gehirnstrukturen, die für gute Stimmung sorgen, aktiviert und gestärkt und Bereiche, die im Gegensatz dazu „schlechte" Laune verursachen, werden weniger aktiv.

Einen Aspekt, der hier sehr gut passt, habe ich bisher überhaupt noch nicht angesprochen. Es ist der Humor. Interessanterweise habe ich heute ein Interview mit einem österreichischen Schauspieler, Kabarettisten und Regisseur gehört. Dabei ging es unter anderem um das Thema Humor. Dazu meinte er, dass er gerade dabei ist, ein Drehbuch für eine Komödie zu schreiben, bei der er selbst die Hauptrolle spielen wird. Lachend erzählte er weiter, wie befreiend es für ihn ist, Pointen und Sketches zu entwerfen, bei denen er sich dann als Schauspieler völlig tollpatschig und leicht beschränkt zeigen wird. Befreiend, so erzählte er, sei es für ihn deshalb, da er ansonsten oft den Drang hat, cool und intellektuell zu wirken. Bei der Rolle in der Komödie wird er sich selbst auf die Schaufel nehmen und viele Situationen bieten, bei denen er selbst und, so hofft er, auch das Publikum schallend über ihn lachen werden. Als Abschluss sagte er, dass manchmal ein Witz, eine Pointe oder auch nur ein Lacher viel befreiender und wertvoller für heikle Situationen sein können als eine hochintelligente und clevere Argumentation. Diese Sichtweise unterstreiche ich voll und ganz.

Zu diesem Thema beeindruckte mich vor kurzem eine Dokumentation, die bei uns im österreichischen Fernsehen lief. In Österreich wurde im März

2018 die Zeit des Anschlusses an Nazideutschland vor 80 Jahren thematisiert, damit diese schreckliche Zeit nicht in Vergessenheit gerät. Eine österreichische Journalistin interviewte für ihre berührende Dokumentation drei Zeitzeugen, die über unbeschreibliche Erfahrungen berichteten. Alle drei kamen als Kinder in Konzentrationslager, deren Eltern und Geschwister wurden ermordet, und alle drei hatten nur durch diverse Zufälle überlebt. Alle drei, eine Frau und zwei Männer, waren bei den Interviews über 90 Jahre alt. Die Schilderungen waren für mich beeindruckend und berührend. Am meisten hat mich die rüstig wirkende Frau bewegt. Sie lebt in Hamburg und steht mit ihrem Sohn immer noch singend, tanzend und scherzend auf der Bühne und macht Musik. Das mit mehr als 90 Jahren. Als die Journalistin sie fragte, wie sie es schaffte, nach all den Schrecken, Verlusten und abscheulichen Gräueltaten wieder derart lebensfroh und zuversichtlich zu werden, meinte sie, dass ihr dabei mehrere Themen halfen. Von Psychotherapie über aktive Trauerarbeit bis hin zum Aufbau eines vertrauensvollen Familienlebens. Aber, und das unterstrich sie sehr klar, leistete auch der Humor einen wesentlichen Beitrag dazu. Er verhalf ihr letztendlich, so ihre Erzählung, in Situationen, in denen die Ereignisse sie einholten und zu überrollen drohten, nicht völlig depressiv und mutlos zu werden. Im Gegenteil, der Humor brachte ihr, so sagte sie, eine gesunde innere Distanz, die ihr schließlich immer wieder den Mut gab, bei wichtigen Gelegenheiten aufzustehen, das Wort zu ergreifen, von ihren schrecklichen Erfahrungen zu erzählen und junge Menschen davon zu überzeugen, alles dafür zu tun, dass so etwas nie mehr wieder geschehen kann. Und das, so beendete sie das Interview, hätte sie ohne eine Prise Humor nie geschafft. Da wäre sie in ihrem Schmerz und in ihrer tiefen Trauer versunken und völlig depressiv geworden.

Mit den Beispielen möchte ich Ihnen zeigen, dass es bei dem Spaß und dem Humor, den ich hier meine, nicht um eine oberflächliche Idee oder um eine Art von gekünstelter positiver Stimmung geht. Es geht auch nicht um Sarkasmus oder um perfide Ironie. Die Beispiele zeigen, dass es gesund und hilfreich sein kann, über sich selbst zu lachen oder in schier ausweglosen Situationen mit etwas Komik einen leichten Twist in die Sache zu bringen.

Von meiner zeitweiligen Blockade, mich vor eine Gruppe hinzustellen und mich oder ein Thema zu präsentieren, habe ich Ihnen zu Beginn des Buches schon erzählt. Es gab Zeiten, da war es so schlimm, dass ich dachte, ich würde dabei tot umfallen. Manchmal half mir dabei eine Technik, die ich von einer Therapeutin gelernt hatte. Sie riet mir in diesen Situationen zu einer paradoxen Intervention. Nämlich mir vorzustellen, ich würde die Teilnehmer, vor denen ich stand und dabei kein einziges Wort herausbekam, mit einer Performance beeindrucken, die sie noch nie in ihrem Leben gesehen hatten. Aber nicht mit einer perfekten Präsentation, sondern genau mit dem Gegenteil. So meinte sie, ich solle mich doch vor die Gruppe hinstellen und mir vornehmen, vollkommen peinlich zu sein und alles dran zu setzen, mich über beide Ohren zu blamieren. Stottern wie ein Weltmeister, zittern auf eine Art und Weise, die die Welt noch nie gesehen hat, und schwitzen, was das Zeug hält. Wenn es gelang, dass ich mir dieses Szenario richtig bildhaft vorstellen konnte, musste ich meistens innerlich so stark lachen, dass sich meine Verkrampfung löste und ich die Präsentation ohne größere Probleme durchführen konnte.

Lachen kann sehr befreiend und stimulierend wirken. Und da ich Ihnen in dem Buch schon wiederholt geraten habe, hin und wieder etwas Komisches und „Schräges" auszuprobieren, erlaube ich mir hier noch einen kleinen Zahn zuzulegen. Waren Sie schon einmal bei einer Lach-Yoga Veranstaltung? Ich nehme einmal an, eher nicht. Vielleicht haben Sie bis jetzt noch nie gehört, dass es überhaupt so etwas wie Lach-Yoga gibt. Es ist kein Scherz, wobei es bei den Veranstaltungen nur um das Lachen geht. Ein indischer Arzt hat eine Methode entwickelt, mit der er seit einigen Jahren um die gesamte Welt reist und Menschen zum Lachen animiert. Und zwar Lachen um des Lachens willen. Er regt an, auch in Situationen, in denen Menschen nicht zum Lachen ist, trotzdem zu lachen. Auch wenn es anfänglich künstlich wirkt, rät er einige Minuten lang zu lachen. Das geht natürlich in einer Gruppe etwas leichter als alleine. Im Kern praktiziert er bestimmte Formen von Atemübungen, die den gesamten Körper anregen, lockerer und gelöster zu werden und die sich sehr positiv auf die Psyche auswirken. Diese Bewegung hat sich schon so ausgebreitet, dass es sogar einmal im Jahr den Tag des Lachens gibt.

Sollte die Idee doch ein bisschen zu abgehoben für Sie sein, oder sollte sich gerade keine Lach-Yoga-Gruppe in Ihrer Nähe befinden, so macht es nichts. Sie können sich ja das Lachen, vielleicht nur das Lächeln selbst angewöhnen. Wissenschaftler haben im Zuge mehrerer Studien gezeigt, dass alleine das Lächeln sich sehr positiv auf den menschlichen Körper und auf die Stimmungslage auswirkt. Kleben Sie sich doch auf Ihren Spiegel im Badezimmer ein kleines Smiley hin. Es soll Sie daran erinnern, jeden Tag bei Ihrer Morgentoilette zwei bis drei Minuten lang in den Spiegel zu lächeln.

Lächeln Sie sich selbst zu. Kümmern Sie sich nicht, wenn Ihr eigener innerer Kritiker Sie als lächerlich bezeichnet und Sie von dem „Stimmungstraining" abhalten möchte. Bleiben Sie dran. Diese Übung hat den Effekt, Hormone zu aktivieren, die für eine positive Gefühlslage sorgen. Einfach ausprobieren.

Unser erwachsener Sohn kam kürzlich nach Hause und erzählte uns von einer weiteren sehr „schrägen" und sehr lustigen Sache. Er hat einen Freund, der gerne Dinge ausprobiert, die völlig außerhalb der Norm sind. Dieser Freund motivierte unseren Sohn, ihn zu einer Abendveranstaltung des „Ich-kann-nicht-singen-Clubs" zu begleiten. Klingt schräg, oder? Unser Sohn erzählte uns aber, dass alle anwesenden Personen zwei Stunden lang Spaß hatten, lachten und vollkommen gut gelaunt waren. Gesungen haben sie auch. Manche mit voller Inbrunst, dafür umso falscher. Das war aber nicht die Hauptsache. Diese war, einen Abend lang eine gute Zeit zu haben, völlig von allem anderen abzuschalten und die Lachmuskeln zu strapazieren.

Sie sehen, es gibt überaus kreative und humorvolle Ideen, wie Sie mehr Lockerheit und Gelöstheit bei sich stimulieren oder wie Sie damit Ihr Umfeld zu mehr Leichtigkeit anregen können. Das Schöne daran ist, derartige Aktivitäten sind frei von jeglichem Leistungsdruck. Das haben Sie ja sicherlich nur mehr in ganz wenigen Lebensbereichen. Alleine das tut schon gut.

Sie mögen jetzt vielleicht einwenden, diese humorvollen Ideen würden nur dazu dienen, von schwierigen und fordernden Situationen abzulenken. Das Leben sei doch viel zu ernst und es gäbe derart viele Ungerechtigkeiten und ungelöste Probleme, dass das Lachen fehl am Platze sei. Aber die Idee, dem Lachen und dem Humor im Zuge der Entwicklung von innerer Stärke und Souveränität Raum zu geben, bringe ich nicht als Ablenkung ein. Ganz im Gegenteil. Ich denke, manchmal ist ein pfiffiger humorvoller Dreh eine wirklich tolle und starke Möglichkeit, mit schwierigen Themen gut und verantwortungsvoll umzugehen.

Sie meinen, die Welt sei voller Probleme und diese gehörten angepackt? Da gebe ich Ihnen absolut recht. Aber die Gefahr ist groß, dass uns Probleme vereinnahmen und regelrecht gefangen nehmen. Dann geht es sehr rasch, dass sich alles nur mehr um Defizite und um Sachen dreht, die nicht funktionieren. Die daraus resultierende deprimierende Stimmung ist gefährlich. Da gilt es entgegenzuwirken. Mit dem Lachen ermöglichen Sie sich, zwischen Reiz und der reflexartigen Reaktion den in der dritten Disziplin schon angesprochenen inneren Freiraum zu gewinnen. Dadurch treten Sie innerlich einen kleinen Schritt zurück, gehen etwas auf Distanz zu den

Dingen und erkennen Möglichkeiten, wie Sie anders und konstruktiver mit ihnen umgehen können, als deprimiert und verbittert zu sein.

Die Fähigkeit, sich einen inneren Freiraum zu schaffen, ist auch dann sehr wertvoll, wenn es absolut wichtig ist, couragiert aufzustehen und eine klare Position gegenüber Ungerechtigkeiten, Unsinnigkeiten oder gefährlichen Tendenzen einzunehmen. Wenn Sie es in derartigen Situationen schaffen, nicht völlig von Ärger, Wut und Zorn übermannt zu werden, so ist die Chance viel größer, dass Sie Wege und Lösungen finden, wie Sie auf eine konstruktive Art und Weise Widerstand leisten können.

So hat mir Tom, ein Vertreter der jungen Generation, erzählt, wie er es schaffte, bei einem wichtigen Gespräch mit seinem Vorgesetzten Ruhe zu bewahren und vernünftig auf einen für ihn unakzeptablen Vorschlag zu reagieren. Er arbeitete in einem international agierenden Konzern mit dem Sitz in Österreich. Nach sechs Jahren erfolgreicher Tätigkeit als Junior Manager und Teamleiter plante er seine Karriere zu unterbrechen, nochmals an eine Universität zu gehen und ein Master-Studium zu absolvieren. Diesen Plan teilte er seinem Vorgesetzten mit und dieser signalisierte ihm, dass ihn das Unternehmen dabei finanziell unterstützen werde, wenn er sich darauf einlässt, nach dem Jahr an der Universität wieder zurückzukommen. Nachdem er das zugesagt hatte, unternahm er das aufwendige Aufnahmeprozedere an einer Universität außerhalb von Österreich, wo er schließlich aufgenommen wurde und einen für ihn sehr hohen Betrag für das Studium bezahlen musste. Als alles über die Bühne gelaufen war, ging er zu seinem Vorgesetzten und bat ihn, die besprochene finanzielle Unterstützung schriftlich zu vereinbaren. Da teilte ihm dieser mit, dass dieses Vorgehen von der Geschäftsführung und dem Personalleiter abgelehnt wurde und er vom Unternehmen weder Geld noch eine Zusage auf einen Job nach dem Studium bekommen würde. „In diesem Moment hätte ich meinen Boss erwürgen können", sagte er mir in einem Gespräch. Weiters berichtete er: „Aber ich habe bei einem deiner Workshops gelernt, in derartigen Situationen ein paar Mal tief durchzuatmen. Ich ging auch kurz auf die Toilette, erfrischte mich mit kaltem Wasser und lachte mir ein paar Momente im Spiegel selbst zu. Das half mir meine Enttäuschung und meinen Frust klar und unverblümt zu artikulieren, dabei aber nicht übertrieben aggressiv zu sein." Sein Chef war so beeindruckt von seiner reifen Reaktion, dass er ihn nach ein paar Tagen zu einem Meeting mit dem Geschäftsführer und der Personalleitung einlud, bei dem er seine Sichtweise und seine Vorstellungen präsentieren konnte und schließlich einigten sie sich zu den von seinem direkten Vorgesetzten ursprünglich versprochenen Vorgehen.

Wenn ich beim Kajakfahren an so manchen Tagen mal überhaupt keinen guten Lauf hatte und mir manche Bewegungsabfolgen einfach nicht gelingen wollten, war die Gefahr recht groß, mich selbst zu stark zu kritisieren. Sobald ich diesen klein machenden Vorgang bemerkte, suchte ich mir ein Kehrwasser, hielt für ein paar Minuten an und „befahl" mir richtiggehend, die Augen für all das zu öffnen, was in diesem Moment positiv und gut war. Das gelang nicht immer auf Anhieb, aber wenn ich dran blieb, dann bemerkte ich auf einmal Dinge, die ich in meiner negativen Stimmung einfach nicht wahrgenommen hatte. Zum Beispiel, dass ich im Moment meiner Lieblingsbeschäftigung nachgehen und mich dabei sehr lebendig fühlen kann. Oder dass ich mit einem meiner Kajakkollegen gemeinsam unterwegs war und unser Zusammenspiel ohne viele Worte richtig gut funktionierte. Die Folge war nicht immer, dass sich dadurch meine Fahrtechnik an dem Tag wesentlich verbesserte, aber zumindest fuhr ich mit weniger Frust und konnte das Kajakfahren wieder genießen, auch wenn ich in meinen Augen nicht ganz perfekt unterwegs war.

Für diese Form der Selbstführung habe ich noch zwei Tipps für Sie parat. Der erste ist verbunden mit einem Hinweis auf eine absolut sehenswerte Dokumentation. Der Titel des Films ist „Tomorrow – Die Welt ist voller Lösungen". Er wurde 2015 veröffentlich, und zeigt, wie ein junges französisches Paar auf die Suche nach Projekten geht, bei denen Menschen Lösungen für massive Probleme unserer Welt erarbeiteten. In den zwei Stunden des Films werden eine Vielzahl an interessanten Lösungen vorgestellt. Da geht es um ökologische Themen genauso wie um alternative und absolut Erfolg versprechende Verkehrslösungen, um tolle Bildungsprojekte ebenso wie um sinnvolle Ideen für eine verantwortungsvolle Geldwirtschaft.

Der Film war für mich sehr motivierend. Wenn Sie die News verfolgen, ganz egal ob über Radio, Fernsehen, Zeitung oder Internet, dann ist die Gefahr recht groß, in eine Weltuntergangsstimmung zu verfallen. Deshalb tut es so gut, ab und zu Menschen zu sehen, die sich aufbäumen und konkrete Lösungen für zum Teil wirklich bedrohliche Probleme erarbeiten. Die Doku ist nur eines von vielen Beispielen. Derartige Menschen oder Projekte können Ihnen wertvolle Impulse geben, wie Sie selbst konstruktiv und lösungsorientiert bleiben. Deshalb rate ich Ihnen, halten Sie bewusst Ausschau nach motivierenden Beispielen dieser Art.

POSITIVE-SCHÄTZE-TAGEBUCH

Im Mindfulness-Training gibt es hierfür wiederum eine sehr praktikable und ebenso nützliche Übung. Sie heißt das „Positive-Schätze-Tagebuch". Das ist der vorhin versprochene zweite Tipp. Forscher haben herausgefunden, dass diese einfach zu machende Sache bei Menschen, die unter Depression leiden, eine äußerst positive Wirkung erzielt. Sie sollten nicht erst warten, bis Sie schlechte Laune haben. Ich empfehle Ihnen, noch heute mit dieser Übung zu starten. Sie ist ganz einfach. Es geht darum, sich jeden Abend zehn Minuten Zeit zu nehmen, den Tag kurz zu reflektieren und zumindest drei Geschehnisse zu notieren, die Ihnen an diesem Tag entweder gut gelungen sind oder wofür Sie dankbar sind. Dabei geht es nicht so sehr um die großen Sachen. Es können ganz kleine Vorkommnisse sein. Ein Lächeln eines Ihrer Kinder. Ein gelungenes Gespräch mit einer Kollegin. Ein positives Feedback vom Kunden. Oder vielleicht nur die simple Tatsache, dass Sie an dem Tag genügend zu essen bekamen und weit davon entfernt sind, Hunger zu leiden. Sie sehen, es geht darum, Ihren Blick für die Dinge zu öffnen, die ansonsten leicht übersehen oder als selbstverständlich hingenommen werden. Sie brauchen nur einmal so manche Selbstverständlichkeit etwas genauer betrachten, dann fällt Ihnen mit Sicherheit auf, wieviel zusammenspielen muss, damit diese Sache so reibungslos funktioniert.

Kurz noch einmal zur Übung selbst. Wie gesagt, es geht darum, mindestens drei dieser „Schätze" aufzuschreiben. Dabei empfehle ich Ihnen, dass Sie sich noch einmal in diese für Sie wertvollen Momente hineinversetzen. Sie sozusagen mit Haut und Haaren noch einmal erleben. Machen Sie sich dabei klar, was konkret abgelaufen ist, was es war, das diese Momente für Sie wertvoll machte, wie Ihre Stimmung dabei war und was diese Momente mitunter bewirkten. Zum Abschluss, bevor Sie Ihr „Positive-Schätze-Tagebuch" wieder schließen, ist es gut, ein paar Augenblicke lang wahrzunehmen, was diese Reflexion von drei wertvollen Momenten in Ihnen auslöst.

BEZIEHUNGEN: Das vierte Feld des POWER WHEELs

Vieles von den ersten drei Disziplinen der WILDWASSER-STRATEGIE, aber auch von den ersten drei beschriebenen Feldern des POWER WHEELs ist in weiten Teilen darauf ausgerichtet, wie Sie sich als Persönlichkeit selbst führen und weiterentwickeln können. Alles mit dem Ziel, in den dynamischen Zeiten der digitalen Transformation souverän und stark zu bleiben. Obwohl ich es bei der Beschreibung der vierten Disziplin „THINK WE – miteinander einfach stärker!" schon einmal dokumentiert habe, weise ich hier nochmals darauf hin: Der reine Fokus auf sich selbst ist zu kurz gegriffen. Wichtig für wahre Souveränität und Stärke ist zusätzlich zu dem Faktor Selbstführung, wie Sie mit anderen Menschen interagieren. Ganz egal, ob diese Menschen Ihre Mitarbeiter sind, Ihre Kollegen, Ihre Führungskräfte, Mitarbeiter aus anderen Bereichen des Unternehmens, Geschäftspartner oder Kunden. Je fundierter und tragfähiger Sie mit anderen zusammenarbeiten, desto erfolgreicher werden Sie sein und desto stärker werden Sie als Persönlichkeit wirken.

Deshalb ist dieses vierte Feld des Schwungrades dem Faktor BEZIEHUNG gewidmet. Ganz im Sinne des Aufbaus und Verstärkens von förderlichen Beziehungen zu den Menschen in Ihren Umfeld, um dadurch weit mehr erreichen und realisieren zu können, als Sie jemals alleine schaffen würden. Aber auch ganz im Sinne des in der vierten Disziplin beschriebenen „intelligenten Egoismus". Der ja besagt, dass Sie selbst am meisten profitieren, je mehr Sie sich um das Wohlergehen und um die Weiterentwicklung der Sie umgebenden Menschen bemühen.

Die Themen, die ich Ihnen in der vierten Disziplin schon vorgestellt habe, sind natürlich prädestiniert, Ihre Arbeitsbeziehungen in Schwung zu halten und gleichzeitig Ihre Attraktivität als Persönlichkeit zu steigern. Wenn Sie konsequent und ohne Wenn und Aber das von mir beschriebene „Mehrhirndenken" forcieren, werden Sie nicht nur regelmäßig bessere und innovativere Ergebnisse produzieren, sondern Sie werden auch immer gefragter werden als jemand, mit dem oder mit der gerne zusammengearbeitet wird. So ist es bei allen anderen Themen der vierten Disziplin. Mit der Fertigkeit, fruchtbare Dialoge in Gang zu setzen und damit zu besseren Entscheidungen oder zu kreativeren Lösungen zu kommen, genauso wie mit der wertschätzenden und einfühlsamen Kommunikation, bei der ich vor allem das aktive und interessierte Zuhören hervorhob. Und ganz gewiss hilft es Ihnen und Ihrem Standing, wenn Sie Konflikte nicht auf die lange Bank schieben, Ihnen nicht aus dem Weg gehen und Sie sich dafür einsetzen, diese in produktive Energie zu verwandeln.

Wenn Sie diese Themen in Ihrem täglichen Tun beherzigen und anwenden, so machen Sie sehr viel dafür, dieses Feld Ihres POWER WHEELs als eine kraftvolle Ressource zu pflegen, aus der Sie ein riesiges Potenzial an Sicherheit und Stärke schöpfen können.

Eine kleine Aktivität mit großer Wirkung gebe ich Ihnen in diesem Feld trotzdem noch mit auf Ihren Weg zu noch mehr Stärke und Souveränität. Es handelt sich um etwas Einfaches, das keinerlei zusätzlichen Aufwand oder Zeitbedarf für Sie bedeutet. Die Aktivität erfordert nur ein entsprechendes Mindset von Ihnen und, dass Sie sich täglich ein- bis dreimal daran erinnern.

Übung: ACTIONS OF KINDNESS

Wie der Name es aussagt, geht es bei dieser Übung um Aktionen der Freundlichkeit. Und zwar darum, jeden Tag ein bis drei Personen eine kleine freundliche Geste zu erweisen. Es reichen ganz kleine Portionen davon. Ein aufmunterndes Lächeln, eine simple Geste des Respekts oder der Wertschätzung, einen Moment interessiert und vollkommen präsent zuhören, ein leichtes Entgegenkommen bei einem für die andere Person wichtigen Thema oder was immer Ihnen als kleine Freundlichkeit einfällt.

Wichtig ist Ihre innere Haltung dabei. Sobald Sie die Freundlichkeit nicht ernst nehmen, wird das von Ihrem Gegenüber gemerkt, es kommt gekünstelt an und der Schuss geht nach hinten los. Wenn Sie sich aber in die andere Person hineindenken und überlegen, was dieser Person Freude macht, so ist schon ein wichtiger Effekt der Übung geschehen. Sie beschäftigen sich mit der anderen Person als Mensch. Das bewirkt, zweitens, bei der „beschenkten" Person mit Sicherheit etwas Positives. Entweder kitzeln Sie ein kleines Lächeln heraus, oder die Person bemerkt, dass sie von Ihnen gesehen und wahrgenommen wird, oder sie erkennt, dass ihre Leistung oder eine ihrer Eigenarten von Ihnen geschätzt wird. Und drittens, und das wird Sie vielleicht am meisten erstaunen, Sie selbst freuen sich daran, dass Sie jemandem eine kleine Freude bereitet haben. Also eine Win-Win-Geschichte im wahrsten Sinne des Wortes, die nichts kostet, ganz wenig Aufwand bedeutet, im Gegenzug aber ein starker Baustein für vertrauensvolle und tragfähige Beziehungen ist.

Grand Canyon Expedition – 360 spannende Wildwasserkilometer

Vor 21 Tagen und vor annähernd 360 Kilometern am faszinierenden Colorado River ließen wir die Zivilisation und alle damit verbundenen Annehmlichkeiten bei Lees Ferry zurück, setzten unsere fünf Rafts und fünf Kajaks in den dort noch gemächlich dahintreibenden Fluss, vertrauten uns ihm an und waren voller Neugier und positiver Anspannung, was die vielen Stromschnellen und die tief eingegrabenen Schluchten des Grand Canyons uns wohl bringen würden. Jetzt, kurz vor dem Ende unserer Wildwasser-Expedition, herrscht ungewohnte Stille unter uns. 15 Wildwasserfahrer, die sich in einem engen Pulk beisammen befinden und von der Strömung in Richtung Mündung des Diamond Creeks, einem kleinen Nebenfluss, treiben lassen. Pat, Bill, John, Karen und ich in unseren Kajaks, die anderen zehn Teammitglieder aufgeteilt in den fünf Rafts. Die hohen Wände des Grand Canyons sind schon einige Kilometer hinter uns, der Fluss wird von Moment zu Moment breiter, und alles wirkt wieder etwas normaler und weniger außergewöhnlich als die drei Wochen davor. Würde uns jemand beobachten, so könnte diese Person durchaus meinen, da gleitet ein Haufen zerstrittener und ungepflegter Naturfetischisten einem Punkt zu, an dem alle endlich froh sind, sich als Gruppe trennen zu können und kein Wort mehr miteinander sprechen zu müssen.

Das komplette Gegenteil ist der Fall. Die Ereignisse dieses packenden Abenteuers brachten uns als Team so eng zusammen, dass gerade jetzt, einige wenige Kilometer vor dem Ende, doch etwas Melancholie und Traurigkeit aufkommen. Es scheint so, als ob keiner mit irgendeinem oberflächlichen Witz oder mit einer gekünstelten Pointe diese Stimmung zerstören möchte. Und obwohl ich weiß, dass nach einer der nächsten Flussbiegungen ein kleines Team auf uns warten und uns abholen wird, wünsche ich mir, ich könnte die Zeit nochmals zurückdrehen. Nicht nur bis zum Beginn zur eigentlichen Flussfahrt, sondern ganz zurück bis zu den ersten Gesprächen im vorigen

Sommer, bei denen Bill uns über die Faszination Grand Canyon vorzuschwärmen begann.

Es war an einem Abend im Frühsommer am Kennebec River in Maine. Bill, Pat, Harold und ich zurren nach einer Tagestour mit Raftinggästen noch schnell unsere Kajaks auf den Firmenwagen und lassen uns von Chuck, einem guten Bekannten, zur Einstiegstelle der Kajakstrecke fahren. Wir nutzen das letzte Tageslicht noch aus, um uns in den sportlichen, aber nicht zu extremen Wellen und Walzen des oberen Teils des Kennebecs mit unseren Kajaks noch so richtig ausgelassen zu vergnügen. Als wir unseren Ausstiegspunkt erreichen und unsere Kajaks einen schmalen Trampelpfad bis zu einer kleinen Anhöhe hinauftragen, ist es schon ziemlich dunkel. Das macht aber niemandem von uns etwas aus. Durch das abendliche Kajakfahren mit all den Spielereien, Scherzen und dem unkomplizierten Miteinander sind wir so beschwingt und heiter gelaunt, dass uns diese Stimmung den steilen Weg hinauf zu Chuck im Firmenwagen schier auszuleuchten scheint. Zudem motiviert uns die Aussicht auf einen Sechserpack Bier noch zusätzlich, den wir zuvor in einem Kühler im Auto verstaut hatten. Beim Wagen angelangt und noch bevor wir unsere Boote wieder am Dach verzurren und unsere trockene Kleidung anziehen, reicht uns Chuck unser Bier. Wir setzen uns auf unsere Kajaks, die wir neben dem Wagen abgelegt haben, und genießen das Leben in vollen Zügen. Es herrscht eine ausgesprochen lockere Stimmung in der Bill auf einmal, halb ernst und halb im Spaß meint: „Was ist, wenn wir uns im Herbst den Grand Canyon geben?"

Aufgeputscht durch das tolle Kajakfahren zuvor und vielleicht auch schon etwas angeheitert vom Bier unmittelbar nach der körperlichen Anstrengung, meinen wir alle unisono: „Ja, das machen wir!" Bill erzählt uns noch, dass er schon seit längerem diesen Gedanken mit sich herumtrage, es sich aber noch nie wirklich zutraute, daran zu denken, sich mit dem Kajak in den Grand Canyon zu begeben. Aber bei dem spielerischen Kajakfahren zuvor hätte er sich gedacht, er würde das Abenteuer gerne mit uns zusammen in Angriff nehmen. Langsam packen wir unsere Siebensachen zusammen, kleiden uns um und lassen uns von Chuck zum Basecamp unserer Raftingfirma fahren. Am Weg zurück sprechen wir noch locker über Bills Idee und malen uns schon aus, wie uns der wilde Colorado River so richtig in seine Mangel nimmt und wie wir von seinen hohen Wellen und überdimensionalen Walzen hin und her gewirbelt werden.

Obwohl Bill im Laufe der darauffolgenden Wochen seine Idee einer Grand-Canyon-Tour immer wieder einmal aufblitzen ließ, kam die Sache nicht so richtig in Schwung. Viele bekundeten zwar wiederholt, wie toll es wäre, den Colorado River zu befahren und eine kleine Expedition auf die Beine zu stellen, aber diese Bekundungen wurden meist von Bedenken und Skepsis begleitet. Manche hatten den Eindruck, sie wären vom Wildwasserfahren her noch nicht so weit, andere wussten nicht, wo sie das Geld dafür auftreiben sollten, und wieder andere hatten im Herbst schon Verpflichtungen, die sie nicht verändern konnten oder wollten. So blieb Bills Ansinnen in diesem Sommer eine nette Gedankenspielerei, aber dieser folgten keine wirklich zielführenden Taten.

Am Ende dieser meiner zweiten Sommersaison an den Flüssen Maines blieb ich noch einige Tage im Rafting-Camp, um beim Aufräumen mitzuhelfen. Bill, Harold, Pat, Karen und ich verstauten alle Rafts und sämtliches Fluss-Equipment so, das wir alles im nächsten Frühjahr ohne viel Aufwand wieder schnell benutzen konnten. An einem dieser schon herbstlichen Abende kam das Thema Grand Canyon wieder einmal auf den Tisch. Bill meinte, er würde immer noch gerne ein Team für eine Expedition zusammenstellen, aber das Ganze müsste aus seiner Sicht viel professioneller angegangen werden. Der Abend wurde noch lange und das Thema zum ersten Mal wirklich eingehend beleuchtet und besprochen. Am Ende stand fest, dass wir alles daran setzen würden, um im Herbst des folgenden Jahres mit einem Team von 10 bis 15 Personen den Colorado River durch den Grand Canyon zu befahren. Und so kam es. Anfang Oktober des folgenden Jahres stießen wir uns an einem fast noch sommerlichen Nachmittag vom Ufer bei Lees Ferry ab und paddelten einem Abenteuer entgegen, das ich noch viel intensiver und atemberaubender erlebte, als ich es mir zuvor in meinen kühnsten Träumen vorgestellt hatte.

*A*b diesem ersten wirklichen Initial-Gespräch nach dem Zusammenräumen bis jetzt, wo wir uns kurz vor dem Ende der Tour in Richtung Diamond Creek treiben lassen, hat alles wie im Bilderbuch geklappt. Schon im Vorfeld lief alles wie am Schnürchen. Von der Organisation des Permits angefangen, das für eine private Expedition durch den Grand Canyon Nationalpark erforderlich und nur sehr schwer zu bekommen ist, über die Zusammenstellung des Teams und die Organisation der gesamten Ausrüstung bis hin zur Detailplanung der 21tägigen Expedition gab* es nichts, das je einmal die gesamte Unternehmung infrage gestellt hätte. Und auch am Fluss selbst gab es kein einziges wirkliches Problem. Weder was das Wildwasserfahren in zum Teil extremen Wildwasser betraf, noch was die Zusammenarbeit beim täglichen Entladen der Rafts, dem Aufbau unserer Camps und dem morgendlichen Aufräumen und Wiederbepacken unserer Schlauchboote anging.

Wir hatten keinerlei Verletzungen, worauf wir im Vorfeld sehr bedacht waren. Denn bei der gesamten Tour von annähernd 400 Kilometern gibt es nur eine einzige Möglichkeit, so halbwegs vernünftig aus der Schlucht zu kommen. Das ist ungefähr nach einem Drittel der Strecke bei der Phantom Ranch, zu der ein Touristenpfad führt. Und wir hatten auch keine wirklichen Konflikte, Streitereien oder Unstimmigkeiten. Bei 15 Raftguides, allesamt Charaktere und zudem gewohnt, anderen zu sagen, was zu tun ist, wirklich ungewöhnlich. Die einzige kleinere Spannung, die wir gelegentlich hatten, hatte eine Ursache, die mich jetzt immer noch schmunzeln lässt. Dennoch zeigt diese Geschichte, wie wichtig zu einem klaren Bild über das große Ganze zusätzlich der achtsame Umgang mit scheinbaren Kleinigkeiten ist. Dass wir uns nach dem Bootfahren hin und wieder das eine oder andere Bier genehmigten, habe ich vorhin schon angedeutet. In der Vorbereitung und beim Einkauf unserer Verpflegung für die dreiwöchige Tour haben einige von uns besonderen Wert auf die flüssigen Lebensmittel gelegt. Da sie dachten, das Wasser werden wir sowieso aus dem Fluss entnehmen und gefiltert trinken, haben sie bei Säften und Mineralwasser gespart und eine größere Menge an Bier eingekauft. Schon nach einigen Tagen am Fluss wurde klar, das war eine leichte Fehleinschätzung. Das Wasser aus dem zum Teil lehmig braunen Colorado River war trotz Filterung nicht wirklich prickelnd, und nach den langen Tagen am Fluss mit all der mentalen Anspannung und körperlichen Anstrengung war ein Belohnungsbier ganz gut, aber niemand hatte Lust, davon mehr zu trinken. So blieb unser Biervorrat bis zum Schluss ziemlich groß, aber der Vorrat an Säften und an Mineralwasser schrumpfte sehr schnell, was hin und wieder zu manch spitzer Bemerkung gegenüber den Einkäufern führte.

Wenn Sie sich fragen sollten, was diese Unternehmung Grand Canyon wohl mit der WILDWASSER-STRATEGIE und mit den einzelnen Disziplinen zu tun hat: Es hat sehr viel mit dem Spirit und mit den Tools dieser von mir konzipierten Methode zu tun. Diese Geschichte ist zudem ein Paradebeispiel dafür, dass die WILDWASSER-STRATEGIE sowohl für Individuen von großem Vorteil ist – wie ich es ja in diesem Buch immer wieder aufgezeigt habe – als auch für Teams und gesamte Unternehmen riesigen Nutzen bieten kann. Die Prinzipien und Grundhaltungen hinter den Disziplinen sind für Individuen wie für Teams und Unternehmen die gleichen. Deren sichtbare Ausprägungen oder die Anwendungen mögen sich zwar im Detail leicht unterscheiden, aber das ist auch schon der einzige Unterschied.

„NOW – präsent und offen sein!" zum Beispiel war sowohl in der Vorbereitung als auch im Agieren am Fluss immer wieder ein Erfolgsgarant. Nachdem sich im späten Frühjahr vor unserer Expedition wieder alle potenziellen Expeditionsmitglieder an den Flüssen von Maine eingefunden hatten, gingen wir, Bill, Harold, Karen, Pat und ich, das Kernteam, daran, weitere Teammitglieder zu gewinnen. Nach einigen Wochen hatten wir ein Team von 15 begeisterten Grand Canyon Rookies beisammen, die sich alle mit einer Anzahlung zur aktiven Teilnahme von Anfang bis zum Schluss bereit erklärten. Den gesamten Sommer über trafen wir uns einmal pro Woche, manchmal nur alle zwei Wochen zu einem abendlichen Meeting, bei dem wir die anstehenden Themen besprachen, Aufgaben koordinierten und wichtige Fragen klärten. Dabei kristallisierte sich heraus, dass Bill eine Gabe hatte, das Team immer wieder auf das im Moment Wichtige zu fokussieren.

Weil keiner von uns zuvor am Colorado River gefahren war, noch bei einer anderen ähnlichen Expedition teilgenommen hatte, gab es am Anfang sehr viele Fragen und offene Themen. Es schien so, dass jede und jeder sofort alles auf einmal erledigen und geklärt haben wollte. In derartigen Situationen schaffte Bill es sehr gut, uns alle etwas zu zügeln, sodass es uns mit der Zeit immer besser gelang, die Themen im Blick zu haben, die im Moment wirklich relevant waren. Natürlich machten auch diverse Geschichten über die eine oder andere spektakuläre Wildwasserstelle im Grand Canyon hin und wieder ihre Runden und lenkten uns von den eigentlichen Themen ab. Das war der Ausdruck von der Sorge oder der Angst, ob das Abenteuer wohl für uns alle gut und sicher ausgehen würde. Von Meeting zu Meeting aber merkten wir, wie wir Fortschritte machten. Indem wir uns auf das konzentrierten, was gerade zu tun war, kamen wir in der Vorbereitung gut voran. Dadurch wuchs unser Vertrauen in unsere Problemlösungsfähigkeiten, was uns etwas lockerer bleiben ließ, wenn wir doch wieder einmal an die unter Wildwasserfahrern bekannten Stellen wie Hermit, Crystal oder Lava dachten und dabei unsere Pulsfrequenzen in die Höhe schnellten.

Das ist zum Beispiel ein wertvolles Learning, das ich Ihnen als Leiter von Teams wärmstens ans Herz legen kann: Geben Sie sich und Ihrem Team regelmäßig Zeit, sich aus dem hektischen Getriebe herauszunehmen, um sich Überblick und eine souveräne Distanz zu verschaffen. Das kann in der Form von wöchentlichen Meetings sein, kann sich aber auch in einem einmal im Jahr stattfindenden strategischen Time-Out ausdrücken. Entscheidend dabei ist, dass Sie sich dabei darauf konzentrieren, was im gegenwärtigen Moment wirklich wichtig ist und sich nicht von vorgefassten Plänen blenden oder von den vielen kleinen und manchmal auch größeren Einschlägen, Sorgen und Befürchtungen wegschwemmen lassen.

Neulich sagte mir eine langjährige Stammkundin, die ein kleines und sehr feines Unternehmen in der Energiebranche führt, dass die positive Entwicklung, die das Unternehmen in einem äußerst harten Wettbewerb gegenüber großen Riesen in den vergangenen drei Jahren machte, vor allem auf ihre regelmäßigen Time-Outs mit ihrem Führungsteam zurückzuführen sind. „Diese mehrtägigen Workshops nutzten wir immer für drei Aspekte: für fachliches Führungstraining, für das Stärken der Zusammenarbeit und des Miteinanders und für strategische Überlegungen. Obwohl wir zu Beginn der Zusammenarbeit eine Idee hatten, in welche Richtung wir das Führungsteam und das Unternehmen entwickeln wollten, ging es vor jedem Workshop immer wieder darum, herauszufiltern, was gerade in dieser Phase die wichtigsten Themen waren und zum Kernthema des jeweiligen Workshops gemacht werden sollten." Zum Abschluss ihres Statements meinte sie: „Das ist eine deiner Stärken. Du hältst nicht stur fest an einem fixen Plan, sondern bist offen für die Sachen, die im jeweiligen Moment wichtig und essenziell sind. Und das machte uns stark." Das Beispiel zeigte mir wieder einmal ganz deutlich, dass der Geist der WILDWASSER-STRATEGIE nicht nur für die mentale Stärke von Individuen von großem Nutzen ist, sondern auch für Teams und gesamte Unternehmen.

Dieses regelmäßige Zusammensetzen haben wir dann bei der Befahrung des Colorado Rivers richtiggehend ritualisiert. Jeden Abend, nachdem wir unser Camp auf einer der traumhaften Sandbänke aufgebaut und uns abwechselnd hervorragend bekocht hatten, setzten wir uns ums Lagerfeuer und tauschten unsere Erfahrungen aus und besprachen die wichtigsten Themen für den nächsten Tag. So konnten wir auftauchende Unsicherheiten oder Unstimmigkeiten gleich im Keim erkennen und entsprechend darauf reagieren. Diese Dialoge stärkten unser Gemeinschaftsgefühl immens, waren wertvoll für die gute Stimmung im Team und gaben uns eine große Portion an Sicherheit, weil jede und jeder wusste, welche Schlüsselstellen am nächsten Tag auf uns zukommen und wie wir dabei agieren würden. Das machte unser Tun in den kritischen Stellen um vieles leichter und unkomplizierter, ohne dass wir uns noch intensiv koordinieren oder abstimmen mussten.

Für mich als Kajakfahrer war der Faktor der Präsenz während der gesamten Tour ebenfalls ein sehr wesentlicher. In den schwierigeren Stellen waren wir Kajakfahrer die Scouts für die Rafts. Da wir mit unseren kleineren und wendigeren Booten viel schneller und flexibler waren, konnten wir kritischen Walzen oder Felsblöcken leichter ausweichen. Deshalb fuhren wir bei Stellen, die nicht ganz einfach vom Ufer aus einzusehen waren, voraus und gaben mit diversen Paddelzeichen unseren nachfolgenden Teams in den Rafts Tipps, wo sie fahren konnten und wo es ratsam war, nicht hinzukommen. Natürlich hatte auch ich, wie alle anderen, ein Guide-Book mit den Beschreibungen der Wildwasserabschnitte bei mir und dieses auch studiert. Dennoch war es mir wichtig, mich auf diese Informationen nicht blindlings zu verlassen, sondern an jeden Abschnitt so heranzugehen, als hätte ich noch nie etwas über diesen gelesen und erfahren. Da dieses hohe Maß an Aufmerksamkeit bei uns allen vorhanden war, bewältigten wir die Expedition, die zum Teil durch sehr gefährliche Abschnitte führte, ohne ein größeres oder völlig kritisches Problem. Und das ist einer der Tipps daraus für Sie als Person: Lassen Sie sich nicht von vorgefassten Plänen oder Meinungen dazu verführen, automatisiert an Aufgaben heranzugehen, sondern seien Sie bestrebt, mit einer wachen Aufmerksamkeit die Dinge so zu sehen, als würden sie diese zum allerersten Mal bemerken.

Sie erinnern sich bestimmt, dass es bei „FIND YOUR LINE – fokussiert bleiben!" um die Themen „Kraft-Spur" und Fokus geht. Beide Aspekte dieser Disziplin schwangen bei der gesamten Unternehmung immer mit und trugen wesentlich dazu bei, dass sie derart erfolgreich und positiv verlief. Obwohl wir uns als kleines Kernteam zu Beginn noch nicht darüber unterhalten hatten, was uns bei der ganzen Sache letzten Endes wichtig war und wie wir dabei agieren wollten, hatte jede und jeder von uns doch eine gewisse Vorstellung davon. Das beeinflusste uns zum Beispiel beim Zusammenstellen des Teams ganz klar. Bevor wir jemanden ansprachen, ob er oder sie sich vorstellen könnte, bei unserer Expedition mitzuwirken, klärten wir für uns, ob diese Person gut und professionell am Fluss unterwegs war oder andere wichtige Fähigkeiten besaß, die wir benötigten. Das war aber nicht der einzige Punkt, auf den wir achteten. Wir überlegten auch, ob diese Person ein guter Teamplayer war und ob sie von der Persönlichkeit gut in unser Team passen würde.

Beim Recruiting von neuen Mitarbeiterinnen und Mitarbeitern, aber auch beim Zusammenstellen von Projektteams für spezielle Aufgaben und Themenstellungen bemerke ich in Unternehmen, dass die professionelle Komponente immer sehr gut beleuchtet wird. Bei Themen wie etwa Kooperationsfähigkeit oder Werthaltungen werden leider öfters faule Kompromisse eingegangen. Meistens rächt es sich mit der Zeit. Deshalb empfehle ich Ihnen bei der Zusammenstellung Ihres Teams, den Blick auch auf die Themen zu richten, die im Grunde letztendlich bestimmen, ob ein Team auch bei Schwierigkeiten gut zusammenspielt oder nicht. Vor allem, wenn Sie im Laufe der Zeit bemerken, dass eine Person nicht wirklich ins Team passt und ständig allen das Leben schwer macht, dann sollten Sie eher schneller als langsamer reagieren. Auch wenn die Person fachlich sehr gut ist. Dass es sich bei diesem Tipp nicht um eine Anleitung zum Mobbing handelt, versteht sich von selbst. Und es geht auch nicht darum, dass Sie Ihr Team aus völlig gleich gepolten Menschen zusammenzustellen. Es geht darum, dass Sie erkennen, ob Ihre Teammitglieder fachlich gut sind und auch von deren Grundhaltungen und Wertvorstellungen gut zusammenpassen. Wenn Sie kantige Persönlichkeiten mit Profil in Ihrem Team haben, so ist das nur gut. Vielfalt und Diversität bereichern und bringen unterschiedlichste Perspektiven in Ihr Team. Aber von den grundlegenden Werthaltungen ist es wichtig, dass die Teammitglieder zusammenpassen. Dazu ist es natürlich entscheidend, dass Sie selbst wissen, was Ihnen wichtig ist und welchen Spirit Sie im Team haben wollen, aber auch brauchen.

Bei unserer Grand Canyon Unternehmung waren die Themen Werte und Spirit genauso bedeutend wie etwa Themen der Logistik, der Finanzierung oder der Sicherheit. Schon im Laufe der Vorbereitungszeit kristallisierten sich einige ganz markante Werte heraus, die wir uns sozusagen auf unsere Fahne hefteten und die wir auch bei unserem täglichen Lagerfeuer-Ritual am Fluss immer wieder einmal hervorhoben. So wurde ich zum Beispiel bei einer dieser Runden von dem Team mit Recht darauf hingewiesen, ich hätte eine Vereinbarung, die allen wichtig war, nicht wirklich eingehalten.

Wir hatten uns vereinbart, dass wir trotz des Teamgedankens den Aspekt der Individualität hoch halten wollten. Das hieß, wenn jemand einmal eine Zeit alleine sein wollte, oder etwas für sich machen wollte, so war das völlig okay, wenn es in eine gute Balance zum übergeordneten Miteinander passte. Wir hatten aber auch vereinbart, dass das Thema Sicherheit über allem stand. An einem der Nachmittage landeten wir an einer herrlichen Sandbank an und schlugen dort unser Camp auf. Ich hatte an diesem Abend meinen „freien Tag". Wir hatten jede und jeder so seine täglichen kleinen Routinearbeiten zu tun. Darüber hinaus hatten wir uns für die größeren Arbeitspakete wie etwa Kochen, Abspülen, Toilette aufstellen, Feuer machen und Wasser filtern so organisiert, dass wir uns von Tag zu Tag nach einem einfachen System abwechselten. So musste sich nicht jeden Tag die gleiche Person etwa um die Toilette kümmern. Und es hatten auch jeden Abend zwei bis drei Personen mal frei.

An diesem Tag war es eben mein freier Abend, und den nützte ich zu einer kleinen Wanderung. In Absprache mit dem Team, dass ich zum Abendessen zurück sein werde, begann ich einem kleinen und schmalen Pfad zu folgen. Dieser führte zuerst in ein kleines Seitental und zog sich dann einen steilen Hang hinauf zu einem von der Sonne rotbraun beleuchteten felsigen Platz. Diesen Platz peilte ich an. Es stellte sich heraus, dass der Pfad viel schwieriger war, als ich zuerst gedacht hatte. Mit der Zeit war es keine Wanderung mehr, sondern schon viel mehr eine leichte Kletterei. Da das sonnige Platzerl aber derart verlockend herunterstrahlte, wollte ich unbedingt raufkommen. Ich merkte, dass ich viel länger brauchte als gedacht, dennoch kletterte ich weiter. Als ich dann endlich oben ankam, war die Sonne leider schon weg. Dennoch hatte ich einen tollen Ausblick und ich genoss das atemberaubend schöne Ambiente der rotbraunen Felsen in vollen Zügen. Der Abstieg dauerte ebenfalls um einiges länger, und als ich schließlich im Dunkeln zum Lager zurückkam, hatten die anderen schon gegessen und waren beim Aufräumen. Ich merkte, dass der eine oder die andere leicht irritiert war, dennoch sagte zuerst niemand etwas Kritisches zu mir. Als wir dann am Lagerfeuer saßen und den Tag reflektierten, kam natürlich meine Verspätung zur Sprache. Nicht dass ich weg war und nicht dass ich alleine unterwegs war, waren das Thema, aber dass ich viel länger brauchte und dass eigentlich niemand wusste, wohin ich gegangen bin, waren die Themen, die für das Team nicht in Ordnung waren. Es war keine große Sache und es blieb überhaupt nichts Negatives hängen, aber es zeigte mir, wie ernst das Team Sachen nahm, die jeder und jedem im Team wichtig waren.

Die Disziplinen drei und vier, „LEAN INTO IT – mutig und agil handeln!" und „THINK WE – miteinander einfach stärker!" waren von Anfang bis zum Schluss unserer Expedition wirksam und weitere Gründe für das positive Gelingen. Die gesamte Organisation, die Durchführung und das Wildwasserfahren auf einem uns unbekannten und zum Teil mehr als anspruchsvollen Fluss erforderten von uns fast täglich, mutig und agil zu sein und vor allem Teamwork par excellence zu leben. Dass ein starkes Miteinander den Einzelnen immens viel Kraft gibt, habe ich bei einem der schwierigsten Abschnitte im Grand Canyon selbst hautnah erfahren.

Der Colorado River durch den Grand Canyon bietet Wildwasserfahrern über 70 Wildwasserstellen, die als Rapids bezeichnet werden. Mehr als 40 davon sind auf einer Schwierigkeitsskala von 1 bis 10 höher als 5 bewertet. Einige davon sind in dem schon sehr anspruchsvollen Schwierigkeitsbereich 8 und 9 angesiedelt, und zwei stechen da noch heraus und werden mit einer glatten 10 bewertet. Dabei handelt es sich um Crystal und Lava Falls. Der Abschnitt Lava Falls befindet sich im letzten Drittel der Tour. Schon einige Zeit, bevor wir zu dieser von allen mit Spannung erwarteten Stelle kommen, sind die ersten Anzeichen erkennbar. Noch nicht im Fluss, aber an der Szenerie. Die über lange Zeit im Grand Canyon vorherrschende tiefrote Farbe der Felsen wird immer dunkler und schließlich ganz schwarz. Denn im Bereich von Lava Falls handelt es sich um Lavagestein. Nach einem Vulkanausbruch vor langer Zeit in der Nähe der heutigen Lava Falls wurde der Colorado River durch Lava vollkommen blockiert und aufgestaut. Erst über Jahrmillionen hat sich der Fluss durch dieses Gestein wieder einen Weg gebahnt und dabei eines der spektakulärsten und wuchtigsten Rapids im Grand Canyon geformt.

Als wir auf Lava Falls zutreiben, werden wir immer ruhiger und unsere Mienen immer ernster. Der Fluss im Gegenteil wird immer lauter. Schon lange, bevor wir überhaupt irgendetwas von dem spektakulären Schauspiel sehen, hören wir ein wildes und immer lauter werdendes Rauschen, das schließlich kurz davor in ein richtiges Tosen übergeht. Aus Berichten und aus Beschreibungen wissen wir, dass sich kurz vor Beginn der Stelle rechts ein riesiger Felsquader befindet, auf den wir klettern können und von dem wir den besten Blick über den Abschnitt haben. Genau das machen wir. Oben angelangt, überblicken wir die gesamte Stelle. Schon aus dieser Entfernung wirken die riesigen Walzen, die sich über die gesamte Breite des Flusses ziehen, so gewaltig und wuchtig, dass mir ganz flau im Magen wird.

Ich beginne sofort nach einer Linie zu suchen, die ich fahren könnte. Aber es zeichnet sich nirgends ein so richtig klarer Weg ab. Ganz egal wo, es geht immer durch einige massive weiße Walzen, die ich in dieser Dimension noch ganz selten woanders gesehen habe. Meine Knie werden immer weicher und mein Mund immer trockener. Bill scheint es ähnlich zu gehen. Er fragt mich, ob ich schon einen geeigneten Spot in einer der Walzen entdeckt habe, den wir dann bei der Fahrt anvisieren könnten. Ich verneine und teile ihm mit, dass ich überhaupt daran denke, die Stelle zu umtragen. Da zeigt er sich verwundert. War ich es doch bisher, der meistens als Erster in die schwierigeren Stellen hineinfuhr, um den anderen zu zeigen, wo gute Linien sind. Es dauert nicht lange, da kommt Harold auf mich zu und fragt mich dasselbe wie Bill zuvor. Er ergänzt noch, dass er schon gespannt sei, wie ich die Stelle angehen werde. Damit verbunden ist die unausgesprochene Bitte, doch bald mal zu fahren, damit alle anderen sehen, wo es gehen könnte.

Ich schüttle nur meinen Kopf und bitte ihn, zuerst zu fahren. Daraufhin blicken sich Bill und Harold an und meinen dann, dass sie beide knapp hintereinander die Stelle in Angriff nehmen würden. Sie beratschlagen sich noch einen kurzen Moment und erklären uns dann die Linie, die sie sich ausgedacht haben. Sie planen die erste große Walze im rechten Drittel zu durchstoßen und dann in Richtung Flussmitte zu paddeln. Die Wellen und Walzen dort schauen zwar auch noch sehr kräftig aus, aber scheinen durchaus machbar. Am Ende der etwa 300 Meter langen Stelle ist rechts wieder ein großer Felsquader, hinter dem befindet sich ein großes Kehrwasser, in dem sie auf uns warten wollen. Bevor sie zu ihren Kajaks hinuntersteigen, rufen sie uns noch zu: „Sobald wir unten im Kehrwasser sind, sichern wir euch ab. Ihr könnt euch auf uns verlassen." Mit einem „Packen wir das Baby! Yupiduuh!" steigen sie dann in ihre Kajaks.

Ihr Mut und ihre Zuversicht geben mir einen kleinen inneren Ruck und meine mich schier blockierende Anspannung lässt etwas nach. Zudem empfinde ich nun keinen Druck mehr, durch diese Stelle als Erster durchfahren zu müssen. Die beiden packen die Stelle so an, wie sie es uns zuvor vermittelt hatten. Ich sehe, dass sie mit all ihrer Kraft mächtig Geschwindigkeit aufbauen, um durch die erste Walze raketenähnlich durchzustechen. Bill gelingt es hervorragend. Harold wird von der Wucht der Walze kurz aufgehalten, *kommt aber schließlich doch aufrecht durch. Die nachfolgenden Wellen und Walzen schauen bei deren Fahrt ganz okay aus, und als die beiden in das große Kehrwasser am Ende der Lava Falls einbiegen, entlädt sich bei uns am Besichtigungsquader die Anspannung mit lauten Freudenschreien, obwohl wir alle dieses Abenteuer noch vor uns haben.*

Nachdem zwei unserer Rafts Lava Falls ebenfalls gut meistern, entschließe ich mich, zu meinem Kajak zu gehen und als Nächster zu fahren. Das Bewusstsein, dass meine Kollegen unterhalb der herausfordernden Stelle auf mich warten und mich im Ernstfall absichern, gibt mir die Kraft, dass ich mich trotz meines immer noch mulmigen Gefühls sicher fühle, diese Stelle gut und ohne größere Probleme meistern zu können. Beim Losfahren sporne ich mich noch einmal selbst an und beginne dann mit aller Kraft zu paddeln. In dem Moment, als die große weiße Wand der ersten Walze auf mich zukommt, denke ich ganz kurz, ob die Entscheidung schon klug war. Aber alles geht dann so schnell, dass überhaupt keine Zeit zum Nachdenken bleibt. Die Paddelschläge, die Stützen, die einzelnen Bewegungsabfolgen, alles geschieht in einer Art, dass ich den Eindruck habe, ich werde gepaddelt. Es ist faszinierend. Auf einmal ist sämtliche Angst weg und ich genieße die Wucht der Walzen und Wellen voll und ganz. Alleine oder mit einem nicht so gut aufeinander eingespielten Team hätte ich mir das nicht getraut und ich hätte die Stelle mit Sicherheit umtragen.

Allen gelangen gute Fahrten durch Lava Falls, was an diesem Abend eine leicht ausgelassene Party zur Folge hatte. Wir wussten, dass nach diesem Tag schon noch einige interessante Wildwasserstellen auf uns warteten, aber keine wirklich gefährlichen mehr dabei sein würden. Dennoch durfte ich am nächsten Morgen eine wichtige Lektion lernen, die stark mit der fünften Disziplin „KEEP IT UP – auftanken und ausrichten!" zu tun hat.

*B*evor wir am Anfang unserer Tour bei Lees Ferry einsetzten, wurden wir von einem Ranger des Nationalparks instruiert, was wir bei der Tour alles berücksichtigen mussten, was im Park erlaubt und was absolut verboten war. Einen größeren Teil seiner Instruktion widmete der Ranger den Gefahren, die er uns bewusst machen wollte. Eine davon war der Umgang mit Skorpionen und mit Klapperschlangen. Zu den Skorpionen meinte er, die meisten wären nicht wirklich tödlich, aber ein Stich könnte schon sehr unangenehm und äußerst schmerzhaft sein. Da Skorpione feuchtwarmes Milieu bevorzugen, riet er uns, unsere feuchte Wasserbekleidung immer auf einer Leine zu trocknen und diese über Nacht in einer dichten Tasche oder in einem Rucksack zu verstauen. Ganz ausdrücklich warnte er uns davor, unsere Neoprenschuhe irgendwo einfach herumliegen zu lassen. Vor allem trichterte er uns ein, die Schuhe jedes Mal vorm Anziehen kräftig auszuklopfen, damit ein Skorpion, der sich eventuell darin befindet, herausgewirbelt wird.

Ich denke, Sie ahnen schon, was nun kommt. In den ersten Tagen nahmen wir die Hinweise und Warnungen des Rangers alle sehr ernst. Waren sie ja alle so gedacht, dass sie uns bei unserer Tour vor unangenehmen Überraschungen schützen sollten. Ich selbst hatte mir von Anfang angewöhnt, nicht nur meine Neoprenschuhe jedes Mal vor dem Anziehen auszuklopfen, sondern sämtliche Kleidungsstücke vorm Anziehen auszuschütteln, um ja nicht mit einem Skorpion in Kontakt zu kommen.

Am Morgen nach Lava Falls und der etwas ausgelasseneren Feier stärkten wir uns mit einem guten Frühstück, verstauten danach unsere Zelte und die trockenen Kleider in unseren Packtaschen und machten uns fertig für den kommenden Tag am Fluss. An diesem Morgen war ich dazu eingeteilt, die Toilette zu reinigen, alles davon zusammenzupacken und in unserem Müllraft zu verstauen. Sie müssen wissen, dass alles, was im Grand Canyon an Müll und Abfall anfällt, mitgenommen werden muss. Deshalb waren die Sandbänke, an denen wir unsere Nachtlager aufschlugen, immer in einem derartigen sauberen Zustand, dass wir einige Male meinten, wir wären die ersten Menschen, die auf diese Sandbänke ihre Füße setzten. Und genauso wollten und mussten wir die Sandbänke wieder verlassen. Als ich an diesem Morgen unsere WC-Box in dem dafür vorgesehen Raft verstaute und fest verzurrte, begannen die anderen schon ihre Boote in Bewegung zu setzen. Da ich nicht zu weit hinter den anderen bleiben wollte, eilte ich zu meinem Kajak, streifte mir schnell die Schwimmweste über und setzte meinen Helm auf.

Zuletzt begann ich meine Neoprenschuhe, die ich kurz davor neben meinem Boot auf die Sandbank gestellt hatte, anzuziehen. Da bei unserer Tour bis jetzt noch nie jemand irgendeine Begegnung mit einem Skorpion hatte und ich etwas in Eile war, zog ich den ersten an, ohne ihn vorher auszuschütteln.

Gerade als ich in den zweiten hineinschlüpfen wollte, ruft mir Bob aus dem vorbeigleitenden Müllraft zu, ich solle ihn doch ausklopfen. Mehr um Bob einen Gefallen zu machen als überzeugt, dass das noch wichtig sei, klopfe ich den Neoprenschuh aus, und siehe da, es fällt ein ziemlich fetter und großer Skorpion heraus. Für einen kurzen Moment werde ich bleich im Gesicht und mir wird leicht übel. Als Bob das bemerkt, rudert er sein Raft zurück in meine Nähe und sieht, was vorgefallen ist. Er schaut mir in die Augen, zwinkert mir mit einem verschmitzten Lächeln zu und sagt: „KEEP IT UP and stay alert until the end!"

Das ist es, das ich Ihnen zum Abschluss noch mit auf Ihren Weg gebe: KEEP IT UP! Bleiben Sie wach und aufmerksam. Sorgen Sie für sich, indem Sie sich immer wieder einmal Phasen und Momente schaffen, in denen Sie durchatmen, sich auftanken und wieder neu ausrichten. Das hilft Ihnen, offen und interessiert zu bleiben, sich nach schwierigen Situationen wieder aufzurichten und vor allem stark und souverän für die spannenden und interessanten Zeiten zu sein. Und wenn Sie eine Führungskraft sind, so empfehle ich Ihnen, die Kernelemente und den Spirit der WILDWASSER-STRATEGIE, die ich in diesem Buch vorwiegend auf die individuelle Stärkung von Personen ausgerichtet habe, auf Ihr Team, auf Ihren Bereich oder gar auf Ihr gesamtes Unternehmen zu übertragen. Das stärkt alle Beteiligten, die Mitarbeiter und das Unternehmen. In diesem Sinne wünsche ich Ihnen alles Gute und: „Oben bleiben!"

Cool Down

Danke

Ein herzliches Dankeschön allen, die mich bei der Entstehung dieses Buches unterstützt haben, die mir Mut zusprachen, die mir ihre Expertise zukommen ließen, die mir durch ihr Zuhören und zum Teil auch durch ihre kritischen Fragen halfen, die mir die Gelegenheit zum Anwenden und Weiterentwickeln der Ideen gaben, die mich meinen eigenen Weg gehen ließen, die mir Vorbild waren, die mich herausforderten, die mich versorgten und dabei ihre eigenen Bedürfnisse hintanstellten, die mich auf Ungereimtheiten aufmerksam machten, die für meine kurzen STOP!s und Kehrwasser-Momente sorgten – einfach allen, die direkt und indirekt daran mitwirkten.

Ein Buch ist immer ein Ergebnis des Zusammenspiels von vielen Facetten, Unterstützern und Kräften. Namen gäbe es viele zu erwähnen. Wenn ich nur ein paar wenige auswähle, dann als Ausdruck meiner freundschaftlichen Wertschätzung. Wenn ich viele namentlich unerwähnt lasse, so sei ihnen gesagt: Ich bin für jeden Beitrag dankbar.

Herzlichen Dank meinen Freunden, Kollegen und engsten Ratgebern: Rainer Petek, Florian Pichler und Werner Bein, Achim Gralke von Gorus, Dr. Mathias Krimplstätter, Udo Müller und Josef Jung von Jung Medienpartner.

Nicht zuletzt danke ich meiner geschätzten Frau Elisabeth und unseren wunderbaren Kindern Alina und Julian.

Eine kleine Überraschung für Sie!

Es freut mich, dass Sie Interesse an dem Buch hatten und bis zum Ende die „Expedition" durch wilde Wellen und Walzen gemeinsam mit mir unternahmen. Aus diesem Grund möchte ich Ihnen eine kleine Überraschung als Geschenk zukommen lassen.

Dieses erhalten Sie im Internet auf **www.herbertschreib.com/obenbleiben**. Dort erfahren Sie mehr über die kleine Aufmerksamkeit, die Ihnen zusätzlich helfen soll, dass Sie Ihren Weg weiterhin erfolgreich gehen und dabei souverän und stark bleiben.

Quellen- und Literaturverzeichnis

Literatur

Shaun Abrahamson, Peter Ryder, Bastian Unterberg: Crowdstorm: The Future of Innovation, Ideas and Problem Solving. Wiley 2013
Frank Boccio: Achtsamkeits-Yoga. Arbor-Verlag 2004
Friedhelm Boschert: Sich selbst führen. Edition Bambus 2011
Martin Buber: Ich und Du. Reclam 1995
Jim Collins und Jerry I. Porras: Built to Last. Successful Habits of Visionary Companies. Harper Business 2004
Jim Collins et al: Oben bleiben. Immer. Campus 2012
C. Congleton, B. Hölzel, S. Lazar: Workout für das Gehirn. Harvard Business Manager, Februar 2015
Mihaly Csikszentmihalyi: Flow im Beruf. Klett-Cotta 2004
Richard Davidson und Sharon Begley: Warum wir fühlen, wie wir fühlen. Wie die Gehirnstruktur unsere Emotionen bestimmt – und wie wir darauf Einfluss nehmen können. Arkana 2012
Carol Dweck: Selbstbild. Wie unser Denken Erfolge und Niederlagen bewirkt. Piper 2011
Christoph Emmelmann: Das kleine Lachyoga-Buch: Mit Lach-Übungen zu Glück und Entspannung. dtv 2007
Viktor E. Frankl: Bergerlebnis und Sinnerfahrung. Tyrolia 2003
Viktor Frankl: … trotzdem Ja zum Leben sagen – Ein Psychologe erlebt das Konzentrationslager. dtv 1998
Michael Faschingbauer: Effectuation: Wie erfolgreiche Unternehmer denken, entscheiden und handeln. Schäffer-Poeschel 2013
Erich Fromm: Haben oder Sein. Die seelischen Grundlagen einer neuen Gesellschaft. dtv 1980
Frank L. Gardner: The Psychology of Enhancing Human Performance. The Mindfulness-Acceptance-Commitment Approach. Springer 2007
Karlheinz A. Geißler: Alles hat seine Zeit, nur ich hab keine. Wege in eine neue Zeitkultur. oekom verlag 2011
Arie de Geus: Jenseits der Ökonomie. Klett-Cotta 1998
Daniel Goleman: Emotionale Intelligenz. Hanser 1997
Daniel Goleman: Dialog mit dem Dalai Lama: Wie wir destruktive Emotionen überwinden können. Carl Hanser Verlag 2003

Gary Hamel: Das Ende des Managements. Unternehmensführung im 21. Jahrhundert. Econ 2008

Gary Hamel: What matters now. Jossey-Bass 2012

Gary Hamel: Das Ende des Managements. Unternehmensführung im 21. Jahrhundert. Econ 2008

Thich Nhat Hanh: Frei sein, wo immer du bist. Theseus Verlag 2002

Chip und Dan Heath: Switch: Veränderungen wagen und dadurch gewinnen! Scherz Verlag 2011

Hermann Hesse: Siddharta. Suhrkamp Verlag 1978

Alexandra Hildebrandt und Werner Landhäußer (Hrsg): CSR und Digitalisierung: Der digitale Wandel als Chance und Herausforderung für Wirtschaft und Gesellschaft. Springer Gabler 2017

Gerald Hüther: Biologie der Angst. Wie aus Stress Gefühle werden. Vandehoeck & Ruprecht 2009

Matthias Horx: Der Megatrend Achtsamkeit. Texte zum Jahreswechsel. Zukunftsinstitut GmbH. 2016

Gerald Hüther: Was wir sind und was wir sein könnten. Ein neurobiologischer Mutmacher. S. Fischer 2012

Ellen J. Langer: Mindfulness. Da Capro Press 1990

Andrea Lohmann-Haislah: Stressreport Deutschland 2012. Psychische Anforderungen, Ressourcen und Befinden. Bundesanstalt für Arbeitsschutz und Arbeitsmedizin

Lohmann: ... und mittags geh ich heim: Die völlig andere Art, ein Unternehmen zum Erfolg zu führen. Linde Verlag 2012

Edel Maex: Mindfulness. Der achtsame Weg durch die Turbulenzen des Lebens. Arbor Verlag 2009

Bernhard von Mutius: Die Kunst der Erneuerung. Was die Erfolgreichen anders machen. 12 Gebote des Gelingens. Campus Verlag 1995

Bernhard von Mutius: Disruptive Thinking. Das Denken, das der Zukunft gewachsen ist. Gabal 2017

Adelheid Nießen (Hrsg): Rainer Maria Rilke: Worte, die verwandeln. Herder 2001

Rainer Petek: Das Nordwand-Prinzip. Wie Sie das Ungewisse managen: Neues Denken, neues Handeln, neue Wege gehen. Linde Verlag 2012

Sven Rohde: Achtsamkeit im Job. Stern, August 2017

Marshall Rosenberg: Gewaltfreie Kommunikation: Eine Sprache des Lebens. Junfermann 2005

Claus Otto Scharmer: Theorie U: Von der Zukunft her führen. Presencing als soziale Technik. Carl Auer Verlag 2011

Rudolf Seitz: Schöpferische Pausen. Kösel 1993

Martin E.P. Seligman: Flourish. Wie Menschen aufblühen. Die positive Psychologie des gelingenden Lebens. Kösel 2012

Martin E.P. Seligman: Pessimisten küsst man nicht. Optimismus kann man lernen. Droemer Knaur 2002

Peter Senge et al: Presence: Human Purpose and the Field of the Future. Crown Business 2008

Tanja Singer: ReSource Projekt

Wolf Singer und Matthieu Ricard: Hirnforschung und Meditation. Ein Dialog. Suhrkamp Verlag 2008

Susan L. Smalley, Diana Winston: Fully Present. The Science, Art and Practice of Mindfulness. Da Capo Press 2010

Joseph Stiglitz: Im freien Fall. Vom Versagen der Märkte zur Neuordnung der Weltwirtschaft. Pantheon Verlag 2010

Chade-Meng Tan: Search Inside Yourself:
Das etwas andere Glücks-Coaching. Arkana 2012

Tiziano Terzani: Noch eine Runde auf dem Karussell. Vom Leben und Sterben. Knaur TB 2007

Henry David Thoreau: Die Wildnis von Maine: Eine Sommerreise. Jung und Jung 2012

Henry David Thoreau: Walden oder Leben in den Wäldern. Diogenes Verlag 2007

Ruth Wagemann et al: Senior Leadership Teams. What it takes to make them great. Harvard Business School Press 2008

Karl E. Weick und Kathleen M Sutcliffe: Das Unerwartete managen: Wie Unternehmen aus Extremsituationen lernen. Schäffer-Poeschel 2003

Dr. Thomas Wörz: Die mentale Einstellung. egoth Verlag 2011

Jon Kabat-Zinn: Zur Besinnung kommen: Die Weisheit der Sinne und der Sinn der Achtsamkeit in einer aus den Fugen geratenen Welt. Arbor-Verlag 2008

Audiobook, Musik
Christian Dozzler: The Blues and a Half. Blues Wave Records 2008 Elisha Goldstein, Lienhard Valentin: @ work. Stressbewältigung durch Achtsamkeit im beruflichen Alltag. Arbor Verlag 2010

Daniel Goleman, Jon Kabat-Zinn: Mindfulness@Work: A Leading with Emotional Intelligence Conversation. Audio Renaissance Audiobook 2007

Jon Kabat-Zinn: Guided Mindfulness Meditation. Audio CD. Sounds True 2005

Internet, Downloads

Allianz Stress Studie 2017: www.allianz.at/ueber-allianz/media-newsroom/news/aktuelle-news/20170222pa-allianz-stressstudie/

Andrè Agassi und Stefanie Graf: Es ist eine Illusion ... Gespräch über Erfolg. Red Bulletin, September 2013 http://www.redbull.com/cs/Satellite/de_AT/Article/Red-Bulletin-„Es-ist-eine-Illusion..."-021243356830902

Gudrun Biffl: Psychische Belastungen der Arbeit und ihre Folgen. Donau-Univer- sität Krems, 2011 http://www.donau-uni.ac.at/imperia/md/content/department/ migrationglobalisierung/forschung/ak-wien-psychische-belastungen-2011.pdf

Richard Davidson@Google: Transform Your Mind, Change Your Brain: Neuroplasticity and Personal Transformation. http://www.youtube.com/watch?v=7tRdDqXgsJ0

Design Thinking: Hasso Plattner Institut. Universität Potsdam. http://www.hpi. uni-potsdam.de/d_school/designthinking.html

Jeremy Hunter: Is Mindfulness good for business? In: Mindful Magazin, Halifax, Canada, April 2013 http://www.mindful.org/mindful-magazine/april-2013-issue IBM: Führen durch Vernetzung. Ergebnisse der Global Chief Executive Officer Study. 2012. http://www.ontosoft.de/kunden/ontobusiness/wp-content/uploads/ 2012/06/IBM_CEO-Study-2012.pdf

N. Kreuzinger, C.Milborn: Doping am Arbeitsplatz. www.format.at 2009 http:// www.format.at/articles/0916/525/239581/doping-arbeitsplatz-am-manager-kreative-aerzte

Prof. Kryspin-Exner: Wissenschaftliche Erkenntnisse über Lachen und Humor. http://www.univie.ac.at/Psychologie/lefop/CliniClowns_online. pdf A. Lohmann-Haislah: Stressreport Deutschland 2012. Psychische Anforderungen,

Ressourcen und Befinden. Bundesanstalt für Arbeitsschutz und Arbeitsmedizin 2012 http://www.baua.de/de/Publikationen/Fachbeitraege/Gd68.pdf?__ blob=publicationFile osb international systemic consulting: www:osb-i.com. Presseinformation: Change Prozessen geht die Kraft aus. 2012 http://www.osb-i.com/sites/default/files/ imce/c01_osb-i_studie_change_2012_at_pressetext_change-prozesse_unter- nehmen_geht_die_kraft_aus.pdf

Optische Täuschungen Delphine
http://www.wiki.csoft.at/index.php/Optische_ Täuschungen

Optische Täuschungen: Professor. Dr. Bernd Lingelbach
http://www.youtube.com/ watch?v=TYKdolhBlDg

Ken Robinson: Wie wir dem „Death Valley" der Bildung entfliehen. TED Talk http://www.ted.com/talks/ken_robinson_how_to_escape_education_s_death_ valley.html

Herbert Schreib: Mindfulness-Übungen als download.
www.herbertschreib.com

Tanja Singer: ReSource Projekt. www.resource-project.org

Mark Williams: Lecture on Mindfulness. Oxford Mindfulness.
http://www.youtube.com/watch?v=wAy_3Ssyqqg World Economic Forum. www. instituteformindfulleadership.org/WEF.htm

Skizzen / Bilder

Skizzen: Udo Müller: www.creativeprocess.at; Herbert Schreib und Jungs Verlag

Foto vom Autor: Richard Pichler

Coverfoto: Ammit, fotolia.com

Über den Autor

Menschen zu stärken ist das Lebensmotto von Herbert Schreib. Es zieht sich schon sein gesamtes Leben durch, ganz egal welche Tätigkeit er ausführte.

Dass der Weg zu Stärke und Souveränität auch durch Schwierigkeiten und Niederlagen führt, hat er früh gelernt. Schließlich bläute ihm schon sein Kajaklehrer in jungen Jahren ein: „Wenn du nicht ins Wasser fällst, gehst du nicht an deine Grenzen und scheust dich vor neuen Erfahrungen." Das ist es, was er nun seinen Kunden vermittelt.

Und neue Erfahrungen sind das, was Herbert Schreib sucht – privat wie beruflich. Österreich, Deutschland, USA – er fühlt sich auf der ganzen Welt zu Hause. Der ehemalige Vizeweltmeister im Wildwasser-Rafting verbindet heute seine Erfahrung auf unruhigen Gewässern mit jenen als Unternehmensberater. Mit seinen Erkenntnissen aus dem Mindfulness-Training kombiniert ergibt das ein starkes Paket, mit dem er Entscheider unterstützt, ihre Führungskräfte für die Herausforderungen in ungewissen Zeiten zu stärken. Er coacht, moderiert, trainiert, schreibt Bücher und hält viel beachtete Vorträge. Und das seit 20 Jahren mit großer Begeisterung.

Herbert Schreib weiß, dass es ein Leben abseits von Zahlen, Daten und Fakten gibt. Im Privatleben hält er sich gerne und aktiv in der Natur auf, genießt Freundschaften und nützt die Stille der Berge auch mal zu kurzen Auszeiten. Gemeinsam mit seiner Frau lebt Herbert Schreib in Abtenau im Salzburger Land. Er ist stolzer Vater zweier erwachsener Kinder.

Informationen zu Vorträgen, Beratung und Workshops

Herbert Schreib kennt sich aus im extrem Wildwasser – und hat seine Erfahrungen aus riskanten Stromschnellen, Turbulenzen und Gefahrenstellen wirksam auf den Businesskontext übertragen. Mit seiner WILDWASSER-STRATEGIE zeigt er Unternehmen und Führungskräften eindrücklich auf, wie sie in turbulenten und sich schnell wandelnden Zeiten „oben bleiben" und sich vor dem Kentern bewahren.

ER berät, coacht, moderiert, trainiert und hält spannende Vorträge.

Seit mehr als 20 Jahren. Mit großem Zuspruch. Zu seinen Kunden zählen leitende Führungskräfte von internationalen Top-Konzernen ebenso wie von mittelständischen Champions. Sie schätzen seine inspirierende, aufbauende und vermittelnde Art.

Typische Situationen, in denen sich seine Kunden auf ihn stützen, sind:

- ZUKUNFTSFITNESS des gesamten Führungsteams erzielen

- ROBUSTE FÜHRUNGSKRÄFTE entwickeln

- FÜHRUNG „NEU" festigen

- KOOPERATION bedingungslos leben

Auf seiner Homepage **www.herbertschreib.com** erfahren Sie mehr über sein Angebot als Speaker, Berater, Business-Coach, Trainer und Moderator.

Ungewissheit, Unerwartetes und Unsicherheit erfolgreich managen

Gemeinsam mit drei Partnern ist Herbert Schreib Mitbegründer der 3U Leaders Beratergesellschaft. Über 6.000 Beratertage gemeinsame Erfahrung in schwierigen Projekten, sicher im Zusammenspiel, unterschiedliche Stärken und ein gemeinsames Anliegen: Menschen, Teams und Organisationen bei der Bewältigung von schwierigen Herausforderungen und Entwicklungsprozessen im Umfeld der 3Us – dem Ungewissen, dem Unerwarteten und Unsicherheit – zu unterstützen.

Die 3U Leaders Beratergesellschaft bietet:

Beratung und Prozessbegleitung bei komplexen Changevorhaben, Strategieprozessen und Entwicklungen
Planung, Organisation, Moderation und Leitung von wichtigen Workshops und Veranstaltungen: Strategiedialoge, Entwicklung von Leitungsteams, Stärken von Projektteams
Moderation von Workshops: Führungsklausuren, Großgruppenveranstal-tungen, Open-Space-Formate
Trainings: Leadership in Zeiten der Digitalen Transformation
www.3uleaders.com